本书的出版得到教育部人文社会科学研究一般项目"核心企业外向型技术学习能力、知识扩散与复杂装备制造业集群创新关系研究"（11YJCZH082）、陕西省自然科学基础研究计划项目"核心企业知识守门人角色发挥对集群创新的影响研究——以陕西高端装备制造业为例"（2012JQ9001）以及西北工业大学人文社科与管理振兴基金项目"集群核心企业知识扩散关键影响因素研究——以复杂产品制造业为例"（RW201320）的资助。

复杂产品制造业集群创新机理研究

基于核心企业视角

李 慧 ○ 著

中国社会科学出版社

图书在版编目（CIP）数据

复杂产品制造业集群创新机理研究：基于核心企业视角/
李慧著.—北京：中国社会科学出版社，2014.12
ISBN 978 - 7 - 5161 - 5344 - 4

Ⅰ.①复…　Ⅱ.①李…　Ⅲ.①制造工业—产业发展—研
究—中国　Ⅳ.①F426.4

中国版本图书馆 CIP 数据核字（2014）第 308892 号

出 版 人	赵剑英
责任编辑	卢小生
特约编辑	林　木
责任校对	张依婧
责任印制	王　超

出　　版	中国社会科学出版社
社　　址	北京鼓楼西大街甲 158 号
邮　　编	100720
网　　址	http：//www. csspw. cn
发 行 部	010 - 84083685
门 市 部	010 - 84029450
经　　销	新华书店及其他书店

印　　刷	北京市大兴区新魏印刷厂
装　　订	廊坊市广阳区广增装订厂
版　　次	2014 年 12 月第 1 版
印　　次	2014 年 12 月第 1 次印刷

开　　本	710×1000　1/16
印　　张	16
插　　页	2
字　　数	269 千字
定　　价	58.00 元

内容提要

近年来，随着技术竞争的日益加剧以及技术创新的日趋加速化和复杂化，集群创新所需知识源不再仅仅局限于集群所在的地方性区域。因此，积极开展外向型技术学习活动以获取异质性知识，成为集群创新发展的关键。然而，由于集群成员在知识、技术、能力等方面的异质性，集群核心企业成为产业集群创新网络的关键成员和绝对主体，它们对产业集群整体的创新发展具有决定性作用。

本书综合运用产业集群理论、组织学习理论、创新系统理论和知识管理理论等，基于复杂产品研制特点、复杂产品制造业及其集群化发展现状，归纳提炼了复杂产品制造业集群技术创新的内涵和特征。进而，从网络系统开放性、创新主体异质性和创新过程动态化的综合视角，以集群核心企业为切入点，以大企业集群为研究对象，从集群整体层面研究了核心企业面向群外的知识吸收、面向群内的知识扩散与知识共享对复杂产品制造业集群整体层面技术创新的影响和作用机理，从新的研究视角分析了大型复杂产品制造业集群技术创新本质特征和决定因素。最后，从核心企业视角，提出了推动大型复杂产品制造业集群创新发展的途径和措施。

前　言

　　本书是在教育部人文社会科学研究项目（11YJCZH082）、陕西省自然科学基础研究计划项目（2012JQ9001）、西北工业大学人文社科与管理振兴基金项目（RW201103）等阶段性成果基础上整理并修改完善形成的。

　　近年来，随着经济全球化的不断推进，技术变革与技术创新日趋加速化和复杂化，企业之间的技术竞争与合作也日益加剧并趋于国际化。在此背景下，集群发展对创新要求越来越高，集群创新所需要的知识源也不再仅仅局限于产业集群所处的地方性区域。因此，积极广泛地开展外向型技术学习与知识吸收活动以获取外部异质性知识，成为产业集群创新发展的关键。尽管产业集群对外部异质性知识的吸收与利用异常重要，也确实存在诸多可供选择的学习机制，但并不是所有的集群成员都可以得心应手地应用这些机制来开展外向型技术学习与知识吸收活动。主要因为：首先，企业能够接触到有价值的知识源的机遇，很大程度上受制于企业自身当前拥有的资源实力。其次，获取外部新颖和先进的技术知识要求企业必须具备相匹配的知识基础，对于那些本身技术能力与知识水平不够高的企业来说，即便能够寻找到所需的知识源也不见得能够对它们进行有效消化理解与整合应用。因此可以认为，在集群创新网络中，不同的集群成员在技术能力和知识基础上是异质的，这种异质性的存在使得集群创新网络中有核心企业与非核心企业之分，并且它们在集群创新网络中的地位和角色也存在一定差异。那些具有较强知识基础和技术能力的核心企业由于拥有更强的搜索识别、获取、消化理解与整合应用外部先进知识的能力，成为集群创新网络最为关键的成员，他们面向集群外部知识源的吸收能力状况直接影响集群整体的创新效能，并导引整个产业集群的演进与发展方向。

　　复杂产品是指研发及生产投入大、集成度高、技术密集、客户定制化、单件或小批量生产的大型的产品、系统或基础设施，复杂产品具有资金投入大，技术含量高，技术领域广，模块化、集成化、定制化程度高等特点。复杂产品的研制涉及一系列专业技术领域，如信息技术、材料技术、数控机床技术等，其技术创新需要不断与相关高新技术融合、互动，不断开拓新的前沿技术领域，尤其要关注与之相关的基础、共性、关键技术的研究与创新。同时，复杂产品研制过程中的技术扩散可以延伸到各种制造业，并能有效带动特种材料、仪器仪表、机械加工、电子技术等相关产业的发展。并且，复杂产品制造领域的先进技术力量主要分布于欧美等发达国家和地区，具有跨行政区域甚至跨国界的知识联结特征。这就决定了复杂产品制造业所在地具有空间集聚的倾向，需要实施集群化发展战略，并且需要更多地从集群系统外部吸收先进的知识与技术。

因此，以区域性中小企业集群为研究对象、以产业集群这种特殊的组织形式对企业个体技术创新的支持和促进作用为研究内容、仅仅关注集群系统内部成员间的知识交流与共享的传统集群理论已无法有效指导复杂产品造业集群的技术创新实践。从而，从集群系统开放化和网络化、集群主体异质化、集群创新过程动态化的综合视角，以核心企业为研究切入点，关注并重视核心企业外向型知识吸收能力对集群创新的影响，从核心企业角度探索促进复杂产品制造业集群整体层面技术创新的实现途径和策略措施，提升产业集群整体的创新能力并构建集群竞争优势，成为迫切需要解决的关键问题。本书的主要内容和核心观点正是上述思考及探索的结果。

本书综合运用产业集群理论、企业网络理论、创新系统理论、组织学习理论、吸收能力理论等多种理论成果，基于复杂产品制造业及其集群化创新发展实践，结合复杂产品制造业的产业特点、行业特色及其区别于区域性中小企业集群和传统大规模制造业集群的特征，在以下几个方面开展探索性工作：

（1）建立了复杂产品制造业集群创新研究的体系架构。在文献分析和理论辨析的基础上，结合复杂产品制造业的产业特点及发展现状，界定了复杂产品制造业集群的概念内涵，提出了复杂产品制造业集群是指以需求为导向，以持续创新为目标，以产业关联为主线，以核心企业为主导，以科研机构和专家型公司为技术支持，以相关政府机构为关键支撑，以创新中介机构为外围服务，以知识流为关键要素，以交互式学习和知识共享为实现方式的动态开放的网络系统。在此基础上，构建了"外部知识源→核心企业外向型知识吸收能力→核心企业对外部知识有效搜索识别、获取、消化理解和整合应用→核心企业面向集群内部的知识扩散与共享→集群整体技术创新绩效提升"的研究体系架构。

（2）研究构建了复杂产品制造业集群创新网络。通过理论分析和实地访谈调研，构建了以知识为关键流动要素，以核心企业、科研机构与专家型公司、政府机构和科技创新服务机构为关键成员，具有"多核"、"多层"特征的立体化、开放化、异质性、交互式、动态化的复杂产品制造业集群创新网络。进而深入系统分析了各关键成员在复杂产品制造业集群创新过程中的角色和地位，并构建了有别于区域性中小企业集群和传统大规模制造业集群的复杂产品制造业集群创新网络结构。在此基础上，剖析了以核心企业为创新起点，由创新产生到创新扩散，最终实现产业集群整体层面持续创新的复杂产品制造业集群创新网络运行机制。

（3）构建了核心企业外向型知识吸收能力概念框架并进行了实证测量。从知识吸收的过程观视角，基于文献分析和实际调研，深入剖析了集群核心企业外向型知识吸收能力的概念内涵及体系构成。在此基础上，设计开发了相应的研究量表，并通过信度检验、KMO 和 Bartlett 球形度检验、因子提取和因子载荷分析以及效度检验，证实了研究量表的可靠性与有效性。

（4）构建核心企业外向型知识吸收能力与复杂产品制造业集群技术创新绩效之间关系的理论模型和相应研究假设，并进行实证检验。构建以关键影响因素为前因变量、以知识扩散和共享为中介变量、以集群创新绩效为后果变量的核心企业外向型知识吸收能力与复杂产品制造业集群创新绩效之间关系的理论模型和研究假设。进而，运用结构方程模型（SEM）方法验证了本书的理论模型和相应假设。

在本书写作过程中，笔者注意理论分析和实证研究的结合，注重理论价值和应用价值的结合。本书每个理论问题的提出和展开，都是建立在实证调研基础之上的，希望本书能够体现出其实践指导意义。然而，科学研究是没有止境的，书中尚有许多问题值得进一步深入研究。由于笔者水平和能力所限，书中不足之处，恳请专家、同仁批评指教。

目　　录

第一章　绪论……………………………………………………………… 1

　第一节　研究背景………………………………………………………… 1
　　一　实践背景…………………………………………………………… 1
　　二　理论背景…………………………………………………………… 6
　第二节　研究问题及研究内容…………………………………………… 9
　　一　研究问题…………………………………………………………… 9
　　二　研究内容…………………………………………………………… 10
　第三节　研究方法、技术路线及结构安排……………………………… 11
　　一　研究方法…………………………………………………………… 11
　　二　技术路线…………………………………………………………… 12
　　三　结构安排…………………………………………………………… 13

第二章　理论与文献综述………………………………………………… 15

　第一节　产业集群理论演进……………………………………………… 15
　　一　传统产业集群理论………………………………………………… 15
　　二　多学科交叉融合下的产业集群理论……………………………… 17
　第二节　企业网络理论综述……………………………………………… 22
　　一　交易费用理论视角下的企业网络研究…………………………… 22
　　二　社会网络理论视角下的企业网络研究…………………………… 23
　　三　资源基础理论视角下的企业网络研究…………………………… 26
　　四　组织学习理论视角下的企业网络研究…………………………… 27
　第三节　集群创新系统研究进展………………………………………… 27
　　一　区域创新系统视角下的产业集群研究…………………………… 28
　　二　网络开放性视角下的集群创新系统研究………………………… 29

三 主体异质性视角下的集群创新系统研究 ……………… 32

第四节 核心企业研究综述 ……………………………… 33

一 核心企业的概念、内涵及特征 ………………… 34

二 核心企业在集群创新系统中的角色、地位及作用 ……… 36

第五节 吸收能力理论及相关研究 …………………… 38

一 吸收能力的概念、内涵及构成 ………………… 39

二 吸收能力的影响因素 …………………………… 42

三 吸收能力与创新的关系 ………………………… 45

本章小结与讨论 …………………………………… 47

第三章 复杂产品制造业集群及其创新发展概况 ……… 49

第一节 复杂产品制造业集群内涵及特征 …………… 49

一 复杂产品制造业集群概念内涵 ………………… 49

二 复杂产品制造业集群特征 ……………………… 53

第二节 复杂产品制造业集群的创新发展现状 ……… 56

一 青岛船舶制造业集群及其创新发展案例分析 …… 56

二 西安航空高技术产业集群及其创新发展的案例分析 … 60

三 株洲轨道交通制造业集群及其创新发展案例分析 … 65

四 长沙工程机械产业集群创新发展及案例分析 … 68

本章小结与讨论 …………………………………… 72

第四章 复杂产品制造业集群创新网络构建 …………… 73

第一节 复杂产品制造业集群的创新动因 …………… 73

一 核心企业利益驱动 ……………………………… 73

二 市场竞争和市场需求推动 ……………………… 74

三 科学技术推动 …………………………………… 76

四 政府政策的激励以及知识产权保护 …………… 77

第二节 复杂产品制造业集群创新网络构成要素 …… 78

一 节点要素 ………………………………………… 78

二 关系要素 ………………………………………… 86

三 环境要素 ………………………………………… 90

第三节 复杂产品制造业集群的创新网络结构 ……… 91

一　集群网络结构相关研究 ……………………………………………… 91

二　复杂产品制造业集群创新网络构建 …………………………… 93

第四节　复杂产品制造业集群创新网络运行过程 …………………… 94

一　创新产生过程 …………………………………………………… 96

二　创新扩散过程 …………………………………………………… 97

三　创新持续过程 …………………………………………………… 97

第五节　复杂产品制造业集群创新网络运行机制 …………………… 99

一　能力互补与资源共享机制 …………………………………… 99

二　集体学习机制 …………………………………………………… 100

三　合作信任机制 …………………………………………………… 101

四　三种机制之间的关系 ………………………………………… 101

本章小结与讨论 ………………………………………………………… 102

第五章　复杂产品制造业集群核心企业外向型知识吸收能力概念
　　　　框架及实证测量 ……………………………………………… 103

第一节　核心企业外向型知识吸收能力概念内涵及其构成 ……… 103

第二节　研究量表的初始题项设计 …………………………………… 108

第三节　样本选择与数据收集 ………………………………………… 110

一　样本选择 ………………………………………………………… 110

二　数据收集 ………………………………………………………… 110

第四节　实证分析 ……………………………………………………… 111

一　信度检验 ………………………………………………………… 111

二　KMO 和 Bartlett 球形度检验 ……………………………… 112

三　因子提取和因子载荷分析 …………………………………… 113

四　效度检验 ………………………………………………………… 114

本章小结与讨论 ………………………………………………………… 118

第六章　复杂产品制造业集群创新机理理论模型与研究假设 ……… 120

第一节　相关概念界定与说明 ………………………………………… 120

一　核心企业 ………………………………………………………… 120

二　外向型知识吸收能力 ………………………………………… 121

三　集群创新绩效 ………………………………………………… 123

第二节 总体研究框架 …………………………………………… 123

一 外部知识联结能力、核心企业与复杂产品制造业
集群技术创新 ……………………………………… 123

二 总体研究架构 …………………………………… 125

第三节 理论模型 ………………………………………… 126

一 复杂产品制造业集群核心企业知识吸收能力
影响因素 …………………………………………… 126

二 理论模型构建 …………………………………… 130

第四节 研究假设 ………………………………………… 130

一 核心企业外向型知识吸收能力与复杂产品制造业集群
创新绩效关系 ……………………………………… 130

二 核心企业技术能力与其外向型知识吸收能力的关系 … 131

三 核心企业技术能力与集群创新绩效的关系 ………… 132

四 核心企业技术能力与知识差距的关系 …………… 132

五 知识差距与外向型知识吸收能力的关系 ………… 132

六 核心企业外向型知识吸收能力与知识扩散的关系 … 133

七 知识扩散与复杂产品制造业集群创新绩效的关系 … 135

本章小结与讨论 ………………………………………… 135

第七章 研究设计与研究方法 …………………………………… 137

第一节 调查问卷设计 …………………………………… 137

一 调查问卷设计过程 ……………………………… 137

二 调查问卷基本内容 ……………………………… 139

三 调查问卷的防偏措施 …………………………… 140

第二节 研究变量选择与度量 …………………………… 141

一 度量指标选择与设计的原则和程序 …………… 141

二 研究变量及其度量指标 ………………………… 143

第三节 样本选择与数据收集 …………………………… 148

一 样本选择 ………………………………………… 148

二 调查问卷的发放与回收 ………………………… 150

三 描述性统计分析 ………………………………… 151

第四节 实证分析方法 …………………………………… 154

一　信度检验 ································· 154

二　效度检验 ································· 155

三　因子分析 ································· 155

四　相关分析 ································· 156

五　假设验证方法 ····························· 156

本章小结与讨论 ····························· 160

第八章　数据分析 ···························· 161

第一节　单构面尺度检验 ······················· 161

一　核心企业外向型知识吸收能力量表 ············· 162

二　核心企业技术能力量表 ·················· 163

三　知识差距量表 ····················· 164

四　知识扩散量表 ····················· 164

五　集群创新绩效量表 ··················· 165

第二节　信度检验 ··························· 166

一　核心企业外向型知识吸收能力量表 ············· 166

二　核心企业技术能力量表 ·················· 167

三　知识差距量表 ····················· 168

四　知识扩散量表 ····················· 168

五　集群创新绩效量表 ··················· 169

第三节　效度检验 ··························· 169

一　核心企业外向型知识吸收能力量表 ············· 170

二　核心企业技术能力量表 ·················· 171

三　知识差距量表 ····················· 173

四　知识扩散量表 ····················· 174

五　集群创新绩效量表 ··················· 176

第四节　整体结构模型验证 ······················ 178

一　初步数据分析 ····················· 178

二　初始模型拟合 ····················· 179

三　模型修正与确定 ···················· 182

本章小结与讨论 ····························· 186

第九章 研究结果讨论与策略建议·········· 187

第一节 研究结果分析与讨论·········· 187

　　一 实证研究的整体结果·········· 187

　　二 研究结果讨论·········· 188

第二节 管理策略和建议·········· 193

　　一 针对集群核心企业的策略建议·········· 193

　　二 针对政府的策略建议·········· 196

本章小结与讨论·········· 201

第十章 研究结论与展望·········· 203

第一节 本书主要工作及研究结论·········· 203

　　一 主要工作·········· 203

　　二 主要研究结论·········· 205

第二节 主要创新点及研究局限·········· 208

　　一 主要创新点·········· 208

　　二 研究局限·········· 210

　　三 未来研究展望·········· 211

附录1 访谈提纲·········· 213

附录2 调查问卷·········· 214

附录3 正态分布检验·········· 218

主要参考文献·········· 220

后 记·········· 243

第一章 绪论

第一节 研究背景

一 实践背景

(一) 复杂产品制造业是我国制造业发展的重点

《国务院关于加快振兴装备制造业的若干意见 (2006)》[①] 提出,将那些对国家经济安全和国防建设有重要影响,对促进国民经济可持续发展有显著效果,对结构调整、产业升级有积极带动作用,能够尽快扩大自主装备市场占有率的重大技术装备和产品作为装备制造业振兴和发展的重点。同时,明确了以大型核心装备制造企业为主体,依托区域优势,发挥产业集聚效应,推动装备制造业持续创新发展的目标和思路。《国家中长期科学和技术发展规划纲要 (2006—2020)》[②] 将飞机、汽车、船舶、大型海洋工程技术与装备、轨道交通装备、军工配套关键材料及工程化等重大技术装备列入优先发展的主题。另外,《国务院关于加快培育和发展战略性新兴产业的决定 (2010)》[③] 将高端装备制造业作为现阶段重点培育和发展的七大战略性新兴产业之一,并进一步明确了高端装备制造业重点发展的方向和任务,即重点发展以干支线飞机和通用飞机为主的航空装备,做大做强航空产业;积极推进空间基础设施建设,促进卫星及其应

---

① 《国务院关于加快振兴装备制造业的若干意见》,国发〔2006〕8 号,http://www.gov.cn/gongbao/content/2006/content_ 352166. htm, 2006 年 2 月 13 日。

② 《国家中长期科学和技术发展规划纲要 (2006—2020 年)》,http://www.gov.cn/jrzg/2006 – 02/09/content_ 183787_ 3. htm。

③ 《国务院关于加快培育和发展战略性新兴产业的决定》,国发〔2010〕32 号,http://www.gov.cn/zwgk/2010 – 10/18/content_ 1724848. htm, 2010 年 10 月 10 日。

用产业发展；依托客运专线和城市轨道交通等重点工程建设，大力发展轨道交通装备；面向海洋资源开发，大力发展海洋工程装备；强化基础配套能力，积极发展以数字化、柔性化及系统集成技术为核心的智能制造装备。并且提出了以骨干企业为依托，由骨干企业牵头，通过产业集聚化发展推动高端装备制造业技术创新和竞争力提升的发展目标。新近出台的《我国国民经济和社会发展十二五规划纲要（2011）》① 也强调了优先发展先进装备制造业和高端装备制造业的重要目标，并形成了以产业链条为纽带，以产业园区为载体，以产业集群为主要组织形式，加强重大科技成套装备研发和产业化，推动装备产业智能化的高端设备制造业发展思路。

由此可以认为，以高端化、集成化、智能化、信息化、一体化等为典型特征的复杂产品制造业是我国现阶段制造业发展的重点方向。

（二）集群化发展是复杂产品制造业的内生要求

美国著名经济学家波特指出："国家的竞争优势来源于优势产业，而优势产业的竞争优势源于产业集群。"（Porter，1998）相对于一般产业，复杂产品制造业具有异常明显的集群特征和非常强的集群正效应：产业链长，对产业关联要求程度高，需要通过产业集聚实现产业链内部和产业链之间的协同互动；技术含量高，要求通过产业集聚来提高产业整体的技术水平；技术内在关联性强（体现为工艺的衔接、技术的同源等），需要通过产业集聚来实现技术资源的共享和技术研发的分工与协作；创新性要求高，单一企业很难依靠自身资源和实力实现所有技术创新目标，需要通过产业集聚，甚至是跨区域、跨国界的产业集聚实现协同技术创新（Beaudry and Swann，2001）。

复杂产品制造业适宜于集群化发展是由其自身特点决定的。复杂产品制造业的行业特点是配套环节多、工艺加工过程长、中间产品交易量大、专业化协作要求高、产品协作范围广、受关联产业影响程度深、产品价值链长、对产业链的完整性要求强烈、产业之间存在很高程度的知识和关联技术共享。而作为一种有效的产业组织形式，产业集群正好适合那些产业链条长、配套环节多、中间产品交易量大、迂回生产方式复杂、产业关联

---

① 《我国国民经济和社会发展十二五规划纲要》（全文），http：//news. sina. com. cn/c/
2011 - 03 - 17/055622129864. shtml，2011 年 3 月 17 日。

度高的产业，这意味着集群化战略特别适合于复杂产品制造业的成长与发展。另外，复杂产品制造企业越来越多地采用柔性生产方式，而柔性生产方式则要求实施产业集群发展战略。这是因为，柔性生产有两个特点：一是随着产品越来越复杂，个性化要求越来越高，任何单个企业都不可能快速、经济地制造产品全部，这就要求不同企业之间紧密分工合作，每个企业都承担自己最有竞争优势、最能创造价值的环节而把竞争力相对较弱的环节转包出去。二是为了满足市场需求，柔性生产必须在一个生产区位完成整个生产过程。尤其是零配件供应商要与装配总厂保持较近距离，以保证及时交货并实现零库存，从而实现对市场需求变化的灵敏反应。这两点决定了柔性生产企业内在地具有在地理空间上集聚的倾向，需要实施产业集群战略。

（三）外部知识是复杂产品制造业集群创新的关键战略资源

首先，知识是集群创新的关键要素。1996年，经济合作与发展组织（OECD）在其所发布的研究报告——《以知识为基础的经济》中指出："知识能够促进生产力的不断提高，推动社会经济持续、稳定的增长"，世界"已然进入了知识经济时代"。

随着经济全球化和知识经济的全面兴起，知识成为第一资源并成为引领经济增长的最关键战略要素（陶洪和戴昌钧，2006）。而集群创新是产业集群对既有资源和潜在可动用资源的有效运用，是一个动态的资源积累过程，创新所需资源对产业集群的成长与发展至关重要（张玲和杨锐，2009）。从而，在当前知识经济时代，知识成为集群创新的关键资源要素，并且产业集群的技术创新活动可以看作是吸收、扩散和创造知识的过程（Keeble and Wilkinson，1999）。产业集群技术创新的实现取决于其获取的有效知识的数量和质量以及对这些知识进行消化吸收和整合应用情况。

其次，我国复杂产品制造业集群创新所需知识具有跨领域、跨区域特征。这主要表现为如下两个方面：第一，复杂产品的研制涉及多种知识和技术的集成，产业跨度大。例如仅飞机引擎这一产品就涉猎24个技术领域的相关知识（Andrea Prencipe，1998）。第二，复杂产品制造业是为国民经济发展和国防建设提供大型复杂装备产品的基础性产业，属于高端复杂技术产业，而我国复杂产品制造业的发展由于起步较晚，产业领先的知识和技术主要分布于发达国家和地区。因此，复杂产品制造业集群需要跨越技术和产业领域、跨越行政区域甚至跨越国界获取技术创新所需知识和技术。

由此可以认为，外部知识是实现复杂产品制造业集群技术创新的关键战略性资源。

（四）外向型知识吸收能力是复杂产品制造业集群技术创新的决定性因素

近年来，随着经济全球化不断推进、技术竞争日益加剧以及技术创新日益加速且日趋复杂化，技术创新周期越来越短，集群发展对创新要求越来越高。在此背景下，仅仅立足于集群内部和区域内部的创新资源，在时间、数量和质量上将远远不能满足集群创新发展的需要。因此，产业集群的创新行为也需要随之进行调整，从原本依赖地方性产业集群内部成员间的知识溢出和技术学习，向积极发展外部网络联系以获取集群创新所需的异质性知识资源，从而实现更大范围的知识获取和技术学习。

因此，无论产业集群处于何种发展层次和发展阶段，积极有效获取外部知识资源都是至关重要的。而作为技术相对落后国家的高端复杂产业集群，我国复杂产品制造业集群技术创新的实现更加有赖于群外尤其是国际先进的知识和技术。我国学者盖文启、张辉和吕文栋（2004）的研究证实了上述观点，认为对于发展中国家的高技术产业集群而言，构建一个有效地通达国际核心智力资源所在的外部网络关系，对产业集群的技术创新异常重要。因此，有效的搜索识别和获取外部异质性知识，并在消化吸收的基础上通过与自身已有知识和技术的整合应用，从而实现产业集群的技术创新，成为我国复杂产品制造业集群持续成长与发展的关键。然而，仅有简单的外向型技术学习活动并不能充分保证产业集群技术创新的实现，产业集群搜索识别、获取与整合应用外部异质性知识的能力，即外向型知识吸收能力是集群创新的最关键因素，也是集群竞争优势的最重要来源和集群健康持续发展的动力（Carbonara，2004）。

（五）核心企业是复杂产品制造业集群外向型技术学习的绝对主体

由前述分析可知，产业集群对外部知识的学习与利用非常重要，而且也确实存在着诸多可供选择的学习机制，但并不是所有集群成员都可以得心应手地应用这些机制来开展外向型技术学习活动。首先，企业能够接触到有价值知识源的机遇很大程度上受制于它当前所拥有的资源实力，比如尽管人才市场上存在它渴求的技术人才，却未必能够给予他们有竞争力的薪酬结构；或者尽管有很多潜在的合作伙伴，但限于实力却未必能被对方相中；抑或技术市场上有专利可供出售，但却支付不起昂贵的转让费用等等。其次，获取外部的新颖和先进知识要求企业具备相匹配的知识基础，或者说知识吸收能力，对于那些本来技术能力水平不够高的企业来说，即便能够寻找到所需的知识资源也不见得能够对它们进行有效的消化吸收和整合应用。

在集群创新网络中，不同成员在能力和知识基础上是异质的（Dosi，1997），这种异质性的存在使得集群创新网络中存在核心企业与非核心企业之分（党兴华、李雅丽和张巍，2010），并且他们在集群创新网络中的地位和角色也存在差异（Borgatti and Everett，1999）。那些具有较强知识基础和技术能力的核心企业在集群创新网络中具有如下创新优势：更容易获取并控制有效的知识、信息等创新资源；拥有多重的信息渠道与信息源；更容易争取到与优秀企业合作的机会（钱锡红、杨永福和徐万里，2010；范群林等，2010）。因此，相对于一般企业而言，核心企业由于拥有更强的寻找、吸收和利用新知识的能力，成为集群创新网络的最关键成员。众多学者的研究结果也证实了上述观点，如魏江和叶波（2002）研究认为，在当前知识经济飞速发展、技术变迁速度不断加快、技术竞争日益激烈的大环境下，集群核心企业在产业集群整体技术创新活动中扮演着异常重要的角色，如果它们能够积极充当整个集群的学习代理人，源源不断地从群外、区外甚至国际知识源引进有价值的知识和技术，那么就意味着产业集群作为一个整体得到了知识和技术的补给。王为东和王文平（2009）的实证研究表明，那些具有较强知识基础和技术能力的核心企业面向群外知识源的探索性学习是集群创新的关键。吴先华等（2010）也提出了同样的观点，认为核心企业对产业集群整体的技术创新具有决定性作用。

与轻型加工业和传统制造业相比，复杂产品制造业技术构成复杂（表现为技术含量高且技术跨度大），复杂产品的研制往往需要若干核心企业与大量配套企业通过组建战略联盟来实现。据统计，我国某型号运输飞机的研制，围绕在若干核心企业周围的一级配套企业就有500多家，二级配套企业更是达到了3000—5000家（杨瑾，2009）。同时，复杂产品的研制需要高端、前沿技术，且技术构成复杂，并逐渐向信息化、集成化、智能化方向演进。中小企业由于技术能力的欠缺，不仅缺乏自主创新的能力，也缺乏足够的实力从外部引进技术并在此基础上进行消化吸收和创新。在此背景下，单纯依靠大量中小企业"弹性专精"的生产方式难以为产业集群提供持续创新的平台。因此，客观上需要具有较强知识基础和技术能力的大型核心企业通过战略活动主动地开展外向型技术学习活动，将外部先进的知识与技术引入集群，并通过与自身已有知识的整合应用以及进一步的知识扩散与共享，带动整个产业集群技术能力的提升。

二 理论背景

（一）已有文献对大企业集群的研究较为缺乏

产业集群一直是区域科学研究的重要内容，并成为国内外理论研究的热点。但已有研究主要针对的是中小企业集群，对于以大型企业为核心的集群研究虽有涉及，但着墨较少。如新古典经济学代表人物马歇尔在《经济学原理》一书中从空间集聚视角提出，产业集群是一种生产性质相类似的中小企业集中生产的"产业区"现象（马歇尔，2005）。唐纳德（Donald，2001）也认为，大企业之间的合作不一定需要其他组织或机构参加，需要正确干预的重点是中小企业集群。受此影响，集群概念如果没有特指，一般往往指的是中小企业集群。以中小企业为研究对象所形成的集群理论和研究结论对复杂产品制造业集群的持续创新和竞争力提升固然具有一定的指导意义。但由于复杂产品制造业在体制机制、产业、技术等方面具有诸多不同于一般产业的典型特征，从而复杂产品制造业集群创新网络的构成、联结、作用机理等也与一般的中小企业集群存在较大差异。因此，有必要研究探讨以若干具有较强知识基础和技术能力的大型核心企业为主导的复杂产品制造业集群的本质特征和决定因素。从而推动复杂产品制造业集群持续发展，并在一定程度上拓展产业集群创新管理的理论和方法。

（二）对集群创新问题的研究需要重新审视集群与创新的因果关系

产业集群作为一种特殊的组织形式，曾被看作是促进区域中小企业技术创新的最佳实践模式，产业集群有助于群内企业的技术创新一直是集群文献中体现集群竞争优势的一个重要理论。马歇尔在《经济学原理》一书中就较为详尽地阐述了产业区（一种具有浓厚社区背景的企业集群）的优势，其中一条就是能够促进区内企业的协同创新，因为"行业的秘密不再成为秘密，而似乎是公开了……"（马歇尔，2005）。波特（Porter，1998）认为，产业集群从以下四个方面促进了企业的技术创新：（1）由于对客户和其他相关实体进行近距离观察和面对面沟通，集群中的企业拥有认识创新机会的良好"窗口"；（2）集群企业可以较为便利地吸收供应商和其他合作伙伴参与创新过程，从而获得快速创新所需要的资源；（3）便于和其他组织协调，集群中的企业可以进行低成本的创新试验；（4）集群中的竞争压力和持续比较能够推动企业不断创新。安德森等（Andersson et al.，2004）研究提出，在知识经济的背景下，产业集群能够促进企业技术创新、产业发展和经济增长，从而提高国家和地区的产业竞争力。Baptista 和 Swann（1998）通过实证研究得出了"集群中企业创新更多"的结论。Bortagarray（2000）认为，产业集群能使企业，特别是中小型企业快速成长。

上述关于集群与创新关系的研究，可以解释产业集群的创新优势，即集群在企业技术创新过程中所发挥的重要作用。但上述研究的重心仍然是集群企业个体，倾向于将产业集群视为一种支撑企业技术创新的环境平台，而没有从整体上将产业集群作为一个有机的经济系统来考察。随着近年来技术进步的加速和全球化竞争的不断加剧，越来越多的产业集群尤其是发展中国家和技术落后地区的产业集群在发展中遇到了新的问题和挑战。受此影响，不少学者开始对传统集群研究中关于集群与创新的因果解释进行反思，并重新审视集群创新活动的本质特征和决定因素，研究对象也从企业个体层面上升到了集群整体层面，研究探讨集群成员之间基于知识流动的交互式技术学习活动对产业集群整体技术创新的影响。Nohria 和 Eccles（1992）、Camuffo（2003）以及国内学者许庆瑞（2003）、杨锐和李伟娜（2010）研究发现，产业集群的创新是由众多企业及其关联机构的创新所构成的，集群中个别企业的创新能力状况直接影响到集群整体的创新效能，并导引了整个集群的演进方向。周泯非和魏江（2009）提出，集群中的关键战略主体尤其是龙头企业对产业集群整体的技术创新具有关键作用，它们通过主动搜索、消化和吸收集群外部知识，并通过与集群内部相关企业和机构之间的知识、技术的互补和整合，在实现自身技术创新的同时能够将创新成果扩散和溢出到集群内其他组织和机构，从而能够更好地实现集群整体的技术创新。随着集群理论研究和产业集群实践的发展，核心企业在产业集群整体发展中的创新发动机角色得到学界的普遍认可。如 Giuliani（2008）认为，集群核心企业应主动承担产业集群的技术守门员角色，通过对外部知识的获取、消化、吸收、转化和传递等，在促进自身技术能力提升的同时，促进集群整体的技术创新。Boari 和 Lipparini（1999）、Langen（2004）、Malipiero 等（2005）、王为东和王文平（2009）、吴先华等（2010）也提出了类似的观点。

（三）集群创新研究必须关注以核心企业为主导的外部网络联结

传统区域创新系统视角的产业集群研究主要针对的是局限在狭窄地理区域范围内的区域性产业集群，且主要关注集群系统内部的学习、创新和创新扩散问题。随着全球化和知识经济的发展，地方产业集群逐渐融入全球价值链，面向外部知识源获取集群创新所需的异质性知识就成为必要。如 Camagni（2002）研究指出，在全球化背景下，研究集群创新与竞争力问题必须澄清集群开放性和封闭性的辩证关系，进一步阐明"区域"的本质。Hassink（2004）认为，如果集群企业过于依赖集群内部信息，纯粹在集群圈子内进行封闭的"自产自销"式学习和创新，整个集群将成为一个"技术孤岛"。Bathelt（2004）提出，从空间集聚视角对产业集群的研究过分强调了集群内部本地网络关系的重要性，而对集群的外部关联及集群企业与非本地嵌入性主体的关联的关注明显不够。Bell 和 Albu（1999）、施密茨（Schmitz，1999）等对发展中国家及技术落后地区产业集群的研究发现，集群系统的开放性及其与外部知识源的联结能力对产业集群的创新发展更为重要。

因此，在当前复杂产品制造业集成化、高端化、集群化发展大背景下，面对众多产业集群由核心企业主导的越来越明显的从同质化到异质化、从对称到非对称、从自发演进到有目的的战略设计、从本地化集聚到开放式创新网络等新的发展现象，以中小企业集群为研究对象、以产业集群对集群企业个体技术创新的支持和促进作用为研究内容的传统集群理论已无法有效指导复杂产品制造业集群的创新实践。基于此，从集群网络开放性和集群主体异质性的综合视角，以复杂产品制造业集群为研究对象，以集群企业个体对产业集群技术创新的作用和影响为研究内容，研究探讨核心企业外向型知识吸收能力及其关键影响因素、知识扩散与复杂产品制造业集群创新绩效之间的内在关系，以提升复杂产品制造业集群的创新能力并构建竞争优势，成为现阶段理论界和实践界共同关注并迫切需要解决的关键问题。该关键问题的解决将不仅能够在实践上为复杂产品制造业集群的持续创新发展提供借鉴和参考，同时能够在理论上进一步明晰集群创新的本质特征和决定因素，从而扩展产业集群创新管理的理论与方法。

第二节　研究问题及研究内容

一　研究问题

通过对相关理论成果与文献资料的广泛阅览和归纳梳理发现：

（1）已有研究普遍将产业集群视为促进和支撑区域中小企业技术创新的环境平台，研究的重心是集群企业个体，较少从整体上将产业集群作为一个有机的经济系统来考察。其实，集群整体层面的技术创新是集群成员之间基于知识流动的交互式技术学习活动的结果。而且，集群关键战略主体尤其是核心企业对集群整体层面的技术创新具有异常关键的作用，他们通过主动搜索识别、消化理解和整合应用外部先进知识，进而通过与集群内部其他成员的交流、互补、整合、扩散等实现集群整体层面的技术创新。

（2）已有研究大多对产业集群规模和性质不做区分，且一般针对的是中小企业集群，对大企业集群尤其是大型复杂产品制造业集群的研究着墨较少。由于复杂产品制造业集群创新网络的要素构成、联结方式、创新来源等均与区域性中小企业集群和传统大规模制造业集群存在较大差异，因此有必要系统深入地研究大型复杂产品制造业集群技术创新的本质特征、决定因素及其内在机理。

（3）已有研究虽然普遍认同核心企业在集群创新网络中的重要地位和作用，已有不少文献涉及了核心企业在产业集群创新网络中知识守门人的关键角色及地位，但大多局限于表层的推理性、描述性分析及框架性研究，相关的实证研究成果相对较少，只有将定性分析与定量研究相结合、文献研究与实证分析相结合才能够得出更具有说服力的研究结果和结论。

同时，在经济全球化、技术创新加速化、技术竞争加剧化的大背景下，以复杂产品的研制为重点，以产业集群为组织形式，以大型核心企业为主导和带动，以外向型技术学习为主要方式，推动复杂产品制造业技术创新能力和竞争力的提升，对实现我国复杂产品制造业的持续创新发展具有重要的现实意义。

基于上述分析，本书形成了如下需要解决的关键问题：

（1）相对于区域性中小企业集群和传统大规模制造业集群而言，复杂产品制造业集群创新网络的构成要素及不同构成要素在集群创新过程中的角色、地位与作用如何？与区域性中小企业集群和传统大规模制造业集群相比，复杂产品制造业集群创新网络的网络结构、运行过程和内在运行机制有何不同？

（2）相对于一般意义上的企业知识吸收能力，复杂产品制造业集群核心企业外向于集群系统的知识吸收能力有何独特概念、内涵及特征？如何验证其研究量表的信度和效度？

（3）核心企业外向型知识吸收能力如何对复杂产品制造业集群整体的创新绩效产生影响和作用？

二 研究内容

为实现对上述问题的研究，本书拟就如下内容展开分析。

（一）研究变量的概念化及变量测度研究

首先，在文献分析、理论辨析及实地访谈调研的基础上，基于复杂产品制造业的现状、发展趋势及产业特色，结合本书研究的主题，对复杂产品制造业集群、集群核心企业、外向型知识吸收能力、集群创新绩效等概念内涵进行清晰地界定与描述，并归纳提取核心企业外向型知识吸收能力的关键影响因素。

其次，研究构建核心企业外向型知识吸收能力的概念框架，并形成相应的研究量表。最后，对本书所涉及的关键研究变量进行维度设计，并设计开发合适的测度量表，为后续实证研究打下坚实的理论基础。

（二）复杂产品制造业集群创新网络构建

结合复杂产品制造业产业特点、行业特色、发展趋势及复杂产品制造业集群创新网络的要素构成、联结方式、创新来源等，以技术变革与创新加速化、技术竞争与合作国际化、集群系统开放化、集群创新动态化和网络化、集群主体异质化等为大背景，以复杂产品制造业跨国转移、装备制造高端化、复杂化、集群化发展为契机，基于核心企业在集群创新过程中知识守门人的重要角色和地位，本书以大型复杂产品制造业集群为研究对象，研究构建以大型核心企业为主导、区别于区域性中小企业集群和传统大规模制造业集群的复杂产品制造业集群创新网络，并对其关键成员的角色和作用、集群创新网络结构特征和网络运行机制进行系统深入的分析，以厘清复杂产品制造业集群创新研究的体系架构，为后续理论模型构建和研究假设形成奠定基础。

（三）构建核心企业外向型知识吸收能力的概念框架并进行实证测量

从知识吸收的过程观视角，在文献分析和实地访谈调研的基础上，基于技术学习和知识吸收的过程和阶段，结合复杂产品制造业集群及其创新的特点、创新知识源的分布特征以及核心企业在集群外向型技术学习过程中的重要作用，深入剖析并构建复杂产品制造业集群核心企业外向型知识吸收能力的概念内涵及概念框架。在此基础上，设计开发了相应研究量表，并进行信度检验、KMO 和 Bartlett 球形度检验、因子提取和因子载荷分析以及效度检验，以证实研究量表的可靠性与有效性。

（四）核心企业外向型知识吸收能力与复杂产品制造业集群创新绩效之间关系的实证研究

构建以关键影响因素为前因变量、以知识扩散和共享为中介变量、以集群创新绩效为后果变量的核心企业外向型知识吸收能力与复杂产品制造业集群创新绩效之间关系的理论模型和相应研究假设。进而，运用结构方程模型（SEM）验证了本书的理论模型和相应假设。然后，基于调查问卷所得有效样本数据，综合运用因子分析、相关分析、结构方程模型等统计分析方法，借助 SPSS 19.0 和 AMOS 17.0 软件工具对理论模型和研究假设进行实证检验。以探寻各研究变量之间内在的路径关系和作用机理，从而厘清当前复杂产品制造业集群创新的本质特征和决定因素，为推动我国复杂产品制造业集群的创新发展提供理论指导和决策借鉴，并扩展产业集群创新管理的理论与方法。

第三节 研究方法、技术路线及结构安排

一 研究方法

本书以问题为导向，遵循"问题提出（基于文献分析和复杂产品制造业及其集群化发展的实践）—理论辨析—概念模型与研究假设—实证检验—研究结果—研究结论"的总体思路展开研究。为实现预定目标，

本书在跟踪产业集群、创新网络、组织学习和知识管理等最新理论成果基础上，采用理论与实证相结合，并以实证为主的方法进行问题研究。具体研究方法如下：

（1）运用文献分析法，梳理、归纳并评价围绕核心企业外向型知识吸收能力与集群创新绩效之间关系这一主题的历年文献。通过文献分析，可以厘清研究历程的演进、研究路线的拓展、研究内容的扩充、研究热点的变迁以及已有研究的局限与不足等议题，从而为本书主题的确定和研究框架的提出打下坚实的理论基础。

（2）采用文献研究和理论辨析相结合的方法，探讨复杂产品制造业集群核心企业外向型知识吸收能力的关键影响因素，构建以关键影响因素为前因变量、以复杂产品制造业集群创新绩效为后果变量、以面向集群内部的知识扩散为中介变量的核心企业外向型知识吸收能力与复杂产品制造业集群创新绩效之间关系的研究体系架构，并发掘各研究变量的内涵特征及构成维度，形成本书的理论模型和相关假设。

（3）运用实地调研、半结构化访谈和问卷调查等方法，获取本研究所需的关键数据资料。面向政府相关部门负责人、装备制造业协会负责人、装备制造业领域部分企业负责人以及学术界专家等进行访谈调研，以确定问卷发放企业；对西安、汉中、沈阳、成都、哈尔滨、安顺和上海等地复杂产品制造业集群中的核心企业为调研企业，以从业三年以上的中高层管理人员及相关工程技术人员为调研对象，获取有效样本数据。

（4）运用因子分析、相关分析和结构方程模型（SEM）等统计学方法，借助 SPSS19.0 和 AMOS17.0 软件工具进行实证检验。具体过程如下：运用探索性因子分析（EFA）方法进行量表数据的单构面尺度检验，以取得各研究变量的因子结构；运用验证性因子分析（CFA）方法进行量表数据的效度检验，以进一步验证经探索性因子分析所得因子结构的合理性；运用结构方程模型（SEM）方法进行整体模型的验证及模型修正，并根据实证检验结果形成有价值的研究结论。

二 技术路线

为实现预期的研究目标，本书按照如图 1－1 所示的技术路线展开研究。

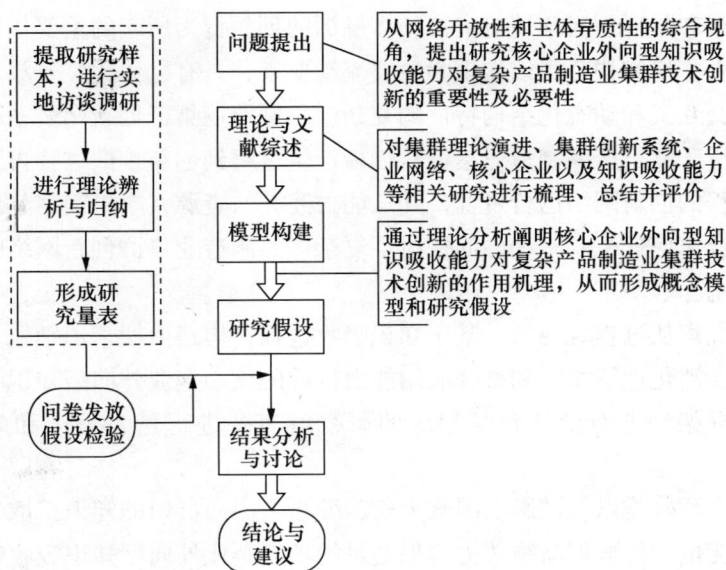

图1-1 本书技术路线

三 结构安排

本书包括十章，涵盖问题提出、理论分析、实证检验、策略建议和全书总结五个方面的内容，具体章节安排及主要内容如下：

第一章围绕研究背景及意义、问题提出和主要研究内容、研究方法及技术路线等展开。

第二章主要对产业集群的理论演进、不同视角下的集群创新系统相关研究、企业网络相关理论及研究文献以及核心企业、知识吸收能力的已有研究进行归纳、梳理和评价。为后续理论模型的构建和研究假设的提出奠定理论基础。

第三章首先对复杂产品、复杂产品制造业、产业集群及创新网络的概念内涵进行梳理。在此基础上，以青岛船舶制造业集群、西安航空高技术产业集群、株洲轨道交通装备制造业集群和长沙工程机械集群等，对复杂产品制造业集群及其创新发展的状况进行案例分析。

第四章主要对复杂产品制造业集群创新网络的构成要素、网络结构、网络运行过程和内在运行机制进行分析探讨。首先，关于集群创新网络的构成要素，主要从节点要素、关系要素和环境要素展开，分析不同的节点、关系和集群创新环境对集群整体层面的创新行为所起的重要作用。在此基础上，研究构建了以知识为主要流动要素，具有立体化、开放化、异质性、交互式和动态化结构特征的复杂产品制造业集群创新网络系统。最后，分析了复杂产品制造业集群从创新产生过程到创新扩散过程再到创新持续过程的创新网络运行过程，并从能力互补与资源共享机制、集体学习机制和合作信任机制三个方面探讨了复杂产品制造业集群创新网络的内在运行机制。

第五章从过程观视角，基于知识吸收过程，构建由搜索识别能力、获取能力、消化理解能力和整合应用能力构成的核心企业外向型知识吸收能力概念框架，进而设计开发相应的研究量表并进行量表信度和效度的检验。

第六章构建以关键影响因素为前因变量、面向群内的知识扩散与共享为中介变量、集群创新绩效为后果变量的核心企业外向型知识吸收能力与复杂产品制造业集群创新绩效之间关系的概念模型，并提出相应研究假设。

第七章先就问卷设计、变量的选择与度量、样本选择与数据收集进行说明，并对样本数据进行了描述性统计分析。进而对本书所采用的实证分析方法及其使用条件展开解释和说明。

第八章对各研究量表进行单构面尺度检验和信度效度检验，并对整体结构模型进行验证并修正。

第九章在对研究结果分析讨论的基础上，提出提升核心企业外向型知识吸收能力，从而促进复杂产品制造业集群创新发展的策略建议。

第十章对本书主要工作和结论、创新点及未来需进一步研究的问题进行阐述。

第二章 理论与文献综述

第一节 产业集群理论演进

纵观产业集群已有研究理论，在经历了以马歇尔（Marshall，1920）为代表的产业区理论，到梅拉特等（Maillat et al.，1993）为代表的区域创新环境理论的演进过程，产业集群研究呈现出明显的多学科交叉特点，诸多理论分别从不同研究视角出发，对产业集群进行了深入研究。尤其是20世纪90年代以来，研究焦点逐渐从对静态效率优势的关注，转变为更加关注集群网络的互动、知识扩散机制、学习行为以及集群企业的创新行为等方面。

一 传统产业集群理论

（一）马歇尔的产业区理论

新古典经济学代表人物阿尔弗雷德·马歇尔（Alfred Marshall）被公认为是产业集群研究的先驱，他第一个比较系统地研究了产业集群现象，首次提出了"产业区"概念，并形成了以外部经济和规模经济为集聚动因的产业集群理论。马歇尔的产业区理论将外部规模经济与产业集群联系起来，认为外部经济是由企业聚集产生的，并把产业集群产生的外部经济归结为三个方面：（1）企业聚集形成了知识信息的溢出和创新的环境；（2）企业聚集有利于共享的非贸易投入品和服务行业的发展，因为生产最终产品的企业聚集可以为辅助企业的产生和高价机械的使用提供条件；（3）企业聚集导致具有专业技能的劳动力市场的形成，节约了雇主和劳动力之间的相互搜寻成本。

马歇尔的开创性研究不仅发现了集群这一重要的经济现象，而且研究了集群企业之间的客观协作行为、聚集经济表现形式，提出了外部经济概念，为后续研究奠定了理论基础，成为多种理论流派的学术思想渊源。

（二）经济地理学派的产业集群理论

以韦伯、佩鲁、克鲁格曼等学者为代表的经济地理学派主要从地理学角度对产业集群展开研究，并成为产业集群研究的一个重要分支。

以韦伯为代表的工业区位理论。阿尔弗雷德·韦伯（Alfred Weber）是工业区位理论的创立者，他从微观企业的区位选择角度，探讨了工业生产活动的聚集区域及聚集方式问题，认为企业的集中主要取决于集聚后的收益与集聚成本的对比。之后，大量的区位理论学者对聚集经济展开研究，他们均强调特定地理范围内经济活动的相互联系，这种相互关联的企业组成了一个复杂的综合生产网络，企业间通过直接或间接的网络联系发挥聚集经济效益。这里，聚集经济效益主要体现在运输经济效益、储备经济效益、采购经济效益、信息经济效益以及社会固定资本费用的节约等方面（安虎森，2004）。

以克鲁格曼为代表的空间经济理论。20 世纪 90 年代，以保罗·克鲁格曼（Paul Krugman）为代表的新经济地理学（或称空间经济学）对产业集聚现象进行重新解释。他们通过构建一般均衡垄断竞争模型，即中心—外围模型来解释产业聚集现象，从而成功地把空间问题引入主流经济学研究范围。由其开创的新经济地理学理论也迅速成为产业集群研究领域的一个重要分支。空间经济理论认为，经济活动的地理集中是由收益递增、运输成本及需求因素之间的相互作用决定的，强调了专业化的源泉在于关联效应，以贸易成本主要是运输成本作为聚集发生的关键变量。空间经济理论的主要贡献在于，把空间问题与规模经济、竞争、均衡等问题结合在一起，通过数学模型证明了产业集聚的原因，解决了主流经济学回避的区位问题。但他们主要关注企业之间的垂直关联和聚集体的内部市场，回避了对聚集现象有重要影响的知识溢出问题。另外，该理论主要研究制造带和农业带这种最一般的分工形式，而不太关注细分行业中相关企业的集聚问题。从区域范围看，该理论关注的是国家范围内较大区域的产业聚集，而不是狭小地理空间范围内的企业聚集问题。

（三）波特的集群竞争优势理论

波特（1998）系统地提出了竞争经济学的产业集群理论，将产业集群界定为：某一特定领域内互相联系、在地理区位上集中的企业和机构的集合。并强调了集群的竞争优势，认为集群具有如下优势：（1）集群通过增强公司的生产力、推动创新的方向和步伐、鼓励新企业的形成三种方式影响竞争；（2）企业加入集群将使他们在寻求投入、获得信息技术及所要的制度、协调相关公司和促进改善等方面运作起来更加有效；（3）集群为企业获取雇员、供应商和投入要素提供了更好的途径，可以降低交易成本；（4）集群是取代垂直一体化的更好选择；（5）集群可以产生互补性效益；（6）集群是获取机构和公共物品的重要途径；（7）集群使当地的竞争更具动力。

波特理论的创新之处在于将产业竞争优势决定因素与地理集中因素结合起来，比较全面地探讨了产业集群的竞争优势。但波特所研究的对象也主要是国家层面的产业集群。

二 多学科交叉融合下的产业集群理论

在马歇尔对产业集群进行开创性研究之后的很长时期，企业聚集现象仅受到区位学者的关注，相关理论大都属于传统经济地理和区域学科范畴，并没有引起主流经济学家的重视。直至 20 世纪 80 年代以后，这种局面才被打破，主流经济学、区域经济学、经济地理学、管理学、产业组织学、社会学等不同学科的学者纷纷涉足这一领域，集群研究成为理论界和实践界关注的热点，形成了集群研究"百花齐放"的局面，出现了多种理论学派共存的现象。本书主要对该领域影响深远的经典理论成果进行梳理，并在总体上予以总结和评价。

（一）新产业区学派和产业空间学派的产业集群研究

20 世纪七八十年代，在石油危机的打击下，西方发达国家陷入经济停滞状态，传统制造业出现了严重衰退。与此同时，意大利东北部、德国巴登—符滕堡和美国硅谷等地经济却出现了奇迹般高速增长。这些地区超强的创新能力和快速的经济增长引起了众多研究者的高度关注和重视，新产业区学派由此形成。

以皮奥里和萨贝尔（Piore and Sabel，1984）为代表的意大利学派继承和发展了马歇尔对产业区和集聚经济的研究成果，以柔性专业化为主要理论依据，以制度、劳动分工、产业时代划分为主要内容，提出了关于合作与竞争、信任与制度以及网络的重要性等重要论述。他们认为，以中小企业为主体并以柔性专业化作为生产方式的产业集群不仅使中小企业对经济发展的作用增强，而且可以提高区域竞争力。虽然批评者认为该学派的研究对象是一种特殊例子，其理论不具有一般性，但他们的观点对其后产业集群的研究影响甚大。

新产业区学派另一个重要的理论内容是社会嵌入性，以斯科特（Scott，1986）为代表，将新制度经济学交易费用分析方法运用到集群研究，认为集群的兴起和增长是企业内外部交易成本之间进行抉择的结果。以斯科特（1986）为代表的集群理论又被称为加利福尼亚学派和新的产业空间学派。国内学者杨小凯和张永生（2000）也研究了分工和聚集的相互促进关系，认为分工企业在地理上的集中可以降低交易费用，从而进一步提高分工水平。

总之，柔性专业化和社会嵌入性是构建新产业区学派理论体系的两个重要支柱。新产业区理论的重要观点可以概括为：（1）认为生产体制与经济发展阶段相联系，集群"弹性专精"的生产方式能够使中小企业发挥优势；（2）强调专业化分工和本地合作的作用、本地网络对本地社会制度文化的根植性；（3）认为集群具有特殊的创新和技术学习的方式。

（二）网络和社会资本视角的产业集群研究

网络视角的产业集群研究。在全球市场的兴起与激烈竞争环境中，单一组织对于产品的生产越来越多地依赖外部资源。在此背景下，由企业合作而形成的企业间网络日益成为组织获取外部资源最有效的方法之一。产业集群与网络有着密不可分的联系，产业集群的本质即是各种交互作用的网络关系（Vatne and Taylor，2000；李维安和邱昭良，2007）。因此，从网络视角看，所有的产业集群都可以看作为网络，即集群网络。从企业网络视角研究产业集群，也是西方产业集群理论的一个重要方面。

从网络视角对产业集群的研究，更为关注的是社会经济网络。社会经济学认为，经济行为嵌入社会关系之中。在社会经济学派中，以格拉诺维特（Granovetter，1973，1985）为代表的强弱关系理论和嵌入性理论、以鲍威尔（Powell，1996）和伯特（Burt，1992）为代表的以中心度和结构洞作为衡量指标的网络位置理论以及以 Bourdieu（1985）、科尔曼（Coleman，1988）为代表的社会资本理论在对产业集群成长与发展研究中具有较强的解释力。不过，由于本书随后将把企业网络理论作为单独的部分进行系统深入的梳理和评价，因此，这里不再赘述。

社会资本视角的产业集群研究。社会资本视角的产业集群研究与网络视角的研究是紧密相关的。社会资本是持续存在于制度化的关系网络中的实际或潜在资源的总和（Bourdieu，1985），是嵌入的结果（Portes，

1998）。社会资本以社会网络为载体，是网络化的资本（Tsai Wenpin，1998），代表了一个组织或个体的社会关系，属于社会网络中的关系要素（詹姆斯·科尔曼，1999）。

帕特曼（Putnam，1993）从社会资本视角对产业集群研究发现，社会资本的作用在于共享信息、协调行动和集体决策，并认为第三意大利产业集群的发展是由于存在丰富的社会资本的原因。Saxenian（1996）通过对硅谷的长期追踪研究，认为硅谷的优势在于该地区形成了既竞争又合作的网络式产业联系。Annen（2001）则从社会资本视角对发展中国家的产业集群展开研究，提出社会资本就是社会网络中基于合作的参与者的声誉，也即是建立在个人层次上的产业集群中企业与企业之间的相互信任、友好、尊敬和相互谅解的关系，并得出了信任是集群独特社会资本的研究观点。

（三）知识转移和创新视角的产业集群研究

对于集群的形成机制或竞争优势，众多学者从知识转移和创新视角展开研究，研究成果主要反映在如下几个方面：

（1）知识传播与集群形成的研究。已有研究普遍认为，知识传播与溢出对集群的形成至关重要，这既是企业聚集的动机，也是集群竞争优势的来源。如 Audretsch（1996）提出，隐性知识是集群创新活动中最重要的因素。格莱译（Glaeser，1998）认为，面对面的信息交流、隐性知识的传播对产业集聚更为重要。Desrochers（2001）则重点研究了默会性知识的传播对企业集聚的重要作用，认为默会性知识传播是企业集聚的必要条件。贝斯特（Best，2001）从集群企业专业化入手，认为专业化企业之间的知识溢出效应是集群发展的重要驱动力。Lazerson 和 Lorenzoni（1999）对意大利产业区的研究则表达了大型核心企业的知识传播与扩散对产业集群形成与发展的重要作用，认为产业集群是大型核心企业知识扩散传播的产物。

（2）知识溢出、扩散与集群创新研究。创新扩散理论是产业集群知识溢出效应研究的理论基础，同时，知识溢出效应是产业集群中知识扩散的主要途径。已有相关研究主要从知识溢出、知识扩散对集群创新的影响以及产业集群知识溢出、扩散的主体、渠道和途径等方面展开。

首先，关于知识溢出、扩散对集群创新的影响，学术界基本形成了有效的知识扩散、溢出对集群创新具有显著正向作用的观点。如 Baptista

（2000，2001）研究认为，知识扩散是集群创新最重要的因素之一。Baptista 和 Swann（1998）的研究结论也证明了集群存在知识外在性或溢出，并且这种知识外在性或溢出对于区域整体的创新绩效具有明显的促进作用。

其次，关于集群知识扩散的渠道与途径，学者们基本形成基于非正式交流的知识溢出和基于协作关系的知识转移两种不同的扩散路径。如达尔和彼得森（Dahl and Pedersen，2004）基于对丹麦无线通信设备业集群的研究发现，集群企业人员间非正式交往是知识扩散的重要渠道。欧文·史密斯和鲍威尔（Owen - Smith and Powell，2004）的研究进一步指出，龙头企业员工与中小企业员工间频繁的面对面交流和互动，无形中交换了各自的技术诀窍、工作经验等知识，从而形成了龙头企业向中小企业的知识溢出。另外，也有研究认为，龙头企业的熟练工人向中小企业的转移促进了集群内部知识的交换和扩散（Pietrobelli and Rabellott，2004）。围绕上述知识扩散的两种渠道与路径，相应的形成了关于知识扩散路径对集群创新作用的两种观点：（1）基于非正式交流的知识溢出对集群创新具有显著影响（Storper，1995，2004；Owen - Smith and Powell，2004；Pietrobelli and Rabellott，2004；Bathelt et al.，2004）。（2）基于协作的知识转移对集群创新更为有效（Lorenzon and Badenfuller，1995；Boari and Lipparini，1999）

另外，还有不少学者对集群创新扩散的主体进行了研究，其中大型核心企业作为知识扩散源、中小企业作为知识接受者模式已经得到大多数研究的证实。相关研究认为，由于核心企业占据着供应商和客户网络中心位置，从而拥有更多的知识存量和获取知识的路径（Camuffo and Costa，1993；Morrison，2004；许庆瑞和毛凯军，2003），因此也更有能力和动机在集群内部扩散知识（Nijdam and Langen，2003）。

21 世纪以来，对集群知识溢出和创新机制的研究进一步深入，并更加注重实证和研究方法的精细化。如 Bischi et al.（2003）通过建立动态演化模型分析了产业集群的知识溢出效果和演化动力。库克（Cooke，2002）基于互动视角，将集群创新系统划分为知识应用与开发子系统和知识产生与扩散子系统两个子系统，这两个子系统之间知识、资源和人力资本的不断流动和相互作用，促进了区域国际竞争力的不断提升。塔尔曼等（Tallman et al.，2004）则把集群知识划分为部件知识与组织知识两种类型，并分析了两种类型知识在企业层次和集群层次的特征及传递效果。

Asheim 和 Coenen（2005）通过对北欧五个国家地方创新系统的研究，考察了地方化的学习过程、黏性知识与根植性社会关系。穆迪森等（Moodysson et al.，2008）则提出了知识创造的"分析"与"综合"模式，以代替"缄默"与"编码"知识二分法概念，并以此分析了美国医药谷生命科学集群的知识创造问题。

（四）外部性、集体效率和演化视角的产业集群研究

20世纪后期以来，不少学者在传统集群理论基础上，从外部性和演化视角对产业集群进行了更深入的分析和进一步拓展。如施密茨（1995）提出了集体效率模型，并分析了集群的外部经济和联合行动形成的竞争优势。集体效率模型认为，只有外部经济是不够的，还必须有企业间、企业与机构之间的联合行动。Ottaviano 等（2002）运用不完全竞争模型对产业集群进行研究，认为同一区域内的企业之间因为地理空间毗邻而产生技术外部性，从而形成产业集群，而不同区域的企业之间因缺乏地理空间毗邻条件而不能产生技术外部性，但依然有集群倾向，其原因在于货币外部性。此外，Yeung 等（2006）的研究则强调了地方集群的整体外部经济（Non – cluster Economies），即集群内企业作为一个整体对外部企业的集体讨价还价能力和生产能力。Palivos 和 Wang（1996）、Barkley 和 Henry（2001）则从多角度分析了产业集群的形成机制和竞争优势，认为产业集群具有如下几个方面的优势：（1）集群可以产生内部和外部规模经济，具有消费和生产结合的外部性；（2）集群企业可以分享公共基础设施和专业技术劳动力资源、节约生产成本；（3）集群可以促进企业之间的分工和生产灵活性、建立信任关系和保障这种信任关系的社会制度、积累社会资本、降低交易费用、促进专业知识的传播和创新扩散、促进隐性经验类知识的交流等。

此外，对产业集群的演化和动力机制研究由于多学科的介入而导致研究视角更加多样，从生物学和复杂科学视角的研究是集群理论的新发展。如 Ahokangas 等（1999）认为集群可以类比为一个有机的生物系统，有着起源、增长、成熟的生命周期。Albino 等（2005）则从复杂适应系统的角度解释了集群竞争优势的原因，认为集群的竞争优势不是由集群特征造成的，而是集群为了适应外部环境不断演化的结果。总之，产业集群研究的方法和视角更加多样，研究层次也更加深入。

第二节　企业网络理论综述

企业网络是企业间相互联结和合作的制度化的关系网络，相关研究主要从交易费用理论、社会网络理论、资源基础理论等不同角度分析和阐述企业网络存在的原因及意义。本书分别对不同视角下的企业网络相关研究成果进行梳理、归纳并评述。

一　交易费用理论视角下的企业网络研究

企业网络理论与新制度经济学有着很深的渊源。新制度经济学奠基人科斯（Coase，1937）创造性地提出了交易费用理论，并运用交易费用理论解释了企业与市场的关系及企业存在的意义，即企业的性质。科斯的交易费用理论，将企业看作是与市场并列的资源配置方式，并认为企业与市场的区别在于两者的资源配置方式不同，市场通过价格配置资源，而企业则通过权威配置资源。这种从全新视角的企业界定，引发人们对企业与市场关系的重新思考，使人们对企业问题有了更为深刻的认识。然而，科斯的交易费用理论所倡导的企业与市场、指导性协调与自发性协调的二分法却忽略了企业之间相互合作的制度事实，忽视了在企业和市场之间还存在着其他可以降低交易费用的组织制度或治理结构（普特曼和克罗茨纳，2000）。其实，在企业和市场之间还存在很多种中间状态，在这些中间状态中，企业间的合作大量存在，资源的配置既非完全通过价格实现，也非完全通过权威来调配。西方经济学家将这种中间状态称为企业与市场之间的中间组织，这种中间组织或组织间关系是对市场和组织层级的替代。

交易费用经济学的集大成者威廉姆森（Williamson，1985，1996）对科斯的交易费用理论进行了延伸与拓展，为企业采取网络组织安排提供了有力的理论解释。威廉姆森（1985）从比较经济组织角度建立了一个仅考虑资产专用性和治理成本的高度简化的治理选择模型，认为当资产专用性处于中等水平时，选择企业和市场都要支付较高的治理成本，因此应该选择具有混合治理（Hybrid Governance）特征的介于市场和科层制度之间的中间组织。威廉姆森（1996）在治理结构视野下对于合同的研究也提出，基于交易关系的企业间网络是一种介于企业和市场之间的中间治理结构。拉森（Larsson，1993）在前人研究基础上，进一步认为应该用市场、组织间协调及科层制度的三分法替代企业与市场的二分法。Gulati（1995）研究也提出，当某项交换的交易成本处于中等水平，不至于高到要采取垂直一体化的时候，企业间网络就成为最佳的资源配置方式。

新制度经济学中的交易费用理论从节约治理成本的独特视角，解释了网络形成与发展的机理，这种处于市场与企业之间的新型组织形态有效地降低了交易费用，在一定程度上弥补了单纯的市场与科层制度的不足。但这种理论框架下的企业网络，仅仅是为了降低交易费用而选择的用来替代市场和企业层级组织的另一种资源配置形式而已。

二　社会网络理论视角下的企业网络研究

作为西方社会学的一个重要分支，社会网络研究从属于经济社会学研究领域。社会网络理论认为，任何社会组织的结构都可以被视作一个网络。20世纪90年代以来，社会网络理论对经济行为的强大解释力得到国外学者的极大重视，成为企业研究的一个热点领域。纵观社会网络研究的发展，社会网络已经从最初的研究个人之间的连接与关系，逐渐向研究业务单元（Unit）和组织（Organization）间的连接与关系发展。特别的，当管理研究领域引入社会网络研究后，众多学者在组织间层次，从企业所处的社会网络的构造出发来解释网络环境下企业的行为和绩效，为分析企业成长及其资源获取提供了重要的分析思路。本书主要对该领域影响深远的经典理论进行梳理。

（一）以格拉诺维特为代表的强弱关系理论

格拉诺维特（1973）首次提出联结强度（Strength of a Tie）概念，根据联结强度的不同，将企业间的网络联结关系划分为强联结（Strong Tie）与弱联结（Weak Tie）两种类型，并强调弱联结对企业创新发展的重要性，认为弱联结可以帮助行为者接触到与自身背景迥异的网络节点，从而获取异质性信息和知识，得出弱联结更可能是创新知识来源的结论。鲍威尔（1990）则进一步阐述了两种不同的联结强度的内涵和表现，认为企业网络中的企业间联合开发研究与制造性合资企业属于强联结关系，而企业联盟中的技术许可制则属于弱联结关系。Uzzi（1997）也研究了网络联结强度与企业绩效的关系，并得出了强联结不利于企业绩效的观点，认为过度嵌入的联结关系可能会局限行为者的视野从而降低企业绩效。当然，也有一些学者持相反观点，认为强联结可以存在合作与交流，而且难以被对手模仿（Dyer and Nobeoka，2000），有助于消除不确定性（Kraatz，

1998），且更容易与合作伙伴取得联系并获得帮助，从而会导致更多的知识交换（Levin and Cross，2004），因此得出了强联结更利于企业绩效的观点。Reagans 和 McEvily（2003）的实证研究也得出了强联结比弱联结更利于组织间知识传递的研究结论。

（二）以 Bourdieu、科尔学为代表的社会资本理论

法国社会学家 Bourdieu（1985）最早提出了社会资本概念，认为社会资本是持续存在于制度化关系网络中的实际或潜在资源的总和。科尔学（1988）对社会资本进行深入论述，指出社会资本是生产性的，代表了一个组织或个体的社会关系，能够创造价值。20 世纪 90 年代后半期以来，社会资本理论引起了管理学界众多学者的关注，认为社会资本是以社会网络为载体的网络化资本，是一种有利于主体行动的生产性资源（Tsai and Ghoshal，1998），社会资本有利于企业的商业运作（Burt，1992）和企业动态能力的构建（Blyler and Russell，2003）。总之，社会资本作为一种网络化资本，依赖于企业间关系的存在，它的存在为企业带来了很多隐性资源优势。

（三）以伯特等为代表的网络位置理论

网络理论研究者认为，在错综复杂的合作网络中，每个企业所处的位置是不同的，占据优势网络位置的企业在进行创新活动时将更具优势。企业的创新绩效、获取资源等行为都可以被解释为企业在合作网络中所处位置的函数（Wasserman and Faust，1994）。企业占据的不同网络位置决定了其获取新信息、学习新知识和进行创新的不同机会（Tsai，2001）。Dyer 和 Nobeoka（2000）从企业网络位置视角解释了丰田公司竞争优势的产生原因，认为丰田公司的生产网络能够有效地实现网络中知识的扩散与共享。贝尔（Bell，2005）对产业集群的研究也发现，集群中企业所处的网络位置对企业创新绩效具有重要影响。

衡量网络位置的变量有很多，目前得到学术界广泛研究并最能反映网络位置影响创新绩效的是网络中心度和结构洞两个变量。网络中心度的概念最早由伯特（Burt，1992）提出，网络中心度是衡量个体行动者在网络中重要程度的变量，可用来考察企业充当网络中心枢纽的程度（Burt，1992）和对资源获取与控制的程度（Wasserman and Faust，1994）。网络中心度高表明企业处于合作网络的核心位置，网络中心度低则表明企业处在合作网络的边缘。处于网络中心的企业具有如下创新优势：更容易获取

并控制与创新相关的新信息（Brown and Duguid，1991；Powell，1996）；拥有多重的信息渠道与信息源（Burt，1992）；更容易汇聚不同企业的互补性技能（Mitchell and Singh，1996），更容易争取到与优秀企业合作的机会（钱锡红、杨永福、徐万里，2010）。如伯特（1992）认为，在合作网络中占据中心位置的主体可以形成"桥"（bridge），通过桥梁作用的发挥，可以将相关信息或知识在其社会网络中进行交换。鲍威尔等（1996）研究指出，网络中心度提高了企业与其他成员的相互理解，并能有效建立合作的原则，加强了信息的交换。Tsai（2001）认为，处于网络中心的主体或企业可以轻松的接近其他主体，从而获取或者共享更多的知识。Salman和Saives（2005）研究发现，企业在合作网络中的位置中心度与其获得互补性知识的可能性存在显著正向关系。欧文·史密斯和鲍威尔（2004）认为，创新的利益仅仅能为那些占据着网络中央位置的企业所获得。

所谓结构洞（Structural Holes），是指社会网络中的某些个体之间发生直接联系，但是，与其他个体不发生直接联系或关系间断的现象伯特（1992）。假设 i、j 和 k 三个节点组成一个封闭网络，如果 i 和 k 之间没有连接，但它们都与 j 相连，i 和 k 必须通过 j 才能联系，此时，j 所处的位置就是一个结构洞。自伯特（1992）的开创性研究以来，众多学者运用结构洞理论对网络位置与创新之间的关系展开研究。如 Uzzi（1997）指出，如果自我与许多彼此不相连的个体有联结，那么这种结构对自我将非常有利；如果自我作为两个互不关联簇群间的桥梁，那么这种结构带来的收益将进一步放大。McEvily 和 Zaheer（1999）认为，占据结构洞位置的企业拥有非冗余的异质性联系，更容易触及并获得异质性信息，从而更容易实现创新。我国学者范群林等（2010）对集群创新网络的研究也得出了结构洞位置对创新的重要作用，认为拥有更多结构洞的企业更容易获取有效的知识、信息等创新资源，其创新的可能性也就更大。当然，关于结构洞也有不同的观点，如 Walker 和 Kogut（1997）、Ahuja 等（2000）认为，企业间的结构洞对信息及知识转移和企业创新绩效具有负面影响。

（四）以格拉诺维特为代表的嵌入性理论

格拉诺维特从嵌入性这一网络理论的核心概念出发，认为新古典经济学所假定的纯经济关系在现实生活中是不存在的，企业不会在完全自由竞争的公开市场上寻找交易伙伴，而通常希望跟与自己有联结关系的伙伴进行商业往来，并将他们作为长期的合约伙伴，从而认为一切经济活动都嵌入在社会关系网络之中。格拉诺维特（1985）将嵌入划分为关系嵌入和结构嵌入两种类型来进行网络分析，关系嵌入是指经济行为、产出和制度受行为者个人之间的关系影响，是基于互惠预期而发生的对称联结，主要考察相互间的联结强度、亲密程度、联结久度和方向等问题。结构嵌入是指经济行为、产出与制度受全体网络关系的结构影响，关注行动者在社会网络中的结构与位置及其对行为和绩效的影响。这种分析方法事实上与伯特（1992）的"关系—位置"网络分析方法相似。Gulati（1999）的研究也得出了类似观点，认为企业的社会嵌入性会影响网络的形成，企业各方之间如果之前彼此熟悉，那么建立战略网络关系的可能性就比较大。

三　资源基础理论视角下的企业网络研究

20 世纪 80 年代以来，企业资源基础理论（Resource – Based Theory of the Firm）逐渐兴起。该理论从组织资源与能力视角回答战略管理研究的基本问题，即"企业是什么"、"企业为什么不同"和"企业的持续竞争优势从何而来"。与强调成本最小化的交易成本理论相比，资源基础论的分析单位不是"交易"而是"资源"，分析的理论逻辑不是交易成本最小化，而是强调通过聚集和使用有价值资源来实现企业的价值最大化。资源基础论认为，有价值的企业资源常常是稀缺的、难以完全模仿的和难以替代的（Barney，1991；Peteraf，1993）。将资源基础理论比较系统地用于分析企业网络的代表人物是 Das 和 Teng（1998）他们提出，网络伙伴为企业网络带来四种类型的关键资源：财务资源、技术资源、物质资源和管理资源。戴尔和杰夫里（Dyer and Jeffrey，1998）指出，企业间的竞争优势来自四种潜在资源：特殊关系资产、知识分享惯例、互补资源与能力及有效的管理。

20 世纪 90 年代中后期以来，随着学术界对"组织嵌入在社会网络中"这一观点的普遍认可，战略研究学者开始聚焦于企业如何通过利用网络资源以获取竞争优势的问题。网络资源观认为，能给企业带来竞争优势的关键性资源不仅仅局限于企业内部，还可以超越组织边界，存在于企业所处的外部网络中。如 Gulati 等（1999）研究提出，企业间的网络资源推动了企业网络的生成，并认为网络资源是一种完全不同于技术资源和商业资源的社会资源，是由网络成员、网络结构或网络治理所带来的独特资源，强调了网络资源的异质性。Lavie（2008）的研究也得出了同样的结论，认为传统的社会网络理论只考虑关系和结构方面的特性，强调企业在关系模式中的位置以及网络关系的性质，而很少关注节点或行动者本身的特性，事实上，不仅网络关系是异质的，网络伙伴也是异质的。Gnyawal等（2001）则对企业网络中的资源类型展开研究，提出企业网络中流动着三种资源，即资产流、信息流和状态流。Lavie（2006）则将存在于相互联结的企业之间的网络资源进行整合，将网络资源划分为共享性资源与非共享性资源两种类型。

四　组织学习理论视角下的企业网络研究

组织学习理论认为，隐藏在资源、能力背后，决定企业竞争优势的是企业的知识以及与知识密切相关的学习。与交易费用经济学将企业的本质看成契约集合不同，组织学习理论将企业看作为是知识的集合体，企业的知识存量决定了企业配置资源等创新活动的能力（余光胜，2002）。因此，组织学习能力、组织知识转移等成为众多领域学者近年来研究的焦点和热点问题。

组织学习理论视角下的企业网络研究认为，公司形成企业网络是为了利用向网络内其他企业学习的机会（Mowery and Silverman，1996；Ghosh，2004）。企业网络组织突破了"法人边界刚性"的制约，使企业间交流更加便利，这不仅有助于有形资源的共享，也有助于技术、知识、能力等无形资源的转移与共享。企业网络的组织学习理论基础，与认为公司通过优越的知识及信息来加强它们的竞争地位的有关研究是一致的（Simonin，1999）。在企业网络的研究文献中，研究者们普遍认同企业网络是一种实现企业间知识转移的有效手段，认为相对于企业的治理结构而言，基于网络的合作对组织学习绩效更为关键（Hamel，2002；Beckman and Haunschild，2002）。

第三节　集群创新系统研究进展

国外对集群创新系统的研究，是在对区域创新系统研究的基础上展开和深化的。近年来，随着知识经济和全球化的不断推进、技术竞争的日益加剧以及技术创新复杂性的日趋增强，加之异质性假设的不断兴起，集群创新系统的研究也逐渐呈现出开放化和异质性的趋势。现分别对不同背景和视角下的集群创新系统的相关研究展开梳理并评述。

一　区域创新系统视角下的产业集群研究

区域创新系统理论认为，地理概念的区域创新系统由具有明确地理边界和行政安排的创新网络与机构组成，这些创新网络和机构以正式和非正式方式相互作用，以不断提高区域内部企业的创新产出。事实上，当创新系统研究发展到区域创新阶段，区域创新系统与产业集群研究结合已经成为一种普遍现象。伴随着区域创新系统研究的推进，国内外学者对集群创新系统的构成展开了一系列探讨。

帕德莫尔和吉布森（Padmore and Gibson，1998）最早从宏观层面区分了以产业集群为基础的区域创新系统的构成要素，认为以集群为基础的区域创新系统由三要素六因素构成，即环境要素（包括资源和基础结构设施两个因素）、企业要素（包括供应商和相关产业两个因素）和企业战略和市场要素（包括外部市场和内部市场两个因素）。Radosevic（2002）通过对中东欧地区创新系统的研究，构建了区域创新系统从宏观到微观四个层面的构成要素，即国家层面要素、行业层面要素、区域层面要素和微观层面要素。安德森和卡尔森（Andersson and Karlsson，2002）从人力、供应和知识市场三个角度探讨集群创新系统的构成。安德森（2004）将集群创新系统的成员归纳为企业、政府部门、科研机构、金融组织和中介机构五大类。他们的分类比较全面地涵盖了集群创新系统的构成，但尚未能关注到各要素之间的互动关系。

洛夫和罗珀（Love and Roper，2001）、库克（Cooke，2002）、Asheima（2005）等则将互动理念引入集群创新系统，认为集群创新系统是集群中的相关企业、机构所构成的网络。如洛夫和罗珀（2001）提出，集群创新系统各要素之间正式和非正式的联结构成了集群创新系统的网络体系，并且相对于区位因素而言，网络联结因素对集群创新绩效具有更为显著的影响。库克（2002）认为，区域创新系统包括两个子系统：即知识应用与开发子系统和知识产生与扩散子系统，并提出两个子系统之间知识、资源和人力资本的不断流动和相互作用，促进了区域国际竞争力的不断提高。Asheima（2005）也从互动角度提出，集群创新系统由集群企业及其支撑产业和制度基础结构以及两者的互动构成。国内学者魏江（2002）、赵涛（2005）、许继琴（2006）等也从不同视角对集群创新系统的要素及构成进行研究，他们主要对已有研究进行了延伸与发展，并没有改变集群创新系统的基本结构。其中，以魏江（2002）的研究最为系统和完整，他将集群创新系统的构成要素划分为三个层次，分别是核心层的价值链要素、辅助层的可控支持要素和外围层的不可控支持要素。其中，核心层价值链要素包括供应商企业、竞争企业、用户企业和相关企业，辅助层的可控支持要素包括硬件技术基础设施、集群代理机构和公共服务机构，外围层的不可控支持要素包括政府、规章制度和外部市场关系。由上述分析可知，强调各要素之间的网络联结和互动关系是他们研究的创新之处，但不足之处在于，他们对网络联结和互动的关注仅仅局限于集群系统内部，针对集群系统内部的学习、创新和创新扩散效应展开研究，尚未突破集群系统边界研究分析群外因素对集群创新的重要影响。

二 网络开放性视角下的集群创新系统研究

近年来，随着经济全球化的不断推进、技术竞争的日益加剧，以及技术创新活动的日趋加速化和复杂化，集群发展对创新的要求越来越高，集群创新所需知识源也不再仅仅局限于产业集群所在的地方区域。在此背景下，仅仅立足于集群内部和区域内部的创新资源，将远远不能满足集群创新发展的需要。同时，随着网络技术的发展和企业网络化组织的兴起，由不同的创新主体联结而形成的技术创新网络已经成为企业技术创新活动重要且新的组织形式（Jones and Steve，2001；蒋军锋、张玉韬和王修来，2010），并日益成为影响产业集群创新绩效最为重要的一个因素（邬爱其和魏江，2007）。在此背景下，构建产业集群的外部网络联结关系以促进集群创新发展的相关研究日益增多。已有研究主要从如下几个方面展开：

（一）网络开放性对集群创新的影响和作用

随着全球化影响的扩大和产业集群实践的不断发展，近年来部分学者开始以一种更加开放和系统的视角来看待产业集群的内、外部关系，并对"集群"和"集聚"、"本地"和"全球"等概念的辩证关系进行重新审视和反思。如 Camagni（2002）指出，在全球化背景下，研究集群创新与竞争力问题必须澄清集群开放性和封闭性的辩证关系，并进一步阐明"区域"的本质。斯潘塞（Spencer，2003）也提出，随着经济全球化的影响持续扩大，原本地方性的集群企业之间的知识溢出与学习已经超越集群区域的范围，从原本狭小的区域创新网络扩展到国家创新网络，并进一步向更大范围的全球创新网络延伸。Hassink（2004）的研究认为，如果集群企业过于依赖集群系统内部的知识和信息，纯粹在集群圈子内进行封闭的"自产自销"式学习和创新，整个集群就很有可能陷入缺乏活力的泥沼，而如果集群所有企业都陷入这种境况，那么整个集群就将成为一个"技术孤岛"。Bathelt、Malmberg 和 Maskell（2004）研究发现，在全球化背景下，集群企业获取知识的途径和范围已经有了非常大的拓展，从而对传统产业集群概念进行反思，认为新形势下的产业集群概念除了包括地理集聚的因素，还应当包括超越本地的各种网络联系。国内学者的相关研究也提出了类似观点，如许继琴（2006）认为，在全球化背景下，产业集群仅仅是区际甚至国际价值链条中的某个环节，集群外部和非本地甚至是国际知识源对集群系统整体技术能力的更新和增长具有重要意义。冯梅和杨建文（2009）也提出，在全球化条件下，超越集群边界和区域边界获取创新资源不仅重要而且必要，尤其是那些技术要求高、主要价值链网络分布在区外甚至是国外的高端产业集群。因此，构建一个有效地通达核心智力资源所在的外部网络关系，对产业集群的创新能力至关重要（盖文启、张辉和吕文栋，2004）。

　　一些学者对发展中国家和技术落后地区产业集群的研究更是强调外部关联/非本地关联对集群成长与发展的重要性，认为相对于发达国家的产业集群而言，外部关联/非本地关联对发展中国家及技术相对落后地区的产业集群更为重要。如施密茨（1999）研究发现，发展中国家的产业集群所从事的专业化很多都来自外部，从而认为从外部知识源获取技术创新所需的知识和技术是产业集群持续发展的关键。贝尔和阿尔布（Bell and Albu，1999）创造性地提出集群知识系统的概念（Cluster Knowledge Systems），认为产业集群就是一个基于交互学习的知识系统，并提出集群知识系统的开放性以及它们与外部知识源的联结能力在技术滞后的地区、产业和国家里显得尤为重要。Nadvi 和 Halder（2005）关于德国图林根（Tuttlingen）和巴基斯坦斯尔科特（Sialkot）的医疗器械产业集群在产品和知识上的联系与差异研究也强调了外部联系对集群发展的重要意义。国内学者王缉慈（2010）在其最新的研究中也指出，对发展中国家产业集群的研究必须超越把产业集群看作封闭系统的思维，需要把来自外部的因素考虑进来，尤其是对于高技术创新性集群的研究，必须关注当外来主体是新技术主要来源的情况下，集群企业是如何通过与外来主体的互动实现技术创新和技术进步的，这点与发达国家主要关注集群内部行为主体间合作以促进创新的研究是不一样的。杨锐等（2010）的研究也认为，集群网络化不仅指内部网络化，更强调集群外部网络化，集群开放度与联结外部知识源的能力，在全球生产网络背景下显得更加重要，尤其是在技术上落后的产业、地区或国家。

（二）集群创新系统外部网络联结的主体、渠道和方式

首先，关于外部网络联结的主体。Boschma 和 Boschma（2002）对意大利产业区的研究认为，集群中的大型核心企业是产业集群外部网络联结的主体，这些企业为"桥企业"，它们接触外部知识源，并将地区活动引入国际市场。Giuliana（2002）研究提出，集群中的技术守门员（Technology Gatekeepers）企业是产业集群获取外部知识最重要的战略主体。国内学者魏江和叶波（2002）基于知识位势视角对集群技术学习的研究也提出，集群中的高位势企业由于具有较好的知识基础以及对外部新知识的吸收能力，能够源源不断地从外部引进有价值的知识资源，并对集群整体形成持续的知识补给，因此成为整个集群的学习代理人。他与周泯非合作开展的新近研究再次表明，在当前技术变迁速度不断加快和经济全球化的竞争环境下，集群关键战略主体尤其是龙头企业往往充当着与集群外部知识主体建立各种协作关系的先行者角色（周泯非、魏江，2009）。王为东和王文平（2009）的实证研究也提出了类似的观点，认为产业集群外部知识的获取主要依靠集群中的领导型企业。吴先华等（2010）研究也提出，集群中具有较强知识吸收能力的企业由于与外部知识源有着更为接近的知识距离，因此更可能成为产业集群与外部环境之间联系的界面或节点。

其次，关于外部网络联结渠道和方式，国内外学者也从各自不同视角进行了研究和探讨。如施密茨（1999）创造性地提出了全球性管道概念，对产业集群与群外环境的知识共享和互动协作渠道进行研究。Cowan 和 Jonard（2004）则进一步探讨了"全球性管道"这种外部知识联结渠道对集群创新发展的作用，认为"全球性管道"能够为集群企业提供大量的最新信息和可行技术。Visser 和 Boschma（2004）研究了本地关系网络和超越本地的战略和协作关系网络两种知识获取渠道在集群创新过程中的不同作用，认为本地关系网络有利于知识利用式创新，而超越本地的战略和协作关系网络则有利于知识探索式创新。国内学者张米尔和田丹（2007）对产业集群外部网络联结的方式进行了研究，认为以核心企业为主导的对外技术合作，是整个集群获取外部知识和技术的重要方式。

三　主体异质性视角下的集群创新系统研究

在新古典经济学分析框架下，从完全竞争模型的角度，企业个体被看作完全同质的（刘刚，2002），即无论生产要素投入还是所提供的产品或服务都不存在任何差异。20世纪80年代以来，关于企业同质性的假设日益受到经济现实和实证研究的挑战。如李普曼和鲁梅尔特（Lippman and Rumelt，1982）研究发现，企业超额利润的产生并非源于外在的市场结构特征，而在于企业内部的资源禀赋差异。随后，普拉哈特德和哈梅尔（Prahalad and Hamel，1990）、巴尼（Barney，1991）提出了核心能力和企业异质性概念，并认为它们是企业之间差异的根源，同时也是企业持续竞争优势的基础和源泉。自此，企业异质性问题逐渐进入了学者们的研究视野，并成为学术界关注的热点。同时，随着集群研究的不断深入，给定集群企业同质性的研究假设也日益受到实证研究的挑战，越来越多的研究表明，在产业集群中，并非所有企业的地位都一样，个别企业在集群成长过程中发挥着关键作用，并导引了整个集群的演进方向（Nohria and Eccles，1992）。

随着异质性假说的提出、集群研究的不断深入以及产业集群实践的推进，集群主体异质性问题日益受到众多学者的关注和重视。相关研究主要围绕集群主体异质性的表现、集群主体异质性与集群创新的关系等方面展开，现分述如下。

（一）集群成员异质性的表现

Dosi（1997）认为，集群中的企业在能力和知识基（Knowledge Bases）上是异质的，它们在与集群内外部的知识系统打交道过程中，扮演着不同的角色。朱嘉红和邬爱其（2004）研究提出，集群核心企业在成长过程中逐步养成和强化的、无法模仿和难以替代的核心能力是企业异质性的根源。周泯非和魏江（2009）研究认为，不同集群主体之间在知识和能力上存在异质性，这种异质性不仅体现在企业和机构的差异上，也体现在企业之间的差异上。吴先华等（2010）认为，集群企业由于具有不同的知识基，导致他们在集群知识系统中的地位也不平等。邢晓柳（2010）研究提出，集群网络中各节点组织之间在知识资源、吸收能力、知识创造能力等方面存在着异质性。

（二）集群主体异质性与集群创新的关系

知识储备是技术创新的直接来源，而企业间知识储备的异质性促使了知识在企业之间的传播与扩散，从而不断推动技术进步和经济发展（Nelson，1982）。魏江和叶波（2003）基于知识位势角度对集群技术能力的研究认为，不同集群企业之间由于知识深度和知识宽度的差异导致他们在技术能力上的差异，从而存在高位势企业和低位势企业之分，而高低位势企业之间基于知识差异的良性互动，推动了产业集群整体技术能力的持续增长。他与周泯非合作开展的研究再次证实了上述观点，认为集群主体在集群整体结构中的相对位置或者说异质性，是影响集群创新能力的关键因素（周泯非和魏江，2009）。张玲和杨锐（2009）对高科技产业集群与传统产业集群的比较研究也提出，集群企业在集群整体结构中的相对位置或者说异质性对高科技产业集群的创新活动具有显著影响。王为东和王文平（2009）实证研究认为，集群成员之间的知识异质性决定了他们的技术学习方式及其在集群创新中的角色和地位，那些具有较强知识基础和技术能力的领导型企业面向群外知识源的探索性学习是集群创新的关键。吴先华等（2010）的实证研究也提出，不同的集群企业由于具有不同的知识基，他们在集群创新系统的角色和作用也存在差异，那些承担技术守门人角色的集群成员对产业集群整体的技术创新具有决定性作用。

上述研究为探索产业集群的创新行为提供了全新的研究视角和思路，他们注意到了集群成员知识和能力等方面的差异对集群创新的重要影响，并得出了那些具有较强知识基础和技术能力的核心企业对集群整体技术创新具有关键作用的结论。但尚未有对核心企业面向群外知识源的吸收能力对产业集群整体技术创新的专门研究。

第四节 核心企业研究综述

随着异质性假说的逐渐兴起、集群创新研究的不断推进以及集群实践的日益发展，核心企业在集群创新过程中的重要作用和地位成为国内外学者关注的重点，也成为该领域研究的热点问题。本部分主要就核心企业的概念和内涵、核心企业在集群创新网络中的角色和地位以及核心企业对集群整体技术创新的影响和作用进行归纳、梳理，并在此基础上进行评述。

一 核心企业的概念、内涵及特征

核心企业（Focal Firm）这一概念最初由意大利学者 Boari（2001）提

出，用于描述产业集群中处于核心位置的企业。这一概念最初提出时，产业集群的相关研究大多以集群内所有企业的角色和任务的同质性为前提，这些研究普遍假设企业间的相互作用力是均等的，并且认为产业协会这一类的公共机构在集群形成与发展过程中比单个企业所起的作用更为重要。其他学者则指出某些集群是大型企业技术知识扩散与传播的产物（Schmitz，1995；Lazerson and Lorenzoni，1999），集群创新网络中企业的交流以及相互之间的作用也不均等（Giuliani，2005），有些集群中的大型企业完全具备设计并管理整个产业集群乃至其创新网络的能力（Dyer，1996；Lorenzoni，1995；Uzzi，1997），这些文献都说明某些大型企业在整个产业集群的形成和发展过程中起到了不可替代的作用，也就是在这种背景下，Boari（2001）提出了核心企业概念。

　　由于国内外国情以及翻译方面的差异，这里所指的核心企业在相关文献中有的称之为"焦点企业"或"龙头企业"。关于核心企业的概念和内涵，由于不同学者研究角度和背景的不同，他们对其概念和内涵的描述也存在一定差异。本研究通过对大量相关文献的阅览、整理，将已有的对核心企业界定的相关研究归纳为如下几类：（1）从企业外在形态方面进行界定和描述，如谢林（Schilling，2008）认为，核心企业与其规模、年龄和国籍相关，那些规模大、年龄长、总部国籍在发达国家的企业一般都是核心企业。Vlachopoulo和Manthou（2003）对企业联盟的研究认为，核心企业在企业联盟中往往是规模最大的一个企业，并且领导着整个联盟的发展，对各联盟伙伴的生产研发活动进行协调。（2）从企业内在能力角度进行界定，如Boari（2001）认为，仅从规模、年龄和国际之类的企业属性，不能确定焦点企业的概念，只有从企业核心能力和集群关系网络这两个维度，才能真正把握什么是焦点企业，焦点企业必须能够创造可以共享的商业理念，投资引领伙伴的发展，构建信任与互惠互利的文化氛围，具备选择和吸引优秀伙伴的能力。莫里森（Morrison，2004）认为，核心企业应位于供应商和客户网络的中心，起着领导者的作用，能够提出可以共享的商业理念，倡导企业之间彼此信任与互利的文化，具备选择和吸收优秀伙伴的能力，具有更高的成长率、创新能力，更善于吸纳各种资源并在整个行业中占有一定的市场地位。Pittaway和Maxine（2004）从知识吸收角度认为，核心企业是吸收知识最快的企业。Brigitte（2005）也从内在能力方面进行阐述，提出核心企业的一个重要特征是拥有行业的关键智力资本（专利）。（3）从网络视角，基于企业的网络地位和位置的归纳与描述，如 Ahuja（2000）、纽曼（Newman，2001）提出，核心企业是复杂网络中的核和集散节点，他们在复杂网络中的连接度很大，具有较高的显著性，拥有结构洞数量较多，对整个网络的影响较大。科格特（Kogut，2000）则认为核心企业是指那些借助其在技术创新网络中的巨大影响来实施技术创新网络管理的节点企业。罗杰斯（Rogers，2003）提出，核心企业是技术创新网络中大量信息的汇集地。Lorenzoni（1995）认为，核心企业本身必须具备广泛的社会关系网络，它们需要与集群内的其他组织形成一种强联系并且维持与集群外组织的弱联系来获取竞争上的各种优势。

随着我国对核心企业研究的不断推进，国内学者也从不同的研究视角对核心企业的概念、内涵和特征进行界定与描述。朱嘉红和邬爱其（2004）提出，从核心能力和网络嵌入性这两个维度，可以真正把握集群焦点企业的根本属性与特性。鲁茂（2004）从供应链角度提出，核心企业必须是供应链上拥有特定产品或服务的核心市场资源与核心竞争力的企业。刘友金和罗发友（2005）将集群焦点企业界定为：在集群演进过程中，处于集群网络的中心节点或关键节点，具有网络构建与扩展功能，能够导引集群演进方向的异质性企业，并归纳了集群焦点企业五个方面的特征，即角色不可替换性、快速成长性、网络联系多向性和行为示范性。吴松强、石岢然和郑垂勇（2008）从技术联盟视角提出，核心企业是指在某个行业中，具有核心资源，能够凭借其核心能力决定的独特竞争力在市场上吸引与之有业务关联的企业与其合作，并且能够向顾客提供有价值的产品和服务的企业。曹丽莉（2008）研究了核心企业在供应链的形成与发展中的重要作用，提出，供应链的形成和确定都源于其核心企业，核心企业是供应链上的组织结构调整中心、信息交换中心、物流集散"调度中心"、多阶响应周期的控制中心以及文化中心，在整个链条的竞争力培育、商业信誉构建、知识积累和效率提升等方面发挥着重要的作用。党兴华、李雅丽和张巍（2010）则从技术创新网络视角，基于网络节点间耦合互动的角度，将核心企业界定为：在技术创新网络耦合互动中，由于网络节点间耦合关系的演变而形成的，对网络整体具有较高的权力影响力，并且其他网络节点对其高度依赖的节点企业。张永安和王燕妮（2010）也从创新网络视角对集群核心企业的概念进行描述，提出核心企业是指在创新网络中占据主导地位，拥有主导产业的核心竞争力，能够带动和影响网络中其他相关企业的发展速度和方向，并在集群或网络发展中充当管理和协调角色，促使集群效应和网络效应能够更好发挥的企业。

二　核心企业在集群创新系统中的角色、地位及作用

核心企业在集群创新网络中的位置优势使得这些企业在集群技术创新活动中发挥着异常关键的作用。通过对大量国内外相关文献的阅读、归纳和提炼，本书将核心企业在集群创新网络系统中的角色、地位及作用归纳为如下几类。

（一）产业集群的技术守门人和知识引进者

Malipiero、Munari 和 Sobrero（2005）对意大利包装设备产业集群的实证研究认为，核心企业在将集群外部知识和技术引入集群内部的过程中扮演着技术守门人的角色，从而得出了核心企业是集群知识引进者的结论。

（二）集群内外部知识联结的桥梁和纽带

Boschma 和 Lambooy（2002）对意大利产业区研究表明，意大利产业区的大公司为"桥企业"，这些企业接触外部知识源，并将地区活动引入国际市场。吴先华等（2010）认为，核心企业与群外知识源之间有着更为接近的知识距离，从而成为产业集群与外部环境之间的联系界面或节点，他们通过构造不同网络之间的"结构洞"，从网络外部搜寻、吸收和解码新的知识和技术，在促进新知识进入集群的同时，大大加强了集群知识的创造和分享。

（三）产业集群的创新组织者和领导者

Boari 和 Lipparini（1999）关于意大利产业区中组织知识创造与转移的研究中提出，通过引入中间层级的供应商，核心企业可以把集群创新活动更加有效地组织起来。Boari（2001）的研究也发现，从长期来看，意大利中小企业的发展依赖于有限数量的核心企业，这些企业能够认知市场和产品，并管理区域内外庞大的企业和其他组织关系。Langen（2004）提出，核心企业能够为集群中其他企业提供支持，并能够通过与其他企业之间的协作促进集群内部资源的共享。国内部分学者也对核心企业在集群创新中的组织者和领导者角色展开研究。如龙宁（2009）以扬州工程电器产业集群为例，从三个方面来阐释核心企业在集群形成与发展过程中所扮演的角色，包括作为开拓市场先锋，创立电气品牌和营销渠道，招揽中小企业集聚；新产品研发领先，努力占领行业高新技术制高点；参与多项产品国家标准制定，推动行业繁荣，促进本地产业集群发展。张天平和李向辉（2009）研究了基于焦点企业的供应链竞争优势获取问题，指出集群供应链竞争能力主要由焦点企业产生，焦点企业创新对于提升集群供应链竞争能力至关重要。如周泯非和魏江（2009）提出，集群中的龙头企业往往充当着集群内部创建新的合作形式和与集群外部主体建立各种协作关系的先行者角色。项后军（2010）也认为，随着核心企业的成长，群内企业的分工和定位更为明晰，核心企业越来越向整个产业集群研发的领头羊角色演进，并在事实上逐渐担负起整个集群创新的发动机任务，成为产业集群创新的绝对主体。

（四）产业集群的创新扩散源和知识传播者

Agrawal 和 Cockburn（2002）提出，在产业集群的成长与发展过程中，核心企业承担了知识和技术的传播者角色，从而不断提高网络中企业的技术创新能力，刺激对于知识创造的需求。汉森（Hansen，2002）、里根斯（Reagans，2003）也认为，在知识传播过程中，网络中的核心企业往往是知识传播的中介。

（五）多种角色的综合体

国内外不少学者的研究都发现了核心企业在集群创新网络中融多种角色为一体的现象。如 Boari（2001）提出，核心企业在产业集群成长与发展过程中发挥如下多重作用：为集群中小企业提供广阔的市场；作为母公司衍生出一系列衍生企业，并且对集群内部的创业企业起到巨大的支持作用；向集群中小企业溢出知识、传递资源，从而维持集群的发展；作为成功的原型，对集群中小企业的成长与发展起到示范作用；作为变革的倡导者，带领集群中小企业及时转型，从而走出危机与困境。朱嘉红和邬爱其（2004）提出，焦点企业一般是作为市场需求发现者、企业孵化器、创业支持者、成功典范以及变革代理者等多种角色而存在，创造并维持着集群的整体竞争优势。刘友金和罗发友（2005）认为，焦点企业在产业集群演进和发展过程中具有知识溢出始发源功能、市场发展导向功能、企业衍生功能、柔性聚集功能等多项功能。王为东和王文平（2009）研究提出，领导型企业也即核心企业，一方面承担了面向群外知识源开展探索式学习的任务；另一方面还担负了将从外部所获取的知识面向集群内部扩散和传播的任务，从而发挥了技术守门人和知识传播者的双重角色。杨中华、涂静和庄芳丽（2009）也提出了核心企业是产业集群的创新引擎与知识扩散源的观点。

由上述分析可知，已有研究普遍认为，核心企业对产业集群整体的创新与发展具有重要作用，并提出了核心企业的外向型技术学习是集群创新发展的关键。但已有文献大多局限于表层的推理性、描述性分析及框架性研究，而通过构建理论模型和研究假设实证检验核心企业的外向型技术学习行为、外向型知识吸收能力等对产业集群整体层面技术创新内在影响机理的研究成果尚不多见。

第五节　吸收能力理论及相关研究

不同企业同化与复制外界新知识的能力会有所差异，这种能力最早由Cohen 和 Levinthal（1989）在探讨企业如何获取并保持竞争优势的研究中提出，并将其称为吸收能力。吸收能力是近几十年来企业战略创新研究和组织研究中出现的最重要的概念之一，被认为是影响企业创新能力的关键要素，受到了国内外各个领域学者的广泛关注，成为技术创新、组织学习、知识管理、产业经济与战略管理等多学科领域研究所涉及的核心指标（Peter and Balajikore，2002）。吸收能力理论认为，外部异质性资源对企业成长与发展至关重要，而企业对外部异质性资源的有效获取与应用依赖组织的吸收能力。

根据知识吸收能力载体不同，对吸收能力的相关研究主要集中在两个层面：个体层面和企业层面。个体层面的吸收能力研究大多利用认知理论，探究个体吸纳知识的模式；企业层面的研究者通常利用知识吸收能力来研究战略联盟的形成与成败、社会和智力资本的积累、技术能力的演进，以及技术创新的实现。根据研究视角的不同，关于知识吸收能力的研究文献大致从三种视角展开：主体观、过程观和资源基础观。主体观视角的研究主要从学习主体视角来探讨知识吸收能力的作用、形成机理和管理设计；过程观视角的研究则从技术学习的过程和阶段来分析吸收能力的内涵、构成及其对技术创新的影响；资源基础观视角的研究将吸收能力理解为开放式创新过程中的组织资源，并研究探讨组织吸收能力的内部结构和作用机制及其对技术创新的影响和作用。

通过广泛阅览并归纳梳理知识吸收能力的相关研究文献发现，被研究者广为认可和引用的关于吸收能力的研究大多是从过程观视角，基于知识接受方技术学习的过程和阶段来展开的。考虑本书的研究目的，本书主要着眼于核心企业面向集群外部的知识吸收能力对产业集群创新发展的影响。因此，本部分主要从过程观视角，基于企业间知识转移的过程和阶段，对企业层面知识吸收能力的已有研究成果展开梳理、归纳和评述，以理清吸收能力的概念内涵、影响因素及其对创新绩效的影响。

一 吸收能力的概念、内涵及构成

Cohen 和 Levinthal（1990）最早对吸收能力进行系统的研究，他们从过程观的研究视角，基于企业技术学习的过程和路径，将知识吸收能力界定为"企业识别外部新知识的价值，并通过知识整合与应用，取得商业成果的能力"，并构建了包含评价、消化和应用三个维度的吸收能力模型。这一观点为后期吸收能力的研究指明了方向，启发了吸收能力动态特性的提出。但遗憾的是，他们并没有对吸收能力的三个维度及其相互关系展开进一步研究，并且在他们的研究中用 R&D 作为吸收能力的代理变量，实质上是将吸收能力视为单维度的概念。Szulanski（1996）在 Cohen 和 Levinthal（1990）研究的基础上，将知识转移过程划分为识别、消化吸收和商业运用三个阶段，进而将企业吸收能力界定为：组织认识到新的外在知识的价值、消化并将其运用到商业终点的能力。Gilbert 和 Cordey - Hayes（1996）将知识转移过程划分为获取、沟通、应用、接受和同化五个阶段，并将知识吸收能力归纳为与之对应的五个维度，即获取能力、沟通能力、应用能力、接受能力和同化能力。金（Kim，1997，1998）也从过程观视角提出，知识吸收能力是学习知识并解决问题的能力，学习知识的能力指的是企业理解、合并外部知识的能力，这种能力可以帮助企业模仿其他企业的创新成果，解决问题的能力则是指企业创造新知识的能力，这种能力可以帮助企业实现自主创新。

进入 21 世纪，随着吸收能力研究的不断深入，其后的学者对知识吸收能力的概念和内涵进行了进一步拓展和延伸。如 Zahra 和 George（2002）将吸收能力界定为一套组织惯例和过程，通过这套惯例和过程，企业获取、消化、转化和利用知识，从而形成组织的动态能力。他们首次对吸收能力及其维度的概念进行详细划分和界定，将吸收能力划分为潜在吸收能力和现实吸收能力两大类，并基于知识转移的阶段和过程，将吸收能力划分为四个维度，即获取能力、消化能力、转化能力和利用能力。他们的研究基本涵盖了前人关于吸收能力定义的所有维度，并提出了吸收能力研究框架模型（见图 2 - 1），该研究框架描述了知识吸收能力的影响因素和吸收能力对组织竞争优势的形成机制。

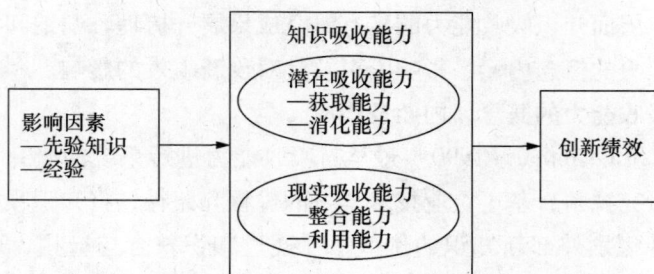

图 2 - 1　知识吸收能力研究框架

　　詹森等（Jansen et al.，2005）、莱恩等（Lane et al.，2006）、Deng 等（2008）则进一步深化了 Zahra 和 George（2002）的研究。如詹森等（2005）基于 Zahra 和 George（2002）的理论分析，对吸收能力的四个维度进行量表设计与开发，使得对吸收能力各维度的量化研究成为可能，从而将吸收能力的研究推向了新的阶段。莱恩等（2006）则认为，Zahra 和 George（2002）从效率角度考虑吸收能力虽然具有一定的合理性，但会使企业更多地关注眼前知识的应用，而忽视了吸收能力对企业未来发展的潜在作用，是一种相对短期的考虑。基于这种分析，他们将 Cohen 和 Levinthal（1990）、Zahra 和 George（2002）的研究进行整合，提出了一个更为细化的、基于过程观的吸收能力概念构架，认为吸收能力是企业通过探索性学习、转化性学习和开发性学习三个连续过程应用外部知识的能力。通过探索性学习识别与理解公司外部新知识的潜在价值；通过转化性学习消化吸收有价值的新知识；通过开发性学习，运用已消化吸收的知识创造出新知识并获得商业化成果。上述学习方式之间的关系表现为：通过探索性学习能够获取外部知识，通过开发性学习达到对所获取知识的进一步应用，而转化性学习则将探索性学习和开放性学习两个过程联系起来，是企业对知识的维系。他们修正的吸收能力维度如图 2 - 2 所示。

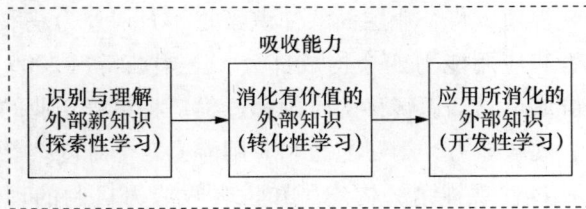

图 2 - 2　莱恩等（2006）吸收能力的构成

Todomva 和 Durisin（2007）也对 Zahra 和 George（2002）的知识吸收能力构成维度进行了修正和完善，他们认为 Zahra 和 George（2002），关于潜在吸收能力和现实吸收能力的界定是含糊的。他们在 Cohen 和 Levinthal（1990）、Zahra 和 Geogrge（2002）研究的基础上，对以往研究进行整合，构建了新的吸收能力模型（见图 2 - 3）。他们认同 Cohen 和 Levinthal（1990）的观点，认为识别评价外部新知识是吸收能力的第一个维度，而知识源和先验知识是评价维度的前因。同时对 Zahra 和 Geogrge（2002）的维度划分进行修正，认为知识转化并不是知识消化之后的一个步骤，而是与消化过程相伴的一个替代过程，消化和转化两种学习过程都涉及一定程度新知识的变化，也涉及新知识与现有知识的结合。基于此，他们将吸收能力界定为企业评价、获取、转化或消化、应用知识的能力，并将吸收能力归纳为四个维度，即评价能力、获取能力、消化或转化能力以及应用能力。Deng 等（2008）则将 Zahra 和 George（2002）吸收能力四维度中的转化与应用两个维度合并，提出知识吸收能力是企业获取、消化并应用新知识的能力。

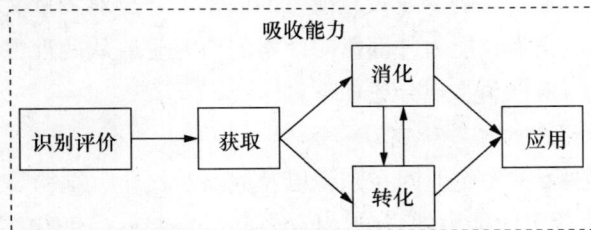

图 2 - 3　Todomva 和 Durisin（2007）吸收能力的构成

国内的知识吸收能力研究起步较晚，且基本沿用了国外学者的界定和划分标准。典型的如徐二明和陈茵（2009）以知识转移的交流模型为框架，基于过程观视角，将企业层面的知识吸收能力划分为获取能力、整合能力、转化能力和应用能力四个构成部分。王娟茹等（2009）从过程观视角，基于集群成员间知识转移的阶段和过程，将集群企业的吸收能力概括为识别能力、理解能力、学习能力和应用能力四个维度。徐万里和钱锡红（2010）也从过程观视角，构建了知识吸收能力机制的理论框架，该理论框架将先验知识作为吸收能力的前因变量，将企业创新和竞争优势作为吸收能力的后果变量，并将 R&D 资源作为吸收能力维度之一的知识应用能力的前因变量。

通过对吸收能力的内涵及构成的归纳梳理可以发现，吸收能力的概念构建是一个不断深化的过程。由于不同的研究者对组织技术学习过程的描述各有侧重，导致过程观视角的知识吸收能力的内涵及其构成维度也存在一定的差异，但他们普遍认同吸收能力是一个多阶段、多维度的概念。

二　吸收能力的影响因素

由于不同的因素会对组织吸收能力的形成过程和质量产生不同影响，进而会影响吸收能力所产生的结果。因此，各种因素对组织吸收能力的影响成为学者们研究的一大主题。通过对国内外众多学者关于组织吸收能力影响因素的研究成果进行归纳和梳理，按照组织范围，可以将影响吸收能力的关键因素划分为组织外部因素和组织内部因素两大类。基于上述划分思路，本书对影响组织吸收能力的因素按照组织范围展开评述。

（一）组织外部因素

企业并非孤立存在，他们通常在一个"开放的系统"中通过与外部环境进行交互作用而进行知识交换（Nonaka and Takeuchi，1995），因此，外部环境中必然存在影响企业吸收能力的因素。通过对大量文献的阅读和整理发现，对组织吸收能力外部影响因素的研究主要从两种视角展开，即异质性视角和网络视角，现分述如下：

1. 异质性视角的相关研究

已有研究主要关注企业间在知识以及战略、文化、结构等方面的差异性/互补性对企业吸收能力的影响。Lane 和 Lubatkin（1998）从"学生企业"和"老师企业"的对偶关系分析企业间知识差异对吸收能力的影响，认为当两者具有相似的知识基时，"学生企业"的吸收能力最强，也即知识供求双方知识内容的相似性有利于接受方企业对外部知识的消化和吸收。戴尔和兰格（Dyer and Singh，1998）研究认为，基于特定关系的吸收能力很大程度上取决于知识接受方与知识提供方知识基础的重叠程度。Ahuja 和 Lampert（2001）对企业并购的研究指出，收购方和被收购方应具有充分相似的知识，以促进收购方对新知识的吸收及并购后的知识整合。Lane 和 Lubatkin（1998）则从组织间关系视角探讨了吸收能力的外部影响因素，认为组织吸收能力实际上是其自身吸收能力与组织间关系的函数。国内部分学者也关注到组织之间的知识异质性尤其是知识差距对企业吸收能力的影响。如李浩和韩维贺（2005）提出，知识供求双方所拥有的知识、技能的融合程度越低，也即知识差距越大，那么需求方吸收新知识的难度就会越大。杨菊萍和贾生华（2009）则提出了知识接受企业与知识输出企业的知识储备差异和认知距离越小，接受方的吸收能力越强的观点。

2. 网络视角的相关研究

已有文献主要聚焦于网络关系强度、网络位置、网络结构等对组织吸收能力的影响。Cohen 和 Levinthal（1990）较早意识到了企业外部网络联系的强度对吸收能力的重要影响，并提出发展稠密的社会网络关系以促进组织吸收能力提升的观点。Pennings 和 Harianto（1992）在一项对美国银行吸收能力的实证研究中也提出，与同行之间的网络关系对组织吸收能力具有积极影响。Defillippi 和 Arthur（1994）认为，网络成员之间的联结强度影响企业的吸收能力。Oliver（2001）研究发现，知识网络的嵌入会对吸收能力产生重要影响。Rajesh（2004）、国内学者崔志等（2008）则对社会资本与吸收能力的关系展开研究。Rajesh（2004）提出了社会资本对企业吸收能力影响的理论模型，认为外部社会资本的结构、关系与认知维度对企业吸收能力的提高具有积极作用。国内学者崔志、于渤和崔昆（2008）也得出了外部社会资本对企业知识吸收能力具有显著影响的结论。Tsai（2001）则研究了网络位置与组织吸收能力的关系，提出越处于网络中心位置的企业，其吸收能力越强，也越能取得更好的创新绩效。Volberda、Foss 和 Lyles（2009）在前人研究的基础上，将多种因素综合考虑，提出社会嵌入、网络位置等组织间因素都会影响组织的吸收能力，产业集群、战略联盟网络等制度安排也将对吸收能力的不同维度产生影响的结论。

（二）组织内部因素

组织内部的先验知识、研发活动、战略动机、发展战略、组织结构以及组织管理因素等均会影响组织对外部知识的识别评价、获取及转化应用。出于本书研究主题和研究目的考虑，本部分主要对研究者普遍认可且广泛关注的先验知识、研发活动和战略动机三个方面的影响因素展开评述。

1. 先验知识

Cohen 和 Levinthal（1990）认为，吸收能力是企业先验知识（Prior Relate Knowledge）水平的函数。这里，企业的先验知识既包括员工的基本技能、教育背景、知识的多样性、理解能力，也包括某一领域最新科学技术发展的相关知识。并具体分析了员工个体的能力特征对企业吸收能力的影响，认为员工个体多样化的知识结构会促进企业各种形式的学习，成为企业与外部新观点、新技术的接口。因此认为，那些具有研发、设计、制造与营销等多种技能的人力资本能够提高企业的吸收能力。Mangematin 和 Nesta（1999）研究分析了企业的高学历员工对企业整体知识吸收能力的重要作用，认为高学历员工会与具有相似能力的企业外部个体之间建立更多的联系，从而能够扩展企业的外部知识网络，有利于企业对外部先进科学知识的利用。Anker（2001）则认为，吸收能力可以通过员工经验的积累而得到提高。Eriksson 和 Chetty（2003）研究表明，企业如果拥有在多个地区、多个国家获取多样化知识的经验，或者拥有在某个特定地区或国家获取深度知识的经验，那么对企业的吸收能力将会产生积极的影响。Chen（2004）的研究也认为，企业原有知识的多样性对吸收能力具有积极影响。Vinding（2006）研究提出，个人的教育水平和学历影响企业的吸收能力，因为高教育水平的员工更容易吸收其知识领域内的相关新知识。刘常勇、谢洪明（2003）的研究提出了与上述研究类似的观点，认为，企业先验知识的存量及内涵对组织吸收能力具有显著影响。徐二明和陈茵（2009）对企业吸收能力内涵的描述也体现了先验知识对吸收能力的重要影响，他们认为，企业吸收能力可以被概括为由原有知识存量影响的企业对新知识的学习模仿能力。

2. 研发活动

Cohen 和 Levinthal（1990）在研究企业先验知识与组织吸收能力关系时指出，企业先验知识通常受自身研发水平的影响，企业通过研发投资不但能够产生新知识，而且能够提高企业的吸收能力，从而提出企业吸收能力是其研发活动的副产品，与企业的研发活动成本相关。Rosenber 等

（1990，2005）、Cassiman 和 Veugelers（2002）则强调基础研究对组织吸收能力的重要性。如 Rosenber 等（1990，2005）研究认为，基础研究是企业进入信息网络的入场券，基础研发活动有助于提升企业的知识吸收能力。Cassiman 和 Veugelers（2002）将企业的研发活动划分为基础研究和应用研究两种，并提出基础研究是企业获取吸收能力的重要渠道，对于企业控制和衡量应用研究、提高吸收能力和利用外部知识溢出具有重要作用。Lim（2000）研究提出，企业自身的研发投资是提高吸收能力的重要手段。Tsai（2001）研究则认为，业务部门的研发强度对其知识吸收能力有很大影响。David（2005）认为，企业研发投资及其他知识创造活动具有三重作用，即接近外部知识源、吸收外部知识、创造新知识。国内学者刘常勇和谢洪明（2003）、孙兆刚等（2005）的研究也强调了研发活动对组织吸收能力的重要作用。

3. 战略动机

金（1998）对技术追赶研究表明，当企业先验知识水平较低而吸收动机较高时，企业知识吸收能力水平将显著提高。Zahra 和 George（2002）也强调了企业努力程度对吸收能力的影响，认为企业的努力程度与先验知识具有交互特征，努力程度高可提高企业已有知识基础的水平，努力程度低将降低企业已有知识水平。崔志、于渤和崔昆（2008）也发现，缺乏吸收知识的动机将导致企业在引进新知识时被动应付、隐蔽怠工，甚至出现直接拒绝，不利于企业对外部知识的获取；反之，如果企业具有高度的知识吸收动机，则能表现出极大的耐力，有利于克服知识吸收过程中的困难与障碍，实现对外部知识的有效获取和应用。

三 吸收能力与创新的关系

早在 20 世纪 50 年代，马奇和西蒙（March and Simon，1958）就提出大多数创新都源于"借鉴"而不是"独创"的观点。在当前知识经济时代，企业创新越来越依赖外部知识源，在此背景下，如何将企业所需的外部知识转化为创新成果就异常关键。自 Cohen 和 Levinthal（1989）提出吸收能力概念之后，关于吸收能力与创新绩效关系的研究就一直受到国内外学者的高度关注，并成为理论研究的焦点和热点问题。众多学者从各自不同的研究视角分析并验证了知识吸收能力对创新产出的影响作用。

Cohen 和 Levinthal（1990）强调，企业置身于外部知识流并不能推动创新绩效的提高，只有通过培育和增强企业自身吸收能力才能从这些外部知识流中获益，从而认为吸收能力对企业的最重要意义在于其提高了企业的创新能力及创新绩效。Nonaka 和 Takeuchi（l995）通过对日本多家跨国企业的调查研究发现，这些公司之所以能够取得卓越的成就关键在于他们拥有较强的吸收和创造新知识的能力，并提出具有高水平吸收能力的公司能够形成超越竞争对手的创新能力，获取更大的优势，从而创造更大的利润。Mowery 和 Oxley（1995）研究提出，企业吸收能力越强，对外界环境的掌握能力也就越强，也就越有机会将竞争对手的外溢知识引入到组织内部。Tsai（2001）的实证研究表明，拥有更高水平吸收能力的企业往往拥有更强的创新能力，也将能够取得更高的创新绩效。Sternberg 和 Arndt（2001）则提出，在创新过程中，企业自身的吸收能力是比外部关系更为重要的影响因素。Ja – Shen Chen、Russell 和 Monica（2002）定性分析了企业吸收能力与产品和服务创新的关系认为，企业吸收能力对企业创新能力的提高具有关键作用，吸收能力不但能使企业获取外部新知识，增加企业的知识积累，而且能够通过知识在企业内部的共享而将知识应用于产品创新和服务创新。Zahra 和 George（2002）的研究也提出，能够有效吸收并应用外部知识的企业，其创新绩效更好，在市场竞争中胜出的机会也将大大提高。Kira（2004）、Fabrizio（2005）以制药和生物技术企业为例，研究了吸收能力对企业创新绩效的影响。这两个行业的特点是更加依赖于外部科学知识，他们的实证研究表明，具有更多的 R&D 投入，更加强调基础科学研究，并与大学有着广泛联系的企业能够得到更多来自大学的技术专利，这被认为是企业吸收能力对创新活动的贡献。Escribano、Fosfuri 和 Tribó（2009）的研究表明，拥有更高吸收能力的企业能够更加有效地管理外部知识流，并能够从外部知识流中获得更大利益，从而促进企业创新绩效的提高。我国学者韦影（2007）在社会资本与技术创新绩效关系的研究中，也实证了吸收能力对创新绩效的正向关系。赵增耀和王喜（2007）的实证研究也表明，企业通过吸收能力可以加强自身学习并提升利用外部知识的水平，从而提升企业自主创新能力。钱锡红、杨永福和徐万里（2010）基于交互视角，对吸收能力、网络位置与企业创新的关系进行研究，并实证检验了吸收能力和网络位置的不同维度对企业创新绩效的影响，研究结果认同了吸收能力对企业创新绩效具有显著正向影响的结论。

关于知识吸收能力与创新绩效的关系，上述研究普遍认为二者具有显著正向关系。当然，也有一些学者持不同观点，如斯托克、格里斯和费希尔（Stock, Greisn and Fiseher, 2001）以计算机产业为研究对象，通过分析其 24 年的纵向数据，对吸收能力与新产品开发绩效之间关系进行验证。研究发现，吸收能力和新产品开发绩效并呈非线性关系，而是倒 U 形关系，即随着企业吸收能力的不断增强，其对新产品开发的边际效果会逐渐减少。Darroch 和 McNaughton（2003）则提出，虽然现有研究普遍认同吸收能力对创新绩效具有显著影响的观点，但目前相关研究对于吸收能力如何直接影响创新绩效还是很模糊，也许吸收能力对创新绩效的间接影响要大于直接影响。

通过文献梳理发现，已有研究大多认为，知识吸收能力对创新绩效具有显著正向影响关系，为从知识吸收能力视角探索促进企业技术创新的路径、方法和措施提供了良好的思路。但已有研究也存在一定的局限和不足。首先，已有的关于吸收能力与创新绩效关系的研究仅仅局限于组织吸收能力的强弱对其自身创新绩效的影响问题，关注的是企业层面的问题。尚未有从集群整体层面出发，以集群整体的技术创新为关注点，研究探讨集群企业尤其是核心企业面向集群外部的知识吸收能力与产业集群整体技术创新关系的相关文献。然而，在当前群外知识源成为集群创新关键要素、核心企业成为集群创新系统的领导者和知识引进者的大背景下，关注核心企业外向于集群的知识吸收能力对产业集群整体技术创新的影响和作用，将成为当前和今后一段时期一个非常重要的研究议题。其次，已有研究虽然关注了吸收能力对创新绩效的重要作用，但相关研究大多局限于表层的描述性分析和框架性研究，并没有触及知识吸收能力具体是通过什么样的作用路径和作用方式对创新绩效产生内在影响的问题。

本章小结与讨论

本章对与本书密切相关的理论成果及研究文献进行了归纳、总结和梳理，在此基础上，通过对已有研究的评价发现了前人研究的理论贡献及创新，并提出了已有研究的局限、不足以及未来研究的重点。首先，按照时间线条，对不同时期、不同研究视角下的产业集群理论进行归纳和梳理。其次，按照研究主题，对不同理论视角下的企业网络研究进行总结和归纳。再次，基于不同经济社会发展环境下对集群创新关注焦点的变化，分别对区域创新系统视角、网络开放性视角和主体异质性视角下集群创新系统的相关研究成果进行评价。复次，随着异质性假设的兴起以及集群发展实践中个别企业对集群整体创新发展的关键作用，对集群核心企业的概念内涵和特征以及核心企业在集群创新系统中的角色、地位和作用展开评述。最后，对企业层面、过程观视角的知识吸收能力相关研究成果进行梳理，并指出现有研究的不足和局限之处。

通过对上述理论和文献的回顾、梳理和评价，为本书"以网络开放性和主体异质性为研究视角，以核心企业为关键切入点，以核心企业外向型知识吸收能力与复杂产品制造业集群创新绩效之间的关系为研究对象，以产业集群整体层面技术创新的实现为出发点和归宿"的研究思路和框架的形成奠定了理论基础。

第三章 复杂产品制造业集群及其创新发展概况

第一节 复杂产品制造业集群内涵及特征

一 复杂产品制造业集群概念内涵

霍布迪（Hobday, 1998）在"复杂产品、创新与产业组织"一文中首次对复杂产品进行定义，认为复杂产品是指研发及生产投入大、集成度高、技术密集、客户定制化、单件或小批量生产的大型产品、系统或基础设施。并列出了复杂产品的实例，如表 3 - 1 所示。由此可见，复杂性是复杂产品的本质特征，其复杂性不仅仅体现在产品本身，还表现在技术、过程和组织水平上（Q. Wang and N. Von Tunzelmann, 2000）。复杂产品具有如下共同特点：资金投入大，技术含量高，技术领域广，模块化、集成化、定制化显著。

表 3 - 1 复杂产品实例

航空控制系统	航空发动机	飞机跑道
机场	导航设备	大型船只
机场行李处理系统	银行自动交易系统	天文台
商业信息网络	大型化工厂	大型计算机
电力网络控制系统	大型桥梁	电信程控交换机
航行模拟器	船坞	空间站
高速列车	柔性制造系统	同步粒子加速器
智能大厦	直升机	电信业务集散处理系统
半导体生产车间	喷气式战斗机	水净化系统

航空控制系统	航空发动机	飞机跑道
微芯片生产车间	制导系统	供水系统
核电厂	核聚变设施	污水处理设施
海洋钻井	码头卸载系统	微波发射塔
客机	半导体光刻设施	

资料来源：Hobday, M., Product complexity, innovation and industrial organization [J]. *Research Policy*, 1998, 26 (6): 689 – 710。

国内学者童亮（2006）提出，复杂产品是不同技术在系统不同层次水平上相互作用的多技术系统（Multi – Technological system），通常由许多不同技术领域的次系统、元件集成而成，并界定了较为典型的与复杂产品及系统相关的行业/部门，如表 3 – 2 所示。

表 3 – 2　　　　　　　　复杂产品及系统相关行业/部门

制造业	建筑业
涡轮和内燃机	产业、市政和服务建筑承包商
建筑、采矿和油田机械	
升降机和机械搬运	
电信设备	
电力及能源输送	
航空产品	
船舶制造	大型建筑和土木工程承建商
测量、分析和控制仪器	
大型计算机和办公设备	
铁路及轨道交通设施	
其他行业的非电子设备及机械加工	
自动控制设备及系统	

资料来源：童亮：《基于跨组织合作联结的复杂产品系统创新知识管理机制研究》，博士学位论文，浙江大学，2006 年，第 103 页。

霍布迪（1998）在休斯（Hughes, 1987）产品分类基础上认为，高技术的组件产品和系统产品以及那些可以完全由一个项目来实现的集合产品属于复杂产品。① 国内学者陈劲等（2004）从构成复杂产品系统的三个层面——元件、次系统和集成系统间的作用机理来说明复杂性，并且基于产品系统自身的物理结构特性，从技术深度和技术宽度两个维度将产品系统划分为四种类型：简单产品、组合产品、高新技术产品和复杂产品系统，认为复杂产品系统是指技术领域范围广、技术层次高的产品及系统（见图3-1）。这里技术宽度指产品和系统内嵌的技术领域范围，技术深度指的是企业所拥有并且能够解决的最为困难的技术问题层次。

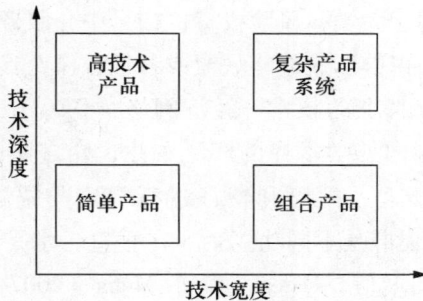

图3-1　陈劲等对产品系统的分类

关于产业集群的定义，波特（1998）从竞争优势角度对产业集群内涵的描述影响深远，他将产业集群界定为某一特定领域内互相联系的、在地理区位上集中的企业和机构的集合，强调集群的产业关联及区位因素。其后学者大多在此基础上从各自不同的研究视角进行了一定的延伸和拓展，但没有改变其基本结构。

近年来，随着网络技术的发展和企业网络化组织的日益兴起，由不同的创新主体合作而形成的技术创新网络成为企业技术创新活动新的组织形式，并日益成为企业营造核心竞争力及国家竞争力的重要源泉和手段（Jones，Steve and Fred，2001）。在此背景下，创新网络作为集群创新能力和竞争优势的源泉（Bell，2005），逐渐被应用到集群创新系统的研究中，并日益成为影响产业集群成长和发展最为重要的因素（邬爱其、魏

---

① 休斯按照产品复杂性程度由低到高的顺序将产品划分为装配产品、组件产品、系统产品和集合产品四种类型（Hughes，T. P.，*The Evolution of Large Technological Systems* [A]. The MIT Press，Cambridge，Mass，1987）。

江，2007）。如黄中伟（2007）认为，创新网络内含有能够提高产业集群创新绩效的乘数传导创新机制、合作创新机制及创新动力增强机制。周泯非和魏江（2009）也提出，网络结构特征是促进产业集群知识流动和交互式创新的关键潜在因素。受此影响，从网络视角阐释集群创新系统的研究日益增多。同时，随着产业集聚对技术和非技术创新的作用越来越大，产业集聚和技术创新的关系越来越紧密，创新政策研究中逐渐采用创新集群来表达产业集群的概念。2001年，OECD在《创新集群：国家创新体系的推动力》的报告中，正式提出了创新集群的概念，将创新集群界定为由企业、研究机构、大学、风险投资机构、中介服务组织等构成，通过产业链、价值链和知识链形成战略联盟或各种合作，具有竞争优势的集聚经济和大量知识溢出特征的技术—经济网络（OECD，2001）。此后"创新集群"日益受到国内外学术界的广泛关注，众多学者从各自不同的研究视角对创新集群概念、内涵和特征进行界定与描述。如 Kongrae Lee（2003）认为，创新集群是不同功能企业在垂直、水平和地理的集聚，以分享知识和使新产品增值。Hsien–Chun Meng（2007）认为，可从动态性、国际化、科学与技术紧密联系、网络化、集群成员创新紧密联系等方面去界定创新集群。国内学者王缉慈和王敬甯（2007）则从技术角度，基于创新过程中所涉及的技术的深度和宽度对创新集群进行界定，认为着重于不同技术的交叉和不同产业的融合的高技术集群属于创新集群。

　　上述研究的共同点在于，他们均关注到集群系统的网络化特征，强调了集群网络系统中要素间互动合作和知识共享的重要作用，但却忽视了集群系统的开放性和动态性方面的特征。然而，随着经济全球化的不断推进，技术竞争的日益加剧和技术创新的日趋加速，地方产业集群逐渐融入全球价值链环节中，集群创新所需的知识源也不再局限于产业集群所在的地方区域。在此背景下，仅仅立足于集群内部和区域内部的创新资源，在时间、数量和质量上将远远不能满足产业集群创新发展的需要。因此，产业集群的创新行为也需要随之进行调整，需要从原本依赖地方性产业集群内部成员间的知识溢出和技术学习，向积极发展外部网络联系以获取集群创新所需的异质性知识资源；从原本只关注单次的知识获取和技术学习的静态化技术创新活动，向通过一系列阶段和过程的技术创新活动最终形成持续技术创新的动态化创新转变。基于此，解学梅和曾赛星（2008，2009）从创新网络视角，考虑到集群系统的开放性和动态性，对集群创新系统的概念和内涵进行补充并完善。他们将集群创新系统界定为：由企业、研究机构、大学、政府和中介服务组织等构成，包含主体系统、支撑系统和外围系统三个子系统，通过交互式学习和知识转移，最终形成知识和技术由创造、应用到扩散，不断提升集群持续创新能力的开放的区域创新网络。

另外，由于受古典经济学传统和意大利北部产业区成功模式的影响，传统集群研究大多以"同质性"的集群企业为对象。然而，近年来"同质性"研究假设日益受到经济现实和实证研究的持续挑战，集群主体的异质性问题日益引起国内外学者广泛关注。越来越多的研究发现，在产业集群中，并非所有企业所处的地位都一样，个别企业在集群成长过程中发挥着关键作用，并导引了整个集群的演进方向（Krackhardt，1992；Nohria and Eccles，1992，魏江，2003，2009）。在集群创新网络中，由于不同成员在能力和知识基上的异质性（Dosi，1997），使得集群创新网络中存在核心企业与非核心企业之分（党兴华、李雅丽和张巍，2010），从而导致其在集群创新过程中的作用也存在差异（Borgatti and Everett，1999）。那些具有较强知识基础和技术能力的核心企业由于拥有更强的寻找、吸收和利用新知识的能力，成为集群创新网络的最关键成员。

综合上述分析，本书将复杂产品制造业集群界定为：以需求为导向，以持续创新为目标，以产业关联为主线，以核心企业为主导，以科研机构和专家型公司为技术支持，以政府为关键支撑，以科技创新中介机构为外围服务，以交互式学习和知识共享为实现方式，具有"多核"、"多层"立体结构的动态开放的网络系统。

二　复杂产品制造业集群特征

由于复杂产品在产品特征、生产特性、创新过程等诸方面均与传统制造产品有着显著差别。因此，相对于区域性中小企业集群和传统大规模制造业集群而言，复杂产品制造业集群有着自身典型的特征。

（一）产业链条长、产业带动性强

一般产业集群往往具有地理临近性和关系接近性的特点，成员之间在地理位置上十分接近，且集群中由"地缘、人缘、血缘、亲缘"等传统文化积淀所形成的人文关系及由此形成的合作关系占相当大比例，如我国江浙闽粤等地的区域性中小企业集群。而复杂产品的研制涉及多种尖端技术和知识的集成，产业链条长，产业跨度大，技术扩散可以延伸到各种制造业，并能有效带动特种材料、仪器仪表、机械加工、电子技术等相关产业发展。如位于西安的国家航空高技术产业基地是一个集航空产业研发、航空人才培养、航空装备生产及整机制造、零部件加工、航空服务等为一体的复杂产品高技术产业基地，以西飞集团、西航莱特、西罗涡轮、中航重机、德国蒂森克虏伯、英国 AMS、瑞典 BIBUS、美国雅奇为主的专业复杂产品业转包生产、航材物流企业为"传导介质"，容纳国内著名的中航西飞、西航、贵航、沈飞、成飞、庆安等公司不同业务内容的产业链条初步形成。产业链条的转动将国际上最著名的飞机产业制造公司如法国空客、美国波音、英国罗尔斯罗易斯、法国赛峰、巴西庞巴迪等公司一并联通，显示出国际化特点明显的"链式"架构。

（二）区域跨度大

经营全球化是复杂产品制造业集群发展到一定程度的必然结果，也是产业集群发展演变的重要途径，有利于吸引国内外各种生产要素流入集群，进行全球范围的资源配置。如欧洲空客公司在天津滨海新区设立的空客天津总装公司是其 A320 系列飞机在亚洲的第一条总装线、全球第四条民用飞机总装线，主要供应中国以及亚洲其他国家和地区的复杂产品公司。另外，世界顶级航空企业法国赛峰发挥其在商用飞机短舱领域的全球领先优势，在西安经开区组建了中国首家专业化商用飞机短舱生产企业，极大地助推了我国商用大飞机的发展进程。

（三）技术依赖程度和专业化程度高

复杂产品制造业属于高端前沿技术领域，产品研制技术往往代表了一个国家或地区的最高技术水平。因此，复杂产品制造业集群的创新发展对 R&D 水平以及与高等学校、科研院所和专家型公司之间的 R&D 协同性程度等，都远远超过传统产业集群。如西安国家级航空高技术产业基地及其周边就聚集着西北工业大学、西安交通大学、空军工程大学、中国飞行试验研究院、中国飞机结构强度研究所、中国复杂产品计算技术研究所、西安飞行自动控制研究所、西安鑫垚陶瓷复合材料有限公司等众多高校、科研院所和专家型公司，为复杂产品的研制提供了重要的智力支持和创新源泉。同时，复杂产品制造业分工细致，产业链上下游的专业化程度极高，无论是零部件加工、材料供应，还是维修检测和物流分拨等都需要专业化公司给予配套。

（四）多核心企业并存，且相互之间以互补性合作关系为主

复杂产品制造业的产业链较长，在同一条价值链中可能同时存在多个核心企业，并且它们往往具备一定的规模优势。如西安阎良国家级航空高技术产业基地聚集着以西安飞机工业（集团）公司、西安航空发动机（集团）公司以及远东公司等大型航空企业为核心的航空产业集群。辽宁铁西装备制造业集群聚集着沈阳机床集团、沈鼓集团、特变电工沈变集团、北方重工集团等大型核心企业。株洲轨道交通装备制造业集群聚集着株洲电力机车厂、株洲车辆厂、株洲时代集团等核心企业。另外，值得一提的是，由于我国长期以来所形成的重工业发展体制机制，核心企业之间往往存在较强的条块分割，这也决定了复杂产品制造业集群多核心企业并存且相互之间以互补性合作关系为主的特征。而一般意义讲的多核产业集群，虽然也是多个核心企业并存，但大多会呈现出核心企业之间以竞争关系为主、核心企业与配套企业和相关机构之间以合作关系为主的竞争与合作关系并存的局面，如湖南长沙的工程机械产业集群中联重科、三一集团和山河智能等龙头企业，福建晋江鞋业产业集群集聚了安踏、361°、德尔惠、寰球等 11 家核心骨干企业。

（五）产业协同性强

由于复杂产品的研制涉及一系列专业技术领域及与之关联的信息技术、数控机床技术、材料技术等，其技术创新需要不断地与相关的高新技术融合、互动，不断开拓新的前沿技术领域，尤其是需要关注一批基础、共性、关键技术的研究与创新。如制造一架大飞机需要 100 多万个零部件，需要数万家企业提供配套。为了减少研制中的周期过长、投资过大等风险，采用风险共担和利益共享的协同合作模式是明智之举。如巴西航空公司的安伯瑞 170/190 系列飞机项目，共有来自全球的 16 家伙伴公司和 22 家主要设备供应厂家参与。空中客车工业公司由欧洲四家主要的宇航公司即法国宇航公司、德国戴姆勒奔驰宇航空中客车公司、英国宇航公司和西班牙飞机制造公司共同拥有，他们在空中客车工业公司的协调和管理下共同从事所有飞机的设计和制造。另外，由于复杂产品的模块化特点，需要共处在同一条产业链上的各家企业的技术发展水平同步进行，否则，任何一个环节的技术落后，都会影响产品整体的顺利实现。

第二节　复杂产品制造业集群的创新发展现状

　　船舶、飞机、轨道交通装备及大型工程机械等均属于典型的复杂产品系统，属于国家重点发展的方向和领域。在国家以产业链条为纽带，以产业园区为载体，以产业集群为主要组织形式，通过产业集聚化发展推动大型复杂产品制造业技术创新和竞争力提升的发展思路和目标的带动下，目前已初步形成了船舶制造业集群、航空产品制造业集群、轨道交通装备制造业集群、集成电路制造业集群、工程机械产业集群、重型装备产业集群等。本部分以青岛船舶制造业集群、西安航空高技术产业集群、株洲轨道交通制造业集群、长沙工程机械产业集群四个复杂产品制造业集群为例，对复杂产品制造业集群及其创新发展的状况进行分析。

一　青岛船舶制造业集群及其创新发展案例分析

　　船舶系统是典型的复杂产品，其科技含量高、资金投入大、生产周期长，并且对钢铁、石化、纺织、电子信息等行业的带动作用显著。船舶制造业是船舶工业中的重要组成部分，涉及船舶的设计、制造等众多环节。我国船舶制造业近年来发展迅速，2010 年超越韩国成为世界第一大造船国。2013 年受金融危机影响，船舶制造业的发展受挫，但中国船舶制造业三大指标在世界上依然保持领先，造船完工量、新接订单量、手持订单量分别占世界总量的 41.4%、47.9% 和 45.0%。

　　随着我国船舶制造业快速发展，其集群化程度也在不断提升，目前长江三角洲、珠江三角洲及环渤海地区是我国船舶制造业的三大核心区域，围绕着这三大区域聚集着沪东中华造船（集团）公司、江南造船（集团）公司、中海工业（江苏）有限公司、广州广船国际股份有限公司、浙江船厂、大连新船重工有限责任公司、青岛北海船厂、山东黄海造船有限公司等大型船厂，并在此基础上形成了青岛海西湾造修船基地、上海长兴造船基地、广州龙穴造修船基地和天津临港造修船基地四大基地，四大造船基地基本概况如表 3 - 3 所示。

表 3-3   我国四大造船基地概况

基地名称	总投入（亿元）	区域概况	核心企业
青岛海西湾造修船基地	110	占地海岸线约 12 公里，分为造船区、修船区、船舶配套区等 7 个区域，年造船 500 万载重吨、修船 200 余艘，海上石油生产平台 16 座	青岛北海船舶重工有限公司、青岛武船重工有限公司、中海油青岛公司等 13 家核心龙头企业
上海长兴岛造船基地	350	占地海岸线 8 公里，南岸水深 12—16 米，最深处为 -22 米，宽度 1000 米。预计 2015 年二期工程完工后将拥有 7 个大船坞	沪东中华造船（集团）有限公司、江南造船厂、中海长兴国际船务工程有限公司、上海外高桥造船有限公司、振华港机等。
广州龙穴造修船基地	45	分为民品造船区，修船区、海洋工程区等五大功能区。一期建 50 万吨级大型船坞两座，二期工程年造船能力达 300 万载重吨	广州中船龙穴造船有限公司、广船国际股份有限公司等。
天津临港造修船基地	100	岸线长 3900 米，规划建造大型造船坞、修船坞各两座，海洋工程滑道一座	天津新港船舶重工有限责任公司、新河船厂、中交集团船厂等

资料来源：《2013 年中国船舶制造行业年度报告》。

（一）青岛船舶制造业集群的发展概况

作为山东省"蓝色海洋经济区"发展战略的重点发展区域，青岛市"十一五"期间规划了集造修船、船舶配套和海洋工程装备制造于一体的海西湾、即墨、胶南三大船舶基地，其中，海西湾造修船基地是我国四大造修船基地之一。海西湾造修船基地分为修船、造船、重型装备、造机、海洋工程、曲轴及辅系、军品和船舶配套八大区域。该基地具有建造超级油轮、大型散装货船、集装箱船等海洋工程装备能力，设计年造船能力近期为 200 万载重吨；远期可达到 468 万载重吨，另外，海西湾造修船基地还具有年修船能力 212 艘、海洋石油开采平台建造能力 4 座、救生艇建造能力 500 艘。2011 年，海西湾被认定为"国家级船舶出口基地"，截至 2012 年，基地内聚集有青岛北海船舶重工有限公司、青岛锚链股份有限公司、青岛海建化学有限公司等 13 家骨干企业。目前，曲轴、船用柴油机、船舶机械、电力拖动等船舶配套项目及海洋工程已先后在海西湾落户，海西湾造修船基地现已成为我国产业链条最完整的船舶产业集群。青岛海西湾造修船基地的构成体系如图3-2所示。

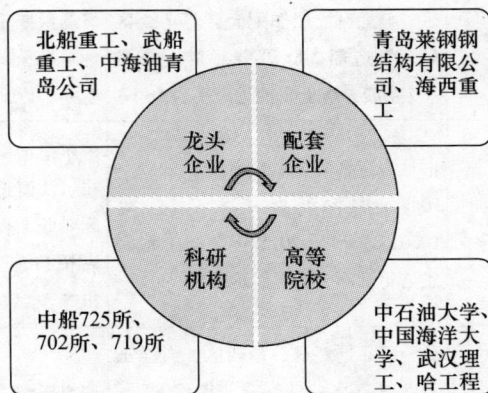

图3-2 青岛海西湾造修船基地的构成体系

近年来，青岛市政府通过多项政策扶持推动本地造船企业开展强强联合，促进船舶和海洋工程产品向多功能海洋工程船、不锈钢化学品船、LNG运输船、邮轮、豪华游艇等方向发展。拓展船舶和海洋工程设计研发环节，加快引进建设省船舶设计院、武船麦克德莫特1500米深海钻井平台、710所海洋工程研发及产业化基地、702所大型深海装备试验检测基地等项目。增强船舶和海洋工程产业对其他装备的承载和吸附能力，积极引进建设机舱辅机类、电子类、泵阀件类等配套项目。不断完善政策环境和服务体系，促进企业良性健康发展，加快培育船舶交易市场，推进基地建设。到2015年，年造船能力将达到668万载重吨，海洋工程钢材加工能力50万吨，修船200余艘，海上石油生产平台20座。未来，青岛船舶制造业集群将形成集造船、修船、海洋工程、科研等为一体，高效集聚、世界著名、配套功能完善、技术水平先进、大规模船舶与海洋工程装备制造产业基地之一。

（二）青岛船舶制造业集群创新能力分析

1.关于创新体系

青岛海西湾是大型船舶、大型海洋平台、大型船舶柴油机、曲轴等产品的生产基地和大型船舶维修基地。在建设海西湾大型造船项目之初，青岛就同步规划引进相关科研院所和船舶制造企业，如725研究所、719研究所、武汉重工铸锻公司、宜昌船舶柴油机厂、武汉船用机械厂等。其后，青岛以其为依托，逐步建立了大功率低中速柴油机总装基地、大型船用曲轴制造基地和甲板机械总装基地。依靠这些配套产业在技术和设备上的强大支撑，海西湾造修船基地的远期年造船能力将达到468万吨，成为国内最强、国际一流的造修船基地。在与高校合作方面，中船重工与青岛市以及哈尔滨工程大学联手，共同筹建哈尔滨工程大学青岛分校，并与武汉理工大学签署联合办学、定向招生协议，培育造船业方面高级技术人才。

2. 关于创新活动及创新成果

海西湾造修船基地企业研发投入占销售收入的比例达到了7%，基地内企业100%为国际质量管理体系认证企业，各企业虽建设晚，但起点高，在各领域均处于技术领先水平，自主创新硕果累累。海西湾造修船基地各核心企业及其技术突破情况如表3-4所示。海西湾国家船舶出口基地生产的导管架、深海钻井平台、自升式钻井船等产品均达到美国船级社（ABS）标准，产品质量达到国际领先水准。自主品基地产品涵盖国际先进水平的18万吨散货船、8.2万吨散货船设计与制造、海洋石油工程浅/深水油气开采平台、中心处理平台、桩基式导管架、浮式生产储油轮、单柱式平台、大型综合一体化模块、半潜式钻研井平台、自升式钻井船等特种船舶设计与建造等多个领域，多项产品处于国际先进、国内领先水平，出口产品明显呈现高附加值、高国产化率、品种多样的"两高一多"的特点。2010年，基地内企业完成工业总产值129亿元，造船完工量150万载重吨，研发费用5.2亿元。2011年新接造船订单60万载重吨，完成工业总产值153亿元，实现销售收入131亿元。

表3-4　　　　青岛海西湾造修船基地核心企业及相关技术突破

名　称	企业背景	技术突破
青岛北海船舶重工有限责任公司	海西湾造修船基地最大的骨干企业，成立于2001年，由中船重工集团投资74亿元建设	18万载重吨散货船被誉为"中国型散货船"，主要指标到达国际先进水平；全封闭全天候高速救生艇、救助艇研发技术V达到国际先进、国内领先水平，

续表

名　称	企业背景	技术突破
青岛武船重工有限公司	由中国船舶重工集团公司下属的武昌船舶重工有限责任公司在青岛投资组建的全资子公司，总投资45亿元	2012年中国首艘300米饱和潜水母船"深潜号"建造竣工并交付使用，填补了中国大深度潜水作业支持船舶的空白
海洋石油工程（青岛）有限公司	亚洲最大的海洋工程制造基地、国内海洋工程行业龙头企业，由中国海洋石油总公司所属的海洋石油工程股份有限公司投资设立	2009建成中国第一艘世界级标准的FPSO（浮动式生产储油装置）；2010年建成全球第一个整体模块化工厂——澳大利亚KONIAMBO镍矿模块化工厂
青岛齐耀瓦锡兰菱重麟山船用柴油机有限公司	与世界著名低速柴油机公司（Wartsila和UEC）合资，项目投资方为中船重工集团711所、宜昌柴油机厂、芬兰瓦锡兰和日本三菱重工	新型民船柴油机技术攻克了发动机换热器换热强化、工作容积优化、流阻最小化、换热均匀化等世界性难题；攻克了高压燃烧和燃气再循环技术，解决了小空间高强度完全燃烧、流场与温度场均匀分布、燃烧压力稳定控制等技术难题
青岛海西重机有限责任公司	由武汉船用机械有限公司投资18亿元设立，主要生产船用配套设备、海洋工程设备、港口装卸机械设备	国内唯——家能够生产350—500毫米缸径柴油机WARTSILA系列和MAN系列船用大型柴油机曲轴产品的厂家
青岛海德威船舶科技公司	研发、生产、销售高端船舶配套产品，并提供全球范围内的专业售后服务	与中科院海洋研究所、哈尔滨工程大学等单位进行技术合作，研发成功船舶压载水处理系统，拥有完全自主知识产权。其自主研发的上浮式黑匣子单元产品等产品已在美国、希腊等多个国家船舶上安装

二　西安航空高技术产业集群及其创新发展的案例分析

在现代工业体系内，航空业是技术最密集、集成集聚程度最高的产业之一，航空制造业是现代工业最尖端技术的集合体，其本身涉及的产业链，自上而下包括能源资源到生产加工、制造集成、信息技术、贸易物流、金融服务；其横贯的产业覆盖了机械制造、电子、材料、冶金、仪器仪表、化工等几乎所有工业门类。目前，我国航空制造业呈现出多个集群，其中规模较大、辐射面较广、产业链较成熟的有以下十个航空产业园，如表 3 - 5 所示。

表 3 - 5   **中国十大航空产业园**

名 称	成立时间	特 点
西安阎良国家级航空高技术产业基地	2003 年 10 月 23 日	民营航空资本高地
珠海航空产业园	2008 年 11 月 4 日	国际一流航空制造产业基地
北京航空产业园（顺义）	2009 年 7 月 29 日	飞行器"心脏"研制基地
长春航空产业园	2010 年 7 月 25 日	与汽车工业结合最紧密的航空产业园
南昌航空工业城	2009 年 12 月	离国产商用大飞机最近的航空工业基地
天津滨海航空城	2009 年 10 月 28 日	中国直升机的摇篮
成都航空高科技产业园	2011 年 3 月 31 日	航空配套产品集散地
沈阳航空产业园	2009 年 1 月	东北老工业基地航空产业园
宝鸡航空装备产业园	2009 年 9 月 11 日	航空业信息产品集散地
株洲航空城	2008 年	最古老的航空基地

（一）西安航空高技术产业集群概况

西安航空高技术产业集群位于西安市东北方向 50 公里处，是我国首个集航空产业研发、航空人才培养、航空装备生产及整机制造、航空零部件加工、航空服务为一体的国家级航空高技术产业基地。西安阎良国家级航空高技术产业基地分为核心区和扩展区，核心区规划面积 40 平方公里，其中，已建成 11. 28 平方公里，规划新建区面积 28. 72 平方公里，起步建设 5 平方公里；扩展区涵盖陕西关中及汉中地区航空企事业单位。西安阎良国家级航空高技术产业基地的航空优势异常明显，涵盖了中国最强大的航空研发生产能力和最雄厚的航空产业发展资源。中国 1/3 的航空产业总资产、1/3 的航空产业总产值在这里产生，第一飞机设计研究院、国内唯一的试飞研究院、唯一的飞机强度研究实验基地和唯一的国际航空企业孵化器都在这里创立。举世瞩目的国家大飞机项目中 60% 以上的大型客机工作量和 70% 以上的大型运输机工作量都在阎良完成。2005 年 3 月正式启动建设至今，航空基地的发展得到了国家高度重视，先后被商务部和科技部联合认定为"国家科技兴贸创新基地"，被中国民航总局确定为"中国民航通用航空产业试点园区"，被中国产学研合作促进会确定为"中国产学研合作创新示范基地"，被科技部确定为"国家火炬计划西安航空特色产业基地"，被工信部确定为"国家新型工业化产业示范基地"。目前，西安航空高技术产业基地已入驻航空企业 400 余家，业务范围涵盖航空高技术研发、整机制造、航空新材料、航空电子、航空装备生产、飞机试飞和强度试验、航空产品维修、零配件加工、国际转包生产、航空人才培养、航空旅游博览等领域，初步构建了一个产业链条完整、配套能力突出的航空制造业集群。

（二）西安航空高技术产业集群创新能力分析

1. 政策扶持

航空产业产业链长、对零部件生产、研发实力等方面的配套能力要求非常高，产业园区基地化趋势明显。陕西省委、省政府制定的《陕西省航空产业发展规划（2008—2020）》，确立了阎良在全省航空产业发展中的龙头地位；市委、市政府确定中航工业园为市级重大项目；《渭北工业区规划（2012—2020）》中明确将中航工业园作为重大支撑项目。阎良区政府则出台了一系列具体的优惠政策，包括：（1）政策扶持。阎良区政府于 2009 年 4 月、2011 年 4 月、2012 年 6 月相继推出了《阎良区招商引资优惠激励办法》、《阎良区推进园区发展优惠政策》和《阎良区促进工业经济发展实施意见》等措施。（2）财政支持。区政府相继设立了阎良区招商引资奖励基金、园区发展专项资金、工业发展专项资金等用于入园企业以及企业的技术改造和自主创新等的扶持。同时，与市工信委签订了合作框架协议，每年将有 2000 万元用于扶持工业发展。（3）税收返奖。对进入工业园区的企业除享受国家和省市有关优惠政策外，从合同签订之日起给予"853"税收返还奖励，即第一年企业所缴税收留区部分的 80%奖励给企业，第二、第三年分别按 50%和 30%的比例进行奖励。（4）投资环境优化。建成了集投资服务、行政审批、便民服务于一体的政务大厅，对来区投资的工业企业开辟"绿色通道"，实行"保姆式"服务。另外，对工业园区实行"独立管理、封闭运行"，对区级权属以内的各种规费全部免收，不断提升区域竞争力和吸引力。

2. 创新体系

西安航空高技术产业基地是我国最早的航空产业园，截至 2012 年年底，园区内共入驻航空企业近 500 家，业务涵盖整机制造、航空零部件、航空新材料、机载设备、航空专用设备等多个领域；园区拥有我国最大的民机制造企业——西安飞机工业（集团）有限公司、在运输机方面具有领先优势的陕西飞机工业（集团）有限公司、第一飞机设计研究院、中国飞行试验研究院、中国飞行强度研究所等研发设计单位，另有西安航空发动机（集团）有限公司、西安燎原液压有限公司等重要零部件配套单位以及西安交通大学、西北工业大学、空军工程大学等多家高等院校。西安航空高技术产业基地的创新体系如图 3 - 3 所示。

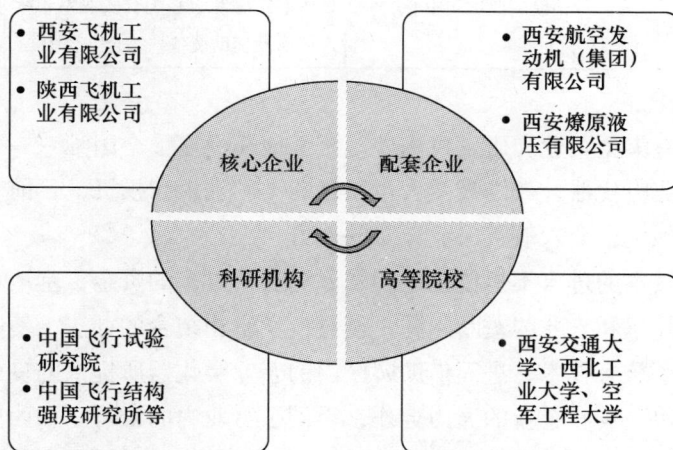

图 3 - 3　西安航空高技术产业集群创新体系

3. 创新合作网络及成果

西安航空高技术产业基地的核心企业和机构主要是中航工业集团旗下的西安飞机工业（集团）有限公司、第一飞机设计研究院、中国飞行试验研究院等国有企业和科研机构。西安航空基地依托这些企业机构承担的大型飞机项目、支线飞机的发展，在国家资金和银行信贷支持下，投资了新兴涡桨支线飞机项目（MA700）、ARJ21 - 700 批产能力建设项目以及 M60 扩展项目，不但投资规模巨大，而且带动了周边配套企业项目的投产（见表 3 - 6）。

表 3 - 6 西安航空高技术产业基地核心企业的重点项目

项目名称	项目单位	建设内容	投资额
新舟 700 飞机项目	西安飞机工业有限责任公司	新舟 700 飞机的研发设计、生产制造	83 亿元
西沃公司项目	西安飞机工业有限责任公司	新建熔铸、挤压、喷涂生产线及仓储物流厂房	6 亿元
仿真产品项目	中航工业第一飞机设计研究院	工程模拟、系统仿真等	1.5 亿元
××飞机研制项目	中航工业第一飞机设计研究院	综合系统试验、燃油系统试验、辅助设施等	5 亿元
产业公司研发中心项目	中航工业试飞中心	军民用传感器、天线、测试系统研发中心；研发中心配套实验室；生产厂房及辅助设备；综合办公中心	1.5 亿元

　　除国有大型企业和研发机构外，该基地还设立了全国唯一一家国际航空科技企业孵化器，鼓励吸引大量民营资本的进入和投资，目前，该基地已成为全国民企介入航空工业最多的地方。

　　民营资本的进入不但使基地的发展拥有了更多的资金，基地也针对国有企业对技术和人才的垄断问题，通过产学研相结合的办法，使一批民营企业掌握了核心技术，进而借助园区内的企业孵化器所提供的良好条件实现了与周边高校和企业的通力合作，得到了行业内的认可。如西安市康铖机械制造有限公司、西安联纵航空精密制造有限公司、西安赛龙航空科技有限公司、西安四方航空机电有限责任公司等就是借助大型航空企业，进入航空领域的民营企业，这些企业因为技术成熟，质量过硬，产品达到了国内外大型航空企业的质量标准，从而得以为国内外大型航空企业做转包生产，提供飞机零部件、航电系统、航空测控产品等设备，其中西安康铖机械制造有限公司生产的航空零部件就被西飞公司应用于新舟 60 系列飞机上，如表 3 - 7 所示。

　　高等院校作为科研人才和科研成果集中汇聚的场所，对飞机制造的重要性不言而喻，在西安航空高技术产业基地周边围绕着西安交通大学、西北工业大学、空军工程大学、西安航空职业技术学院等高校。基地利用这一优势积极吸引校内专家、科研团队在此进行研究活动，并致力于科研成

表3-7　西安航空高技术产业基地部分民营企业的技术创新成果

名称	西安天瑞达光电技术发展有限公司	西安四方超轻材料有限公司	西安蓝天仿真科技有限公司	西安三角航空科技有限责任公司	西安康本材料有限公司
技术突破及创新	与空军工程大学合作使我国的激光冲击强化应用技术取得了重大突破	与西安交通大学材料专家柴东朗教授合作,于2010年9月投产了国内第一条工业化批量生产的超轻镁锂合金生产线	公司研发的"新舟60"及"新舟600"飞机全动飞行模拟机研制成功并投产,产品配置与国际最高水平完全一致	建设我国自主设计的400MN大型锻模液压机项目,填补了我国重型锻压装备的空白	高性能碳纤维产品T400通过陕西省级新产品鉴定。技术达到了国内外同类产品的先进水平

果的产业化。此外,西北工业大学超高温结构复合材料国防科技重点实验室张立同院士的研究团队在阎良设立有工程中心,经过艰苦的研究攻关,近年先后突破了一系列关键技术,目前已具有陶瓷基复合材料大型复杂构件的设计和制备能力。以曹晓春院士为技术团队核心的无机高分子聚合物材料技术也已经进入产业化阶段。

三　株洲轨道交通制造业集群及其创新发展案例分析

(一) 集群基本概况

株洲市是"中国电力机车的摇篮",也是闻名世界的"中国轨道交通之都"。株洲轨道交通制造业起步于1936年,迄今已经形成了门类比较齐全、龙头企业规模较大、产业链条比较完善的产业体系,在全国具有举足轻重的龙头地位。2010年,株洲市启动了《轨道交通千亿产业集群行动计划》,该市的轨道交通制造业集聚效应愈加显著。目前,在株洲市石峰区的田心科技园内,已经形成了以南车株机、南车株洲所、联诚集团、南车电机、九方装备、中铁轨道等拥有轨道交通装备制造规模以上的工业企业160余家、配套企业240多家,高新技术企业50余家,并形成了电力机车、城轨车辆、铁路货车、铁路工程机械等为重点的多类别产品系列,还拥有全球最大的电力机车总装工位、现代化的转向架制造中心、大功率牵引电机制造中心等。株洲轨道交通制造业正在构建电力机车、城轨车辆和动车组三元化的产业基础，重点培育和扶持轨道工程车辆、海外业务、电器产品等新兴产业，初步建立和形成了轨道交通产业集群的产业创新链。

（二）株洲轨道交通制造业集群的创新能力

1. 政策扶持

株洲轨道交通装备制造业的快速发展得益于株洲市政府颁布的《轨道交通千亿产业集群行动计划》，株洲市政府以位于石峰区的田心科技园为核心，打造 25 平方公里的"中国轨道交通城"。该计划实施以后，株洲市财政对基地建设提供大量财政配套资助，如从 2010 年起，株洲市建立了市级轨道交通装备产业基地建设专项资金，纳入市、区两级财政预算，市财政每年安排 1500 万元，石峰区财政每年安排 500 万元，连续支持 6 年。此外，株洲市还在税收、骨干企业扶持、中小配套企业支持等方面予以政策倾斜，使之成为全市第一个千亿产业园区。2013 年，株洲轨道交通装备制造业成为首批入选"国家创新型产业集群试点"的示范集群之一，并有 50 个扶持项目申报成功，共获得 3500 万元的国家创新基金支持。此外，该集群还获得了 1000 万元的国家火炬计划资金。

2. 创新体系

株洲轨道交通产业主要集中在石峰区、荷塘区、河西配件区三大区域，是湖南乃至全国交流传动电力机车、机车电控产品、干线铁路机车和城市轨道交通机车的主要生产基地。株洲轨道交通装备制造业集群由电力机车总成和配套、铁路货车总成及配套、轨道交通车辆配件以及行业协会和商会共同构成。

在科研支持方面，集群内部有多家研发机构作支撑，包括国家级重点实验室 1 家，国家级工程中心 1 家，国家级企业技术中心 2 家以及多个博士后工作站；在高校合作方面，中南大学、湖南大学和国防科技大学等高校在轨道交通领域具有较强的技术研发能力，其中中南大学铁道交通学院的"轨道交通安全实验室"，国防科技大学磁悬浮技术在国内独树一帜，株洲轨道交通产业与这些大学在科研合作、成果转化、人才培养等方面展开了广泛合作。截至 2012 年，在株洲轨道交通装备制造产业内部拥有在轨道交通领域唯一的一名中国工程院院士，享受国务院特殊津贴的专家42 名，拥有高级职称的技术人才超过 500 名，为产业发展在技术研发方面提供了有力支持。株洲轨道交通装备制造业集群的技术创新体系如图3-4 所示。

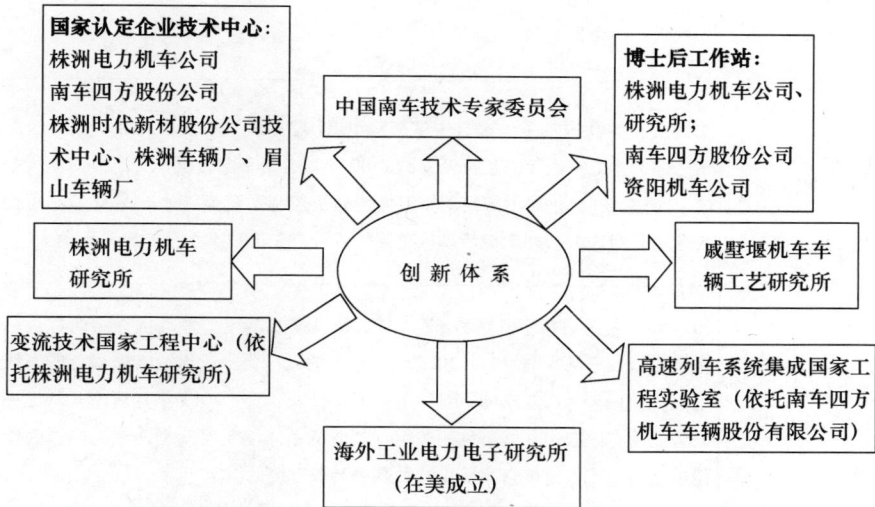

图 3-4 株洲轨道交通装备制造业集群的技术创新体系
资料来源：《中国产业集群创新发展报告（2010—2011）》。

3. 创新活动及合作

集群各参与主体对合作创新的参与程度较高，主要体现在共同开发、产品与服务交易、融资方面，而与大学科研机构的合作主要采取技术咨询、合作研发和人才引进形式。株洲轨道交通制造业集群创新主体之间的这种合作，是知识转移、组织学习和产业升级的关键载体，能够形成促进科技创新的局面。2012 年，该集群所在的轨道交通产业园共申请专利 763 件，其中发明专利 314 件；获得专利授权 530 件，其中发明专利 188 件。另外，园区内部现有包括 2 名中国工程院院士在内的 1.5 万名科技人员，4 家龙头企业均设有国家级检测中心、研发机构和博士后工作站。株洲轨道交通装备制造业集群部分核心企业的主要创新成果如表3-8 所示。

表 3 – 8　　株洲轨道交通装备制造业集群核心企业主要创新成果

名称	主要创新成果
南车株机	2014 年自主研制的世界最大功率超级电容单体成功实现批量生产；自主研制的中国拥有自主知识产权的这两款大功率电力机车（HXD1B 型、HXD1C 型）填补了国内、国际大功率电力机车多项技术空白。2013 年研发出了具有世界先进水平的中低速磁浮列车
南车株洲所	2012 年成为我国唯一一家自主掌握集 IGBT 芯片研发、模块封装、系统应用于一体的企业；近年来主持开发的 7200 千瓦大功率电力机车交流传动电气系统、时速 300 公里以上等级动车组电传动及控制系统等核心技术成果应用到高速动车组、大功率交流传动机车等代表世界先进技术水平的机车车辆上
南车电机	2014 年，该公司自主研制的 5 台 2MW 低风速双馈风力发电机在湖南省岳阳市桃花山风电场并网发电；2013 年，整车的国产化率达到了 90% 以上的直线电机地铁列车通过专家的运营评审，正式投入运营；2012 年与唐山开诚电控设备集团有限公司共同研发的矿用变频电机一体化装置问世，使我国成为继德国之后第二个能够自主研发这种高端装备系统的国家；2011 年 12 月，该公司研制成功我国首列自主化的直线电机地铁列车
中铁轨道	2010 年公司研制生产的拥有自主知识产权的盾构机，填补了湖南特大型隧道施工机械成套系统集成设备研发、制造、技术服务的空白

四　长沙工程机械产业集群创新发展及案例分析

当前我国已经形成了一些相对成熟的工程机械产业集群，规模较大、聚集程度较高的主要有长沙工程机械产业集群、柳州工程机械产业集群、常州工程机械产业集群、徐州工程机械产业集群、郑州工程机械产业集群和西安工程机械产业集群，并逐步形成了长沙、徐州、厦门、柳州、常州济宁六大工程机械生产基地，其中长沙工程机械产业集群区的发展最为迅速，资产比重最大，约占六大基地的 1/3。

（一）长沙工程机械产业集群基本概况

长沙工程机械产业起步于 20 世纪 90 年代初期，经过 20 多年的发展，工程机械产业已成为长沙最具竞争力的工业主导产业之一。截至 2012 年年底，长沙共有工程机械规模企业 30 余家，从业人员 10 万余人，主要生产 12 个大类、100 多个小类、400 多个型号规格的工程机械产品。以中联重科、三一重工、山河智能等为代表的一批优势企业异军突起，在混凝土泵车、起重机、压路机、静力压桩机等 14 个产品类别中，具有强大竞争优势。2010 年长沙工程机械产业集群产值逾千亿元人民币，跃居为中国第一大工程机械产业集群，2011 年长沙工程机械销售收入突破 1700 亿元，包括三家上市公司在内的主机企业达 30 多家，2013 年 1—9 月工程机械产业完成规模工业总产值 1378.1 亿元。目前，长沙工程机械产业集群年产值比重约占全国的 1/3，并且是全国唯一一个拥有三家工程机械上市公司的省会城市，中联重科、三一重工、山河智能已成为工程机械行业内实力雄厚的企业。

（二）长沙工程机械产业集群创新能力分析

1. 政策扶持

长沙工程机械产业集群的创新发展过程中，湖南省和长沙市政府起到非常关键的作用，在湖南省"十二五"规划中，明确规定了要重点发展装备制造业，并且将工程机械行业列为重点发展的目标之一。遵循"两主两配"的思路，以长沙高新技术开发区和长沙经济技术开发区为工程机械主机生产基地，以浏阳制造园和宁乡经济开发区为主机配套零部件生产基地，发挥优势，互为补充，形成长沙工程机械产业集群的空间与产品网络布局。此外，长沙市政府将工程机械排在全市重点扶持的六大产业集群之首。

2013 年 10 月 28 日，长沙经济开发区重点规划项目——CTEC 中国（长沙）工程机械交易展示中心项目全面启动建设，主要包括整机、零部件销售以及租赁、物流等相关业务，建成后将成为长三角经济区辐射能力最强、最具规模的专业性工程机械大市场。

人才引进方面，长沙市启动了紧缺急需和战略型人才计划（简称"3635 计划"），重点引进领军人才、高级经营管理和研发人才、专业技术骨干人才。对上述人员创业或取得的科研成果予以每年 50 万—100 万元的资助或奖励。

2. 创新体系

长沙工程机械产业集群重点集中在长沙高新技术开发区、长沙经济技术开发区、浏阳现代产业制造园和宁乡经济开发区。长沙工程机械领域的三个上市公司中，中联重科主要布局在长沙高新技术开发区，三一集团和山河智能集聚在长沙经济技术开发区。其他重点主机企业和重点配套企业，主要分布在长沙经济技术开发区、浏阳现代产业制造园和宁乡经济开发区。目前，长沙工程机械企业集聚区已经形成了以中联重科、三一集团、山河智能为龙头企业，以其他30多家主机企业为簇拥，散布着400余家协作配套中小企业的产业集群，进而形成了以主机企业为中心，以车身及附件、结构件、配件、行走装置、零部件、机械加工企业为专业配套的产业分工布局。长沙工程机械产业集群创新体系的构成如图3-5所示。

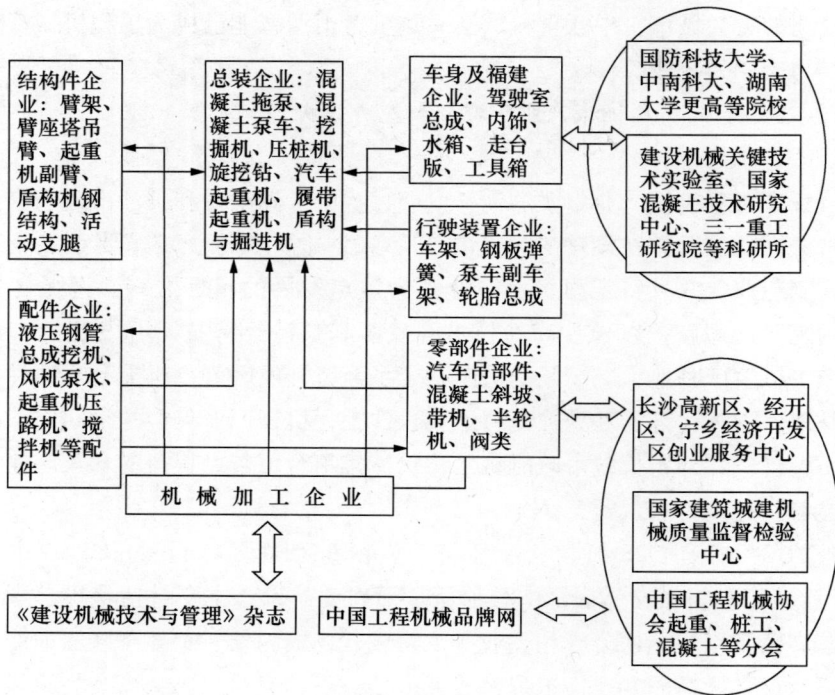

图3-5 长沙工程机械产业集群创新体系构成

3. 创新合作及成果

在长沙工程机械产业集群的创新过程中，无论是集群内的龙头企业，还是作为重要支撑的科研院所和高校都拥有较高的创新意识和一定的创新能力。作为集群龙头企业的中联重科、三一重工、山河职能都拥有极强的创新能力，该三家企业都拥有自己的国家或省级技术中心，并且建立了包括大量外国专家在内的由机、电、液等专家组成的企业研发队伍，拥有数百项国家专利。

中联重科拥有国家认定的企业技术中心、国家级博士后工作站，建有行业唯一的建设机械关键技术国家重点实验室、国家混凝土机械工程技术研究中心、国家级城市公共装备技术研究院，现有研发人员近7000人，在长沙、上海、北京、西安、成都、沈阳、意大利、英国等地建有研发分支机构。中联重科还参与制定了逾300项工程机械国家和行业标准，公司代表国家在国际标准化组织ISO中履行流动式起重机、塔式起重机国际表决和国内归口职责。截至2012年，中联重科累计国内申请专利2400多项，国际申请专利200多项。此外，中联重科承担国家"工程机械电气系统电磁兼容关键技术研究"，"起重车安全监控及预警应用系统研制"、"大型移动式起重机研究与产业化开发"等多项"973"、"863"、科技支撑国家重点科技计划30余项。

三一重工作为一家民营重工企业，拥有自主生产的72米世界最长臂架泵车，国内首台自主研发设计的集变频调速功能于一体的永磁同步电动机。2011年，三一重工共提交中国专利申请1508件，同比增长46.4%；授权专利917件，同比增长58.3%。截至2012年，三一重工专利申请累计达4141件，专利授权总数累计达2457件，位居行业首位。同时，三一重工博士后科研工作站从全国521个博士后科研工作站中脱颖而出，被评为全国优秀博士后科研工作站，是中国工程机械行业同类机构中唯一获评单位。

山河智能则是产学研结合的典型代表，公司创始人为中南大学教授何清华，山河智能与中南大学建立了实质性产学研合作关系，承担了研究生实习、试验、教学和基础研究等，为企业自主研发队伍建立了良好的人才储备。在山河智能，知识产权的年实施率不低于80%，主打产品中大量应用了自主创新技术，仅液压静力压桩机1个产品就包含了1项发明专利和7项实用新型专利，而专利技术的应用又为产品占领市场的制高点夺得了先机，构成了公司的核心竞争力，具有自主知识产权的产品销售额占总销售额的80%以上。

除上述三家龙头企业外，长沙还拥有国防科大、中南大学、湖南大学等高等院校55所，截至2012年年底，长沙已拥有国家级、省级重点实验室87个，为长沙工程机械产业走产学研结合的发展道路提供了有利条件。

本章小结与讨论

本章首先对复杂产品、复杂产品制造业、产业集群及创新网络概念内涵进行梳理，在此基础上，结合复杂产品研制和复杂产品制造业特点，从创新系统和网络开放性的综合视角提出，复杂产品制造业集群是指以需求为导向，以持续创新为目标，以产业关联为主线，以核心企业为主导，以科研机构和专家型公司为技术支持，以政府为关键支撑，以科技创新中介机构为外围服务，以交互式学习和知识共享为实现方式，具有"多核"、"多层"立体结构的动态开放的网络系统。进而，以青岛船舶制造业集群、西安航空高技术产业集群、株洲轨道交通装备制造业集群和长沙工程机械集群等为例，对复杂产品制造业集群及其创新发展的状况进行案例分析，从而为后文的理论分析和实证研究提供支持和帮助。

第四章　复杂产品制造业集群创新网络构建

第一节　复杂产品制造业集群的创新动因

基于以往对创新动因的研究，结合复杂产品制造业技术要求高、核心企业具有技术密集和资金密集、产业链条长、生产标准化、高度的产业关联和技术关联等特征，复杂产品制造业集群技术创新动因如下：

一　核心企业利益驱动

从微观经济学角度出发，企业存在的目的就是创造利润，同样，在创新网络中占主导地位并拥有主导产业核心竞争力的创新主体的核心企业也不例外，Vlachopoulo 和 Manthou（2003）指出核心企业在企业联盟中往往是规模最大的一个企业，能够提出可以共享的商业理念，倡导企业之间彼此信任与互利的文化，具有更高的成长率、创新能力，领导着整个联盟的发展并协调各联盟伙伴的生产研发活动，更善于吸纳各种资源并在整个行业中占有一定的市场地位，为了其在市场上的强势地位以及可以在激烈的市场竞争中立于不败之地并能最终获得超额利润，具有如此优势的核心企业往往会进行技术创新活动。当某一企业集群的突破性创新获得成功时，便会在该行业中处于领导地位，由此可给企业带来高额的垄断利润。根据生命周期理论，新技术（包括管理技术、组织技术等）必然会被更新的技术取代，因此，随着技术的发展，创新成果的不断扩散，在进入该技术的成熟期后，企业所能获得的创新收益呈递减变化。由于技术改进的余地越来越小，创新收益开始递减，为了追逐高额垄断利润和行业主导地位，只有不断地进行技术创新。

复杂产品制造业集群核心同样是以营利为目的的经济行为主体，技术创新是核心企业在市场上的强势地位以及可以在激烈的市场竞争中立于不败之地的一种重要手段。复杂产品制造业集群中的核心企业数量不多但却控制着集群市场大部分的产品供给，占据较高的市场份额，在技术上这类企业一般掌握本行业的领先技术，其凭借资源和技术优势，在保持其竞争优势和创新超额利润的驱动下不断进行创新投资。技术创新带来的巨大收益，无形中给集群中的其他企业带来竞争压力，在利润驱动力的作用下，知识溢出和技术扩散的发生会带动集群中中小配套企业进行模仿创新，从而带动整个集群重视并不断进行技术创新，最终的结果是提升了产业集群整体的技术水平。因此可以说，核心企业对利润的追求是推动复杂产品制造业集群自身发展的动力，也是产业集群技术创新的源泉。

二 市场竞争和市场需求推动

当前，世界经济的全球化、信息化、知识化趋势日益明显，在这种背景下，对集群企业的灵活性、适应性以及对环境的反应速度都提出了新的挑战。面对竞争态势日趋加剧、技术生命周期日益缩短等问题，要求集群企业对市场需求做出敏捷反应，快速开发并提供满足客户多样化需求的产品。

（一）市场竞争的推动

一个存在激烈竞争的市场环境在推动技术创新过中发挥着不可忽视的作用。随着科学技术的进步，高科技产品的更新换代速度越来越快，据报道，高科技产品的研发更新周期，19 世纪为 70 年，19 世纪 90 年代为 40 年，20 世纪 70 年代为 10 年，80 年代初为 70 个月以上，90 年代初至 90 年代中期减至 30 个月，而目前只需 18 个月。拥有资金投入大，技术含量高，技术领域广，模块化、集成化、定制化等显著特征的复杂产品制造业集群系统，具有高的技术深度以及技术宽度特征，在科技水平发展如此之快的今天，同样会面临换代加速的现状。另外，随着世界经济的不断深入发展，经济全球化已经成为当今世界的一个基本经济特征。经济全球化趋势的持续发展，在为我国复杂产品制造业集群创新提供前所未有的重要发展机遇的同时，也提出了新的严峻挑战。在此背景下，我国复杂产品制造业集群将面临范围更广、竞争力更强的竞争对手。在这种情况下，复杂产品制造业集群系统要想长期生存和发展，就必须不断地结合自身特点进行技术创新，以适应国际化竞争的趋势。

不仅有来自国际市场的激烈的竞争，国内市场对复杂产品制造业集群技术创新的要求也较高。随着科技进步速度的加快，技术系统的复杂性和相关性迅速增加，产业集群内的企业同样要面对集群内来自其他企业的竞争以及优胜劣汰的压力，因此，需要集群企业快速地进行技术更新和技术突破。相对于其他产业集群来讲，复杂产品制造业集群的价值链相对完整，其内部通过协作配套形成价值链的上下游配套关系或是居于同一环节的竞争合作关系，由于集群内同行业竞争激烈，优胜劣汰，整个产业链处于一种不断动态组合的变化中。如核心制造企业在选择上下游配套企业时，会选择具有竞争优势的配套企业，没有核心优势的配套企业不会得到核心企业的认可，不管是核心制造企业还是配套制造企业，为获取自身在集群价值链上的独特地位，必须不断通过技术创新降低生产成本、提高生产效率、提高产品质量、扩大规模等，最终提高自身的竞争力。在价值链不断动态组合情境下，这种竞争氛围会拉动整个复杂产品制造业集群不断开展技术创新活动。

（二）市场需求推动

首先，市场需求是创新的经济前提，正是需求所能带来的报酬对集群企业起着决定性刺激作用，市场需求的变化将会引导集群企业的创新取向，激发企业的创新活动。特别是苛刻的市场需求一般被认为是引导创新的强大动力，反倒是旺盛、温和的市场需求往往会扼杀创新热情，不利于创新产生。其次，社会需求是科技创新最重要的推动力。同样，市场上对复杂产品需求也推动着其制造业集群的不断创新。从国内外先进的复杂产品制造业的发展历程中可以看出，复杂产品制造业的发展主要是国内市场需求拉动，内需支撑是复杂产品制造业集群技术创新的重要保障。市场需求是复杂产品制造企业集群技术创新的出发点，也是其技术创新的最终目标，它是拉动、引导复杂产品制造业集群技术创新的主要外部动因。复杂产品制造业集群技术创新的市场需求，一是消费群体对复杂产品和服务的需求；二是复杂产品制造企业自身生产发展的需求。随着社会发展和经济增长周期的不断变化，复杂产品制造产品的市场结构、市场需求、技术水平需求都会发生一定程度变化，新的市场需求提供新的创新机遇，引导整个集群以此为导向开展渐进性创新或突破性创新，同时影响复杂产品的收入水平。所以，市场需求对开展复杂产品制造业集群的技术创新活动具有拉动和激励作用。

不仅如此，创新需求拉动理论也认为，创新是企业对市场变化的一种本能反应。同时，市场需求也在随着经济的不断发展中呈现出个性化、多样化的特点。世界整体技术水平的不断拔高，各国对复杂产品科技含量的需求也水涨船高。即使在同一区域，对同一类产品，不同的消费者也有不同的偏好，而且这种差异呈现出快速发展的态势。经济学研究表明，经济增长总是呈现出一定的周期性波动，受经济周期的影响，市场需求总量也会有周期性波动。因此，当处于经济的复苏期和繁荣期时，市场需求量会增大，且需求趋向于个性化，这就促使复杂产品制造业不断地进行渐进性创新和突破性创新。

三　科学技术推动

科学技术作为第一生产力，已成为当代经济发展的决定因素，高科技及其产业促进了劳动生产率的大幅度提高。20 世纪科学技术迅猛发展，目不暇接的新发现、新发明等陆续登场，使人类在近一百年的成就超过了过去几千年创造的文明总和，这也深刻地反映出科学技术在促进社会快速发展中所发挥的重要作用。

复杂产品技术构成复杂，产品技术含量高，零部件多样化，是一种典型的技术密集型产业，新技术不断应用于生产和科学进步带来的巨大收益成为推动复杂产品制造业集群技术创新的强大推动力。近年来，信息技术开始渗透到复杂产品制造业的各个环节，尤其利用高新技术对复杂产品制造业集群进行提升和改造成为发展趋势。科学技术在复杂产品制造业集群技术创新中起到基础性的作用，科学技术的推动作用主要通过以下途径实现：（1）新技术思路激发 R&D 活动，并实现成果商业化；（2）形成的技术轨道会被渐渐打破，新的市场需求开始新的技术创新储备，进行渐进性创新；（3）变革工艺、改进设备，适应生产发展。可见，科学技术及科技进步是复杂产品制造企业进行技术创新的重要驱动因素和信息源泉，它会促使集群内制造企业进行技术创新活动，并且形成技术创新的高潮，呈现"科学发现—技术发明—技术创新—市场需求或社会需求"的链式发展模式。

当前技术创新的环境正在发生巨大变革，国际环境的迅猛发展诱发了国际竞争的不断加剧。环境的变化促使集群企业以一种不断更新的轨迹发展，因此，有必要对这种创新变化的环境进行认识，重新思考技术创新存在的大背景和发展趋势。随着经济环境变化加剧以及不稳定性程度的上升，技术创新更为频繁。尤其是近几十年来，随着世界经济一体化进程的不断加快，信息技术迅速发展，竞争日益加剧，多种利益集团不断崛起，集群企业所处的环境日益动荡化。这就要求集群企业随着环境变化而变化，增强其适应性，否则就会面临淘汰的危险。

四　政府政策的激励以及知识产权保护

（一）政府政策引导激励

政府推动是复杂产品制造业集群技术创新的重要因素，也是促使复杂产品制造业集群进行技术创新的重要推动力之一。首先，由于大部分复杂产品都关系到国家的安全以及国民经济命脉，政府所颁布实施的一系列科技政策，为复杂产品制造业集群的技术创新指引方向，便于产业集群确立技术创新的发展目标。其次，国家政策在一定程度上影响复杂产品制造业集群在技术创新方面的投入和热情，是集群技术创新的外在重要动因，是一种方向上的指引，使整个集群朝着实现更大盈利的方向发展。最后，复杂产品制造业集群技术创新的动力在很大程度上依赖于市场体系、经济环境和法律环境，而市场的完善、法律环境的健全和经济发展水平亦需要政府政策的引导。

比如，为了促进产业集群的技术创新，很多政府对产学研合作活动的推动、为技术创新提供的资金支持、对技术创新进行的税收减免等，都在一定程度上降低了集群企业的创新成本，增强企业的创新能力，提升企业对创新收益的预期，从而引致集群企业的创新热情。技术创新归根到底是通过企业来实现的，而企业的创新活动又离不开企业广大员工的积极参与和支持。员工作为追逐个人利益最大化的个体，他们的创新热情很大程度上取决于企业的创新激励机制是否完善。合适的创新激励机制能够充分调动起员工的创新积极性，激励并引导员工的创新行为。所以，从这些角度来看，国家及地方政府关于复杂产品制造业集群的政策引导和支持，尤其是针对特定区域的复杂产品制造业集群的创新政策是复杂产品制造业集群技术创新的重要驱动因素。

（二）知识产权保护

知识产权保护已成为国际经济秩序的战略制高点，并成为各国激烈竞争的焦点之一。随着知识产权在国际经济竞争中的作用日益上升，越来越多的国家都已经制定和实施了知识产权战略。面对国际上知识产权保护的发展趋势和中国在开放条件下面临的知识产权形势，我国也在加紧制定和实施知识产权战略保护以保障国家的技术安全。改革开放以来，我国的知识产权保护特别是专利制度不断完善，初步建立并完善了专利的法律法规体系，知识产权工作得到了上至国家，下至各级地方政府的高度重视，形成了包括专利管理、审查、研究、教育、执法、中介服务以及专利信息等组织机构在内的全国专利工作体系和运行机制，专利保护有力地促进了我国的科学技术进步和技术创新，发明创造活动充满生机活力，专利申请量增长势头强劲。目前，我国已形成了司法和行政执法两条途径协调运作的专利保护机制。

技术创新不仅是高风险活动，也是高收益活动，一旦创新成功，就会给创新者带来高额收益。复杂产品制造业集群创新所具有的资金投入大、技术含量高、技术领域广等特征使得其创新的复杂性远远大于传统的中小企业集群和大规模制造业集群。同时，对于复杂产品制造业集群而言，不仅创新的风险、成本高于传统产业集群，他们对创新产品的保护需求也远高于传统产业及其他。然而，技术创新又具有收益非独占性，一旦推出新产品、新服务，那么大部分生产技术和创新知识将暴露在公众面前，这为他人的技术模仿提供了便利。因此，国家知识产权保护力度的提高对复杂产品制造业企业集群的技术创新来说，具有更大的诱惑力，也是最有效、最持久的激励。

第二节　复杂产品制造业集群创新网络构成要素

集群创新是集群中企业不断地从所处的正式的和非正式的关系网络中获取知识、信息，并进行整合、并购、创造的过程（吴翔阳，2006）。装备制造业集群的主体之间由于彼此之间的交往和联系，形成了各种紧密的有助于创新能力提升的关系，具有明显的网络特性。按照 Hakasson（1987）的观点，网络由三个要素组成：节点、资源和链接。下面将从这三个角度展开，对复杂产品制造业集群创新网络的构成要素进行分析。

一　节点要素

装备制造业集群创新网络关键节点要素主要包括：企业、科研机构及专家型公司、政府、创新服务机构等。与中小企业集群和传统大规模制造业集群不同，复杂产品制造业集群创新网络的中心和主体是集群核心企业，它们具有雄厚的资金、技术和人才优势。围绕着这些核心企业集聚了一大批的中小型配套企业，包括原材料供应商、加工企业、设备配套企业、销售网络中心，以及服务供应商等，它们与核心企业之间形成了比较完善的产业价值链和配套协作关系。中小配套企业通过与核心企业的沟通、交流、培训等获取相关知识和信息，促进集群整体创新能力的提升。不过，虽然核心企业通过引进、消化吸收的方式掌握了大量领先的技术优势，但核心企业要获取持续的竞争优势必须具备自己的专有性知识。为此，核心企业还与一些集群内及集群外的科研机构和专家型公司等建立长期密切的合作关系，以拓展技术的研发实力，提升自主创新能力。同时，复杂产品制造业是一个高资金密集型和政策导向型行业，因此政府在集群创新网络中扮演着重要的角色。此外，创新服务机构具有市场的灵敏性和公共部门的权威性，他们可以有效地规范集群内部的竞争行为，协助企业解决经营管理过程中的各种难题。在复杂产品制造业集群创新网络中，创新服务机构通过信息共享平台提供了大量的国家、行业、产业信息，以及相应的市场信息、专业技术知识以及相应的融资信息，提升集群主体之间的配套协作能力。对复杂产品制造业集群创新网络各关键成员及其在集群创新中的重要作用分述如下：

（一）核心企业

随着全球化的推进和科学技术研究的不断发展，各个领域的知识与技术的难度与深度都在日益加剧，新技术的研发不断复杂化，跨部门的特征也日益明显。在此背景下，即使是全球范围内的技术领先企业，也很难完全依靠自身力量来实现所有的技术创新目标。对于我国这种发展中国家的技术创新企业而言，就更应当充分学习和利用外界知识和技术资源，以弥补自身创新能力的不足（陈劲、陈钰芬，2006）。

在我国复杂产品制造业集群创新系统中，不同的行为主体在资源、能力及知识技术水平等方面存在着一定的异质性，这种异质性的存在使得在集群创新网络中存在核心企业与非核心企业之分。所谓核心企业，是指具有较强的知识基础和技术能力，处于集群创新网络中心位置和结构洞地位，通过主动地外向型技术学习活动，将外部先进的知识与技术引入集群系统，并通过进一步的整合应用、组织协调和传播扩散，推动产业集群持续创新发展的异质性企业（李慧，2011）。核心企业由于拥有更强地寻找、获取、整合应用外部新知识，以及传播、扩散已有知识的能力，成为整个集群创新系统的"技术高地"。他们在复杂产品制造业集群技术创新过程中扮演了如下三个方面的重要角色：

（1）技术守门人和知识引进者。相对于集群其他成员而言，核心企业既有更强的吸收外部先进知识与技术的能力，又有更强的吸收外部先进知识与技术的意愿（为了保持并巩固自身在集群系统中的核心地位）。他们通过主动的战略活动构建外部网络联结关系，从而将外部先进的知识与技术源源不断地引入集群系统，最终推动整个集群系统的持续创新。具体而言，他们一方面可以通过购买行业领先者的技术许可、与技术领先企业组建学习联盟或合资企业、与集群外部的大学和实验室成立产学研联合体、加入跨国公司的分包网络等正式机制实现；另一方面也可以通过对行业领先者的产品进行分解研究、招募以留学归国人员为主体的高层次国际化人才、参加技术研讨会、行业聚会、产品展销会等非正式机制实现。

（2）创新组织者和领导者。这主要表现在两个方面：首先，复杂产品制造业集群核心企业一般是相关产业领域的系统集成商，他们能够把一批相关企业及机构连接在其周围，并通过与其他集群成员的协作促进集群系统内部资源的共享，从而将集群创新活动有效地组织起来；其次，作为集群创新网络的核心节点，核心企业的技术创新往往会对其他集群成员产生影响和激励，从而对集群系统其他成员的技术创新活动具有引领和带动作用，并最终促进集群整体层面的技术创新。

（3）创新扩散源和知识传播者。相对于一般企业，集群核心企业由于具有更强的寻找、获取以及整合应用外部新知识的能力和意愿，他们一般会拥有更多的技术创新成果，从而被集群其他企业视作技术领袖，并被寻求给予技术指导。另外，为了巩固其在集群系统中的核心地位，获取最大收益，核心企业也往往会基于他们与合作成员之间的关系类型、合作程度和信任程度、相关知识与技术的特性以及发展阶段等，相应地采取知识产权转让、培养指导、技术交流合作等主动的知识扩散策略。

（二）科研机构和专家型公司

一般研究将产品完整的开发过程划分为模糊前端（Fuzzy Front End，FFE）阶段、开发阶段以及商业化阶段（Balachandra and Friar，1997）三个阶段。模糊前端（FFE）阶段又称为创新前端（FEI）阶段（Koen，2004），是新思想不断涌现、不断完善的阶段，在这个阶段一旦形成较好的产品概念，往往能给系统创新注入新的活力，并最终影响创新绩效（陈劲、高金玉，2005）。Rosenthal 等（1997）将模糊前端阶段定义为从一个创新思想产生到该创新思想通过评估并准备进入产品开发阶段之间的过程，该过程始于最初创意的产生，到产品概念的形成并进行可行性分析评估，再到最终决定是否进入下一阶段的开发为止。对一般产品创新的研究表明，模糊前端阶段所产生的每 3000 个产品创意中大约只有 14 个能够进入开发阶段，而最终能够商业化并取得成功的只有 1 个（Cooper and Kleinschmidt, 1998）。也就是说，从创意的产生到产品实现开发的概率只有 0.47%，而产品一旦进入研究开发，其从开发到开发成功直至商业化成功的概率就能达到 7.14%。由此可见，产品创新成败的真正关键在于从创意产生到产品开发的模糊前端阶段。

复杂产品的研制集合了机械、电子、材料、光学、能源、信息科学等众多学科领域的最新技术成果，并不断追求一体化、信息化、智能化、多用途和高性能，属于典型的复杂产品系统，是当今高科技的综合应用。这就意味着，相对于一般产品创新而言，复杂产品创新处在模糊前端阶段的时间更长，创新需求更加难以辨识。因此，充分发挥高等学校、科研院所以及专家型公司等知识生产和技术创造机构的重要作用，以提高模糊前端阶段的成功率，并缩短模糊前端阶段的时间，是复杂产品创新有效实现的强力保障。基于上述考虑，本书认为，高等学校、科研院所及专家型公司是复杂产品制造业集群创新网络的关键成员。

科研机构和专家型公司作为专业人才和知识技术的重要"摇篮"，在区域经济发展中有独特的作用，是集群创新网络中公共机构的典型代表，是产业集群创新发展的重要力量。他们能够培育和创造技术型人力资本、专业知识等高级生产要素，在产业集群的发展过程中，科研机构和专家型公司一方面持续生产和传播新的技术知识和管理理念，有力地提升企业的技术创新能力，还增加了新企业的创业机会，对营造良好的集群创新文化环境发挥了重要作用；另一方面，通过教育、实验和培训，科研机构和专家型公司还能够向产业集群提供源源不断的专业技术人才，输送具有创业精神和经营才能的企业家。以斯坦福大学为例，除了为硅谷的发展提供了大量智力资源并将专业技术知识转化为产品之外，它对硅谷的更大贡献还在于树立了"斯坦福创业企业"这种企业精神，极大地推动了硅谷产业集群的发展。

1. 高等学校和科研院所

高等学校和科研院所等科研机构是区域的信息和知识池（Information and Knowledge Pool）（张艳、吴中和席俊杰，2006），是新思想、新技术的源头，也是知识和技术最重要的创造机构。只有科研机构密集、基础研究水平高的产业集群，才具备形成持续创新能力的基础（李天柱、银路和程跃，2010）。作为复杂产品制造业集群创新网络的关键成员，高校和科研院所等科研机构是复杂产品制造业集群持续创新的源泉。他们对集群创新的意义和作用远比传统中小企业集群中的科研机构要大得多。具体表现在如下几个方面：（1）现代复杂产品研制技术建立在基础科学研究突破的基础上，因此以基础研究为主的高校和科研院所等科研机构是复杂产品制造业集群技术创新所需新知识的主要初始来源。科研机构通过知识创造和技术开发，并将创新成果转化为企业现实的生产能力，能够促进知识和技术在集群内部的传播和扩散，产学研合作即是集群企业与科研机构间主要的经济结网方式。（2）现代复杂产品研制技术的创新需要大量高水平研发人才，而高校和科研院所等科研机构可以为复杂产品制造业集群内的企业源源不断地提供研发人才，特别是能够在新发现的科学技术领域迅速生产博士和博士后。（3）高校和科研院所等科研机构的实验室可以为众多处于成长期的科技型中小企业提供研发平台服务。

2. 专家型公司

专家型公司（Expert Companies）是建立在科学研究基础上，专注于新技术研发前端的小型科技企业，其业务重点和运行模式类似于科研小组或研究中心，故称其为专家型公司（李慧，2011）。专家型公司具有如下特征：（1）基础研究能力强，与大学、研究院所等纯学术机构联系密切、风格相近，大多由高校和科研院所中的研究人员创办，研究成果代表和反映了科学、技术发展的最新方向，具有围绕学术机构聚集的特性。（2）规模小（有的甚至只有几个人）、组织结构和思维灵活，在创造性、敏捷性和成长性方面具有突出优势，是相关领域新技术的主要提供者。（3）一般不具备商业化能力，盈利模式主要是将研究成果向外转让或授权许可，或者为其他公司承担合同研究（李天柱、银路和程跃，2010）。由于上述特点，在发现新知识和创造新技术方面，专家型公司往往比核心企业具有更多优势。一项完整的技术创新，仅有新知识和新技术是远远不够的，技术的商业化过程还需要那些具有生产、资金、管理等综合资源优势的核心企业来实现，因而专家型公司一般无法脱离核心企业而独立发展。

（三）政府部门

任何国家的政府部门都将创新放在异常重要的位置，为了给创新企业提供良好的环境和机遇，各级政府部门都通过行使自己的职能尽可能帮助和支持所在企业建立创新网络。但是，在市场化程度和开放程度不同的国家和地区，政府部门在创新网络中的地位和作用也不尽相同。在市场经济比较成熟且开放化程度较高的国家和地区，先进成熟的基础设施、便捷的信息获取渠道、开放的创新环境氛围等，都为合作创新奠定了良好的基础。在这种创新网络中，核心企业是技术创新的主导者和主力军，政府部门则主要发挥服务和支持作用。然而，在中国这种市场化还不是十分成熟的国家，政府在集群创新中的参与程度往往比较高，对集群整体技术创新的推动作用也比较大。上述观点在 Hsin – Yu Shih 和 Pao – Long Chang 的研究中也得到了验证，他们对中国台湾和中国大陆创新网络的比较研究认为，在创新网络中，中国大陆的参与程度更高一些，且有助于创新的产生、流动和传播，而中国台湾则主要依靠市场机制发挥作用，台湾当局的作用相对较小（Y. H. Hsu and Fang，2009）。我国学者魏江的研究也印证了上述观点，认为"政府"在其他研究中往往作为因素下面的一个变量考虑，而在我国产业集群研究中则需要作为一个单独因素进行考虑，因为，政府在我国产业集群发展过程中起着特别重要的作用（魏江，2004）。

　　即使是在同一国家/地区内部，由于产业领域的差异，不同产业在国民经济发展中的地位及其对国家经济的带动作用大不相同，因而政府部门在创新网络中所发挥的作用也存在较大差异。复杂产品的研制涉及多种知识和技术的集成，产业跨度大，技术扩散可以延伸到各种制造业，并能有效带动特种材料、仪器仪表、机械加工、电子技术等相关产业的发展。因此，上至国务院、下至各省市局等各级政府部门均异常重视复杂产品制造业的创新发展问题。另外，尽管核心企业的战略活动在客观上能够起到构建和更新集群整体创新能力的作用，但其出发点仍然是企业自身利益，因而单纯依靠核心企业的集群创新发展战略往往会带来整体负效应。

　　基于上述分析，政府部门在我国复杂产品制造业集群创新网络中具有举足轻重的作用。我国学者王缉慈（2003）、魏江（2004）的研究也印证了上述观点。他们认为，政府在其他研究中往往作为因素下面的一个变量考虑，而在我国产业集群尤其复杂产品制造业集群研究中则需要作为一个独立因素考虑。政府部门在我国复杂产品制造业集群创新网络中的重要作用和地位表现在以下几个方面：

1. 创新经纪人

创新经纪人作为创新网络中的一员，既不属于真正创新的企业，也不属于创新的实施者，其核心作用是促使其他组织的创新成为可能，是整个创新系统的催化剂（Klerkx, Hall and Leeuwis, 2009）。创新经纪人在集群创新网络中的主要功能包括：（1）明确创新需求，即通过问题诊断和预见，明确创新需求、愿景和相应的技术、知识、资金和政策需要。（2）协调网络关系，使组织之间的网络链接更为便利，如协调跨区域、跨国企业之间的网络联结关系。（3）创新过程管理，参加创新的组织可能来源于不同的制度背景和文化背景，它们可能具有不同的价值观和创新动机，因此合作创新过程比较复杂，这就需要创新经纪人通过持续的"界面管理"，使这些矛盾和问题得以协调和解决（张永安和王燕妮，2010）。

虽然核心企业作为集群创新的领头羊和发动机，在复杂产品制造业集群创新过程中承担了外向型技术学习的重任，但由于如下几个方面的原因，政府部门需要发挥创新经纪人的作用，以有效地推动和促进复杂产品制造业集群技术创新的实现。

（1）复杂产品制造业是我国国民经济发展和国防建设的基础性和战略性产业，相关产品的研制技术往往代表了一个国家或地区的最高技术水平，该领域往往存在一个国家或地区急需且重要的一些技术创新成果。在此背景下，政府为了尽快达到预期的创新效果，就会跨越集群系统边界，积极组织协调创新资源组成创新网络进行合作创新。

（2）复杂产品制造业属于高端前沿技术领域，行业领先技术大多分布于欧美等发达国家和地区，并且相关技术的专有性和保密性很强，从而加大了我国复杂产品制造业集群核心企业依靠自身力量开展外向型技术学习的难度和复杂性。这就需要政府机构积极参与，并组织协调外部网络联系，以保障技术创新的顺利开展。

（3）复杂产品的研制涉及多种知识和技术的集成，具有跨技术和产业领域、跨行政区域甚至跨国界的知识联结特征，而企业之间的跨组织知识联结往往存在政治因素、行政因素导致的创新资源的获取障碍。这就需要政府部门扫除由于国家政治因素、区域行政因素等所导致的创新资源获取障碍，如通过组建跨区域、跨国界的联盟组织，举办博览会或合作洽谈会，开展跨区域的技术合作交流等，从而引领所在企业更好地开展外向型技术学习和技术合作。

2. 桥梁和纽带

核心企业与集群系统内部的其他核心企业、科研机构以及专家型公司之间，通过技术联盟、产学研合作、技术转让等方式，实现对知识和技术的共享、互补和整合，形成了基于知识互补的网络联结关系。但仅靠集群企业个体的力量，将很难顺利实现产业集群各成员之间的知识互补和技术合作，这时就需要政府部门发挥桥梁和纽带作用，以推动集群成员之间的技术交流与合作。具体可以通过如下方式实现：（1）通过基地、园区等创新平台建设将相关企业和机构在地理上集中，形成集群优势。（2）通过政策支持、信息服务和环境氛围创建等吸引外部优秀的企业和机构加入集群系统。（3）通过举办会议、资助项目合作等方式为集群系统内部企业间及企业与科研机构之间的信息交流与协作牵线搭桥，以促进集群系统的互补性知识学习。

3. 动力激发者

主要体现在如下三个方面：（1）通过在户籍、子女教育、住房、医疗以及继续教育等方面提供宽松的政策和优越条件，从而在吸引优秀人才的同时激发他们的创新动力。（2）通过对基础研究的直接投入激发科研机构和专家型公司的技术创新动力，以及通过支持或直接建立专业孵化器促进新创企业发展。（3）通过产业政策、税收政策、土地政策和知识产权保护等政策措施，支持保护核心企业的创新收益以及协调企业间关系等方式激发核心企业的知识扩散意愿和动机，以促进核心企业创新成果的传播和扩散。

（四）科技创新服务机构

科技创新服务机构是指为增强产业集群竞争力而从事沟通、协调、咨询、评估、教育培训、信息提供、技术转让、创新孵化、金融支持等方面服务活动的专业性机构（Balachandra，Friar，1997）。这里所指的科技创新服务机构既包括那些为创新主体提供教育培训、决策参考和技术支持的机构和组织，如专业的教育培训机构、技术标准公司、智囊团和设计公司等；也包括那些协助、促进成果转化，在创新活动中起桥梁和纽带作用的机构和组织，如行业协会、经纪公司、技术开发中心、科技创业服务中心、生产力促进中心、图书情报信息中心、高新技术成果转化服务中心等；还包括为创新活动提供服务咨询的机构和组织，如专利事务所、技术评估机构、技术争议仲裁机构、网络与信息服务机构、风险投资机构、人才交流服务机构等。

科技创新服务机构可以为复杂产品制造业集群企业提供如下公共服务：提供专业数据库、企业名录、企业访谈等信息通信平台，促进集群企业的交互式学习；提供教育培训，促进集群企业知识和技术的学习；举办专业会议、交易活动等，促进企业间信息和知识的交流与合作；资助合作项目、为项目申请提供支持；在项目参与者之间建立联系、为合作者召开圆桌会议等。

在上述关键成员中，核心企业是复杂产品制造业集群创新网络的最关键成员。它们将外部先进的知识和技术引入集群系统，同时作为系统集成商，它们能够把集群创新活动有效地组织起来，并对集群其他企业的技术创新活动具有引领和带动作用。而且，相对于集群其他企业，它们一般拥有更多的技术创新成果，从而被集群其他企业视为技术领袖，并面向集群内部进行知识的扩散与共享。高等学校与科研院所等科研机构主要通过基础研究向核心企业和专家型公司提供知识、技术和人才，专家型公司则通过主要技术开发活动向核心企业进行技术转让和技术授权，同时，高等学校、科研院所、专家型公司和核心企业一起构成了复杂产品制造业集群创新网络的核心层。政府作为我国复杂产品制造业集群的又一关键成员，主要负责对核心层各关键成员的技术创新活动进行引导和激发，并发挥创新经纪人的作用，同时又对集群成员的外向型技术学习和集群系统内部成员间的知识互动和共享发挥引领和桥梁作用。而科技创新服务机构则主要通过教育培训、咨询服务、技术转让、创新孵化、金融支持等促进和支持复杂产品制造业集群创新网络核心层各成员的技术创新活动。

此外，现实的市场需求、整体的技术环境、软硬件基础设施以及创新氛围等也是复杂产品制造业集群创新网络不可或缺的构成要素。不过，由于这些要素在复杂产品制造业集群创新网络中的作用、地位与通用的集群理论观点一致。这里不再赘述。

二　关系要素

与一般意义上的集群创新网络类似，复杂产品制造业集群创新网络的关系要素包括企业与大学/科研院所及专家型公司、企业与企业、企业与政府、企业与创新服务机构四大类关系联结。各创新主体之间的关系既包括正式的合作协议也包括非正式的交流和沟通。而且，随着创新主体之间关系多寡的不同，联结关系亦具有强弱之分。由于复杂产品制造业集群与一般的产业集群的差异主要体现在企业之间的联结及企业与政府之间的联结方面。基于此，本部分着重讨论企业与企业之间以及企业与政府之间的联结关系。

（一）企业之间的联结关系

在复杂产品制造业集群创新网络中，企业与企业之间的关系联结主要包括产业价值链模式的关系联结和竞争合作模式的关系联结两种类型。

1. 产业价值链模式的关系联结

由于复杂产品制造业门类众多、产品繁杂，技术含量高，因此要求企业之间必须开展紧密的配套协作。一般来说，复杂产品制造业集群创新网络的核心是大型核心企业，它们掌握着行业领先的技术知识以及市场信息，而且其产品具有很高的附加值。因此，在核心企业的周围往往集聚了一大批为之配套协作的中小企业，包括原材料供应商、加工企业、零件和配件的配套协作企业、销售网络中心、服务供应商等，这些核心企业与配套企业之间形成了一整套完整的产业价值链。其中，配套企业通过与核心企业的正式和非正式联系，获取所需要的技术知识和市场信息，参与到整个产业集群的创新活动中，从而提升集群整体的创新能力。从某种角度来说，这种产业链价值模式体现了复杂产品制造业集群的资源依赖性，体现了集群组织的路径依赖性，具有很强的竞争优势。但是，从另一个侧面也说明，这种模式也为集群发展带来了致命缺点，集群的市场适应性较弱，不能根据外部市场需求的变化做出快速的战略调整。因为某一个环节的调整必须要求整个产业链上的所有配套协作主体进行统一的调整，否则，各环节的技术就会出现接口紊乱。

2. 竞争合作模式的关系联结

首先，关于竞争关系。复杂产品制造业集群中企业之间的竞争关系包括三个方面：核心企业之间的竞争；核心企业和配套企业之间的竞争；配套企业之间的竞争。这三种竞争关系中，不同质的企业之间，双方实力异常悬殊的核心企业和配套企业之间的竞争其实是较少发生的，而同质性的企业之间，核心企业之间以及配套的中小企业之间的竞争则是存在的。当然，核心企业具有主导优势和控制权，可以在一定程度上控制配套企业之间的竞争方式，使配套企业之间的竞争成为合乎自己愿望的竞争。但这其中，能够决定整个集群竞争能力（包括技术创新水平、营销渠道、品牌形象，以及市场占有率、国际化情况）以及未来发展趋势的，显然是核心企业之间的竞争，如图 4 - 1 所示。

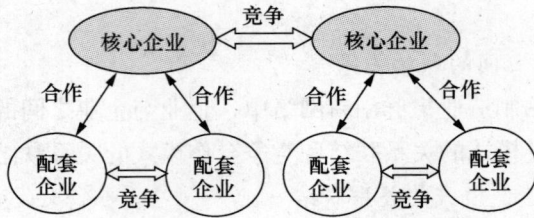

图 4 - 1 复杂产品制造业集群竞争合作模式下的关系联结

这是因为，这些核心企业之间竞相开发新的产品等技术创新方面的竞争，可以提升整个集群的技术水平，并最终提升配套企业的技术水平；而这些核心企业之间品牌的竞争，可以带动整个集群区域品牌形象的提升，至于这些核心企业之间市场占有率的竞争，可以使配套的中小企业获得更多的外包订单的机会。此外，这些核心企业之间在营销模式等方面的竞争可以扩大集群产品的销路，同样能够惠及集群中小企业更多的订单机会。因此，鉴于这些不断竞争的核心企业作为集群发展"领头羊"的重要性和特殊性，可以说它们之间的竞争关系在集群企业的竞争关系中占据了最重要的和不可替代的位置。

其次，关于合作关系。复杂产品制造业集群中企业的合作关系同样包括三个方面：一是核心企业之间的合作，包括参与商会以及行业协会等合作行为，这种情况下，彼此临近的核心企业之间是竞争与合作并存的联结关系；二是配套企业之间的合作，这方面的合作并不明显，因为同质性（规模、业务范围相同）的中小配套企业之间更多地也在竞争，甚至竞争得更为激烈，并且很多时候这类竞争正是在为争取得到核心企业的合作机会而竞争；三是核心企业和配套企业之间的密切合作关系，这种完全不同类型的企业之间的合作关系显然是复杂产品制造业集群中最重要的合作关系之一，也是本部分重点分析的对象。

为了应对快速变化的市场竞争，核心企业很难包揽整个产品的生产过程，通常只是保留核心企业自身具有核心竞争力的业务环节，例如核心技术、关键零部件制造环节等，而把其他非核心业务外包给分工更专业和更有效率的中小企业，与之形成一个环环相扣的协作系统（曹丽莉，

2008)。反过来，中小配套企业也在千方百计地争取获得核心企业的配套订单以维持自己的生存和发展，这两方面结合起来，则发展成为复杂产品制造业集群中企业间最直接最紧密和最完备的合作关系，其具体表现形式包括核心企业与配套企业的分工合作、信任、承诺等社会关系以及零部件生产企业通过向合作伙伴模仿学习，提高了企业经营管理以及技术与质量管控水平等多方面的合作（邬爱其，2005）。除此之外，还有一些核心企业和协作企业之间特有的十分微妙的合作行为，例如协作企业能在压得很低的核心企业出价条件下，还能够做到及时地、保质保量地配合完成核心企业分包的订单，甚至允许核心企业在其自身资金紧张时拖欠配套企业货款等多方面的支持配合作用，从而协作企业通过上述诸方面极大地支持了核心企业的发展。

（二）企业与政府之间的联结关系

复杂产品制造业具有高度的资本密集型和政策导向型特点。首先，由于复杂产品的研制涉及多种尖端技术，并且产业跨度大、知识集成度高，需要高额的资金投入，这种高资本密集型的特点决定了复杂产品制造业集群的技术创新与中小企业集群和传统大规模制造业集群存在较大差异。另外，复杂产品制造业大多是我国国民经济发展和国防建设的基础性和战略性产业，这正体现了其政策导向型的特征。复杂产品制造业这两方面的特征就决定了复杂产品制造业集群的创新过程中离不开政府的直接投入、政策扶持和产业引导。同时，作为复杂产品制造业集群创新网络的最关键成员，核心企业承担着搜索识别、获取、整合应用群外知识和技术以及面向集群内部其他成员转移、扩散集群创新所需知识的重要角色。基于此，可以认为，复杂产品制造业集群创新网络中企业与政府之间的联结关系主要体现为集群核心企业与政府之间的联结关系。核心企业与政府之间的联结关系主要表现在如下几个方面：

第一，作为复杂产品制造业集群创新的领头羊和发动机，核心企业在集群创新过程中承担了外向型技术学习重任。但仅仅依靠核心企业个体的力量，将很难顺利实现产业集群整体层面的创新发展，此时集群企业各成员之间的知识互补和技术合作就显得尤为重要。这就需要政府部门发挥桥梁和纽带作用，以推动集群成员之间的技术交流与合作。比如，政府部门通过基地、园区等创新平台建设将相关企业和机构在地理上集中，形成集群优势。另外，通过政策支持、信息服务和环境氛围创建等吸引外部优秀的企业和机构加入集群系统。

第二，复杂产品制造业是我国国民经济发展和国防建设的基础性和战略性产业，相关产品的研制技术往往代表了一个国家或地区的最高技术水平，该领域往往存在一个国家或地区急需且重要的一些技术创新成果。在此背景下，政府为了尽快达到预期的创新效果，就会跨越集群系统边界积极组织协调创新资源组成创新网络进行合作创新。

第三，复杂产品制造业属于高端前沿技术领域，行业领先技术大多分布于欧美等发达国家和地区，并且相关技术的专有性和保密性很强，从而加大了我国复杂产品制造业集群核心企业依靠自身力量开展外向型技术学习的难度和复杂性。这就需要政府机构积极参与，并组织协调外部网络联系，以保障技术创新的顺利开展。

第四，复杂产品的研制涉及多种知识和技术的集成，具有跨技术和产业领域、跨行政区域甚至跨国界的知识联结特征，而企业之间的跨组织知识联结往往由于政治因素、行政因素的存在而导致创新资源获取存在一定的阻碍。这就需要政府部门扫除由于国家政治因素、区域行政因素等所导致的创新资源获取阻碍，如通过组建跨区域、跨国界的联盟组织，举办博览会或合作洽谈会，开展跨区域的技术合作交流等，从而引领所在企业更好地开展外向型技术学习和技术合作。

三　环境要素

集群创新体系是在特定环境下形成、发展起来的，产业集群的创新环境对集群整体创新行为起着协调、组织及引导作用。

（一）集群创新发展的硬环境

产业集群创新发展的硬环境是指同集群内创新活动相关的基础设施，如科研设施、信息网络和其他基础服务设施等，这是产业集群正常运行和创新成果产生的重要物质保障。

首先，科研设施对产业集群的创新发展尤其是对于复杂产品制造业集群的创新发展有着异常重要的作用，它是集群创新体系建设的切入点，也是促进集群创新的重要支撑。其中最典型的就是集群技术创新平台，它可以促进集群内的企业、高校、科研机构、专家型公司、创新服务机构等创新主体之间的有机结合，释放出集群内部的"集体创新"效率，增强集群对外部技术的吸收能力。

其次，随着产业集群的发展壮大，其活动范围也将不断扩大，交通通信信息网络必然成为复杂产品制造业集群创新发展的最基本也是最重要的手段。完善的信息网络可以促进物质资本长距离、简便、快捷流动,并使远距离的相关企业之间高效沟通与合作。

（二）产业集群创新发展的软环境

产业集群创新发展的软环境主要包括政策制度环境和社会文化环境。政策制度环境主要包括政府政策、法律法规、行为准则等。政策制度的存在,一方面可以约束产业集群内企业之间的竞争和合作方式,减少交易成本等;另一方面可以通过为集群内部有创新行为的企业提供奖励,引导企业的创新行为,促进集群的创新发展。社会文化环境主要包括集群内企业家和劳动力资源的文化水平、心理素质、价值观念和社会风气等。它反映了一个集群内的创新主体追求创新的热情以及创新主体之间能否建立起相互信任、相互合作的关系。社会文化环境能够促进集群内的创新主体进行集聚,并共享由此带来的隐性知识,对产业集群的创新发展具有很大的决定作用。

第三节 复杂产品制造业集群的创新网络结构

一 集群网络结构相关研究

所谓网络结构,是指网络系统内部诸要素之间、系统要素与系统整体之间的相互联系和相互作用（李凯、李世杰,2004）。产业集群是一个复杂的企业网络,各节点不是孤立的,它们之间基于市场交换或社会联结而产生各种各样的网络关系,彼此关联互动,由此形成其特有的网络组织结构。产业集群的网络结构不仅取决于聚集企业的性质、位置、角色,更取决于纵横交织、相互关联的企业之间的配套合作关系（曹丽莉,2008）。集群网络结构影响产业集群的创新行为和创新结果。关于产业集群的网络结构,国内外学者主要从产业集群的组织模式和集群创新网络系统的构成两个方面展开研究。

（一）产业集群的组织模式

马库森（Markusen,1994）根据集群内部企业之间不同的连接方式把产业集群分为四种类型,即马歇尔式集群、中心外围式集群、卫星平台式集群和政府主导式集群。魏江（2003）基于市场结构的联结模式将产业集群划分为中心—卫星模式、多中心模式和无中心模式三种类型。曹洪军和王已伊（2006）以集群内部市场结构为标准，将产业集群的组织模式划分为轴轮式、多核式、网状式、混合式和无形大工厂式五种类型。张永安和王燕妮（2010）根据创新网络的形成过程，将创新网络划分为政府主导型、市场主导型和相互渗透型三种类型，并对各个类型的概念、应用背景、应用情境及优缺点进行了详细阐述。

（二）集群创新网络系统的构成

伴随区域创新系统研究，国内外众多学者对集群创新网络系统的构成展开了一系列探讨。帕德莫尔和吉布森（1998）最早从宏观层面区分了以产业集群为基础的区域创新网络系统的构成要素，提出集群创新网络系统包括三要素六因素。Radosevic（2002）通过对中东欧地区区域创新系统的研究，将以集群为基础的区域创新网络系统归纳为四个层面的要素：即国家层面要素、行业层面要素、区域层面要素和微观层面要素。Cooke（2002）以生物技术产业集群为研究对象，创造性提出了集群知识系统的概念，并将集群创新网络系统进一步划分为两个子系统，即知识产生与扩散子系统和知识应用与开发子系统。Asheima（2005）则将互动理念引入集群创新网络系统的研究中，提出集群创新网络系统由集群企业及其支撑产业和制度基础结构以及两者的互动构成。国内学者魏江（2002）基于知识流动视角，以浙江中小企业集群为例，构建了由内而外三个层次集群创新网络系统，即核心层、辅助层和外围层。国内其他学者的研究基本上都是按照这个思路和结构展开的。如赵涛等（2005）提出，集群创新网络系统由核心要素、服务支撑要素和宏观环境要素三个层次的要素构成。冯梅和杨建文（2009）也构建了由内而外三个层次的集群创新网络系统，即核心企业网络、创新平台支持网络和环境制度网络。解学梅和曾赛星（2008）、王为东和王文平（2009）、李天柱等（2010）则将动态理念引入集群创新网络系统的研究，将产业集群看作持续创新的网络系统，并对其构成进行分析。如解学梅和曾赛星（2008）将集群持续创新网络系统划分为由核心到外围三个层次的子系统，即主体子系统、支撑子系统和环境子系统。王为东和王文平（2009）研究提出，集群持续创新系统是一个功能耦合的有着"核心—外围"结构的创新网络。李天柱等（2010）对生物技术产业集群的研究认为，集群持续创新网络系统具有"双核"与"分层"的网络结构特征。

二　复杂产品制造业集群创新网络构建

通过对产业集群网络结构相关研究梳理，基于复杂产品制造业集群及其创新的内涵和特点，本书认为，复杂产品制造业集群是一个以知识为主要流动要素，具有立体化、开放化、异质性、交互式和动态化结构特征的创新网络系统。基于此，本书构建如图 4 - 2 所示的复杂产品制造业集群创新网络结构。

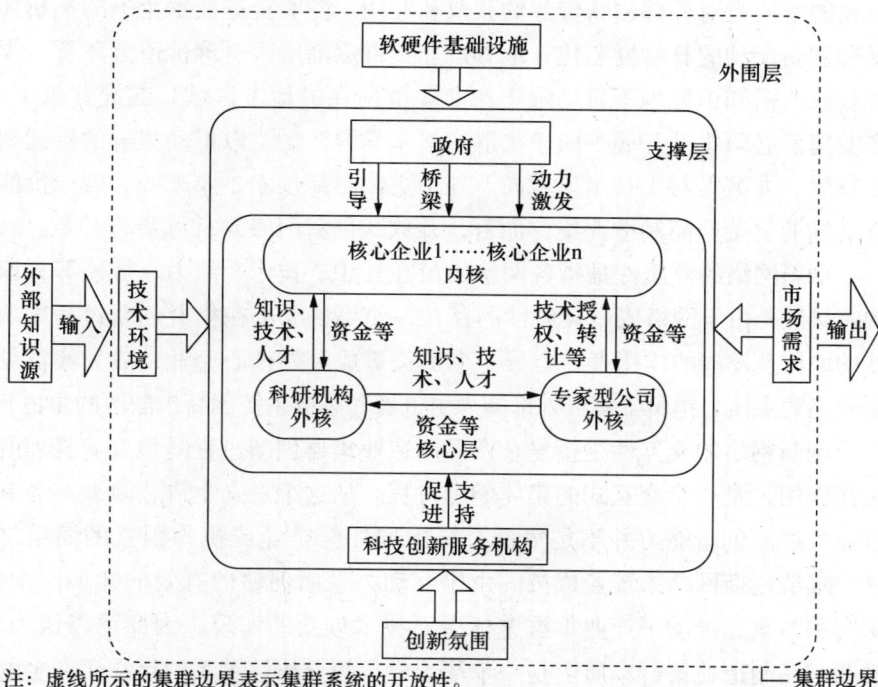

注：虚线所示的集群边界表示集群系统的开放性。　　　　　　　　　　└─ 集群边界

图 4 - 2　复杂产品制造业集群创新网络结构

创新网络的立体化是指该创新网络包括由内而外三个层次的子系统，分别是核心层子系统、支撑层子系统和外围层子系统。这里所说的核心层子系统体现为两个层面的含义：一是指多个核心企业并存，并且围绕不同的核心企业形成多个体系；二是核心层子系统又包括内外两个层次，即以核心企业为核心层的内核以及以科研机构和专家型公司为核心层的外核。作为外核的科研机构和专家型公司属于研究型创新主体，他们通过基础研究和技术开发，为作为内核的核心企业，也即生产型创新主体提供知识和技术，而作为内核的核心企业通过对知识和技术的吸收、消化、整合应

用，实现新技术、新产品的商业化。支撑层子系统主要包括政府和科技创新中介机构，他们在集群系统的创新过程中主要发挥内引外联、筑巢引凤和动力激发等作用，为集群系统的持续创新提供关键支撑。外围层子系统由创新氛围、技术环境、市场需求、政策法规等外部要素组成，为集群持续创新发展提供外围服务。

创新网络的开放化主要强调外部知识源对集群创新发展的重要作用，开放的本质是对外部创新资源的获取和利用。随着全球技术竞争的不断加剧和创新活动的日益复杂化，地方产业集群逐渐融入全球价值链环节，集群创新所需知识源也不再局限于产业集群所在的地方区域。在此背景下，产业集群必须主动开展外向于集群的技术学习活动，以推动集群的持续创新发展，尤其是对于技术要求高、外来主体是新技术主要来源、处于价值链高端的复杂产品制造业集群而言，开放式创新网络异常重要和必要。

创新网络的异质性是指各网络成员在知识、技术、能力、规模等方面的差异性，由于网络成员异质性的存在，使得各成员在集群创新过程中所处的地位及发挥的作用存在差异。个别关键成员如核心企业，成为集群创新的绝对主体，担负了集群外部知识引进者和集群系统创新扩散源的角色。

创新网络的交互性是指复杂产品制造业集群创新过程是包含着强烈的交互作用，是一个交互式的集体学习过程。从这个意义上讲，复杂产品制造业集群的创新能力并不是集群系统内部任何企业或机构因素的简单加总，集群创新网络系统各成员间由于互动关系而促使的有效的知识搜索、识别和共享，推动了产业集群整体层面技术创新的实现。因此可以认为，复杂产品制造业集群本质上是一个基于成员间异质性关系的存在而产生的通过交互式学习推动创新的网络系统。

创新网络的动态化指的是复杂产品制造业集群整体层面的技术创新，是一个通过一系列阶段和过程的技术创新活动而最终实现的持续的创新网络系统。具体体现为由创新产生到创新扩散再到创新持续的动态化过程。

第四节　复杂产品制造业集群创新网络运行过程

技术创新过程可以看作是创新要素在创新目标下的流动和实现过程（柳御林，1993）。国内外不少学者从各自不同角度对技术创新过程进行了研究。Marquis 将技术创新过程划分为六个阶段：辨识阶段（需求和技术可行性辨识）、方案形成阶段（形成创新思想）、解决问题阶段、方案出炉阶段、开发阶段、应用与扩散阶段，并构建了技术创新过程的阶段模型［Donald G. Marquis，1998］。Marquis（1998）的研究反映出了技术创新作为技术知识和市场需求融合转换的过程，而且还考虑了有技术的模仿、仿造方面的应用以解决创新带来的问题。不过，Marquis（1998）的研究只是探讨了公司内部常见的一般的技术创新过程，对需要跨组织、跨区域合作的复杂系统技术创新和重大技术突破性创新关注不够。罗恩韦尔（Rothwell，1992）从演化角度，研究提出了五个阶段技术创新过程模式。从罗恩韦尔（1992）提出的技术创新过程模式五个阶段的演化可以看出，集成化、网络化、协同化是技术创新过程模式的发展趋势。国内学者刘友金（2001）从过程角度提出技术创新是指企业按照市场需求，将科技成果物化为产品、工艺或服务，并首次实现其商业价值的动态过程。刘劲杨（2002）基于比较视角，提出技术创新是指以实现特定经济目的和技术的高效应用为目标，开发新技术和优化组合既有技术，并应用于知识创新或生产实践的过程。上述关于技术创新过程的研究主要针对的是企业层面一般意义上的技术创新，对于需要跨组织、跨区域协同互动的大型复杂系统的技术创新过程关注很少。

随着技术创新和区域创新系统研究的深入，以及产业集群创新实践的发展，产业集群的技术创新过程引起了学术界关注。刘友金（2002）较早将技术创新和产业集群结合起来，研究了区域性中小企业集群式创新的运行过程，并构建了中小企业集群式创新的五阶段模型，提出集群式创新是一个由群体目标导引、信息流驱动、组织文化维护，依次经过交流、竞争、合作、分享、评价五个基本阶段的"动态循环累进"过程。魏江等（2004）以传统产业集群为对象，从实证角度，通过案例剖析了产业集群内部的创新过程，并提出平行过程主导的产业集群创新过程模式。周泯非和魏江（2009）从互动视角，提出产业集群的技术创新活动是各创新主体之间由于交互活动所形成的知识和技术的创造、共享、吸收和扩散过程。上述产业集群创新过程的研究对探索集群创新行为具有重要意义，但他们研究的主要是中小企业集群内部的技术创新过程。

其实，对于不同的产业集群而言，由于其产业特性、集群所处发展阶段、集群组织形式等不同，产业集群的协同技术创新过程也会存在较大差异。通过对已有文献的梳理发现，尚未有从系统开放性和主体异质性视角对大企业集群技术创新过程及机理的专门研究。

复杂产品制造业集群作为一个立体化、开放化、异质性、交互式、动态化的创新网络系统，其整体层面的技术创新活动是贯穿于整个集群系统创新链条的技术开发和知识创造活动，以及知识和技术的共享、扩散所形成的协同效应过程。具体可以描述为三个相互促进的连续创新过程：（1）以集群核心企业为创新起点，在核心企业外向于集群的知识吸收活动和内向于集群的知识互补活动的共同作用下，提升核心企业自身技术创新能力的创新产生过程。（2）作为创新扩散源，核心企业将自身创新成果通过知识扩散、传播、溢出等转移至非核心企业，并通过非核心企业本地化的利用式技术学习活动，促进非核心企业技术创新能力实现的创新扩散过程。（3）集群创新网络系统中各企业和相关机构之间通过进一步的交互式学习活动，实现在新的技术轨道上的突破和拓展、原有技术轨道上的诱发和相关技术轨道上的渗透，并通过技术创新过程中的反馈、修正、循环，最终改善集群创新行为，提升集群整体创新能力，并促进产业集群整体层面创新发展的创新持续过程。

一　创新产生过程

对于复杂产品制造业集群而言，其创新产生过程就是集群核心企业通过外向型知识吸收活动和内向型知识互补活动实现自身技术创新的过程。就核心企业单一的技术创新活动而言，其技术创新过程始于其对创新需求和创新可行性的辨识，到主动地对外部知识进行搜索、识别和获取，进而将外部获取知识与企业已有知识整合并应用，最终形成新技术、新产品、新工艺或产品和工艺方面显著的技术改善，并实现其商业价值的创新循环过程，如图4-3所示。

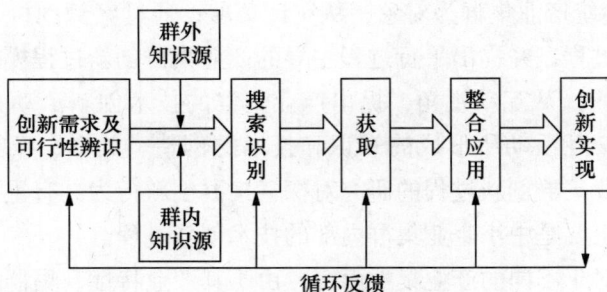

图4-3　复杂装备制造业集群创新产生过程

二　创新扩散过程

技术创新的鼻祖熊彼特（J. A. Schumpeter，1990）把技术创新的大面积或大规模"模仿"视为创新扩散。美国经济学家斯通曼（P. Stonman，1989）提出，技术创新扩散是指一项新技术的广泛应用和推广。国内学者傅家骥（1998）认为，技术创新扩散是技术创新通过一定的渠道在潜在使用者之间传播、采用的过程。产业集群技术创新的扩散过程是技术创新由点到线、由线到面扩大应用的过程。

由于核心企业所处的网络中心位置，它们拥有更多的知识存量和获取知识的路径（Camuffo and Costa，1993；Morrison，2004；许庆瑞和毛凯军，2003），从而更有能力在集群系统内部扩散知识（Nijdam and Langen，2003），成为产业集群的创新扩散源。同时，基于知识位势理论，知识和技术一般从高位势知识主体向低位势知识主体流动（杜静和魏江，2004）。在复杂产品制造业集群创新系统中，核心企业之间以及核心企业与非核心企业间由于知识存量和技术能力的差异，存在着高低知识位势之分。高位势企业通过对自身已有创新成果的传播和溢出，促进了知识和技术在集群系统内部的流动，并形成了高位势企业对低位势企业的拉动效应和低位势企业对高位势企业的挤压效应，在两种效应的共同作用下，促进和推动了集群系统的技术创新扩散。不过，虽然核心企业是集群系统创新扩散主体，担负了知识传播者的角色，但它们并不会不计报酬和代价地进行知识输出，而是会从企业的自身利益和发展战略出发进行考虑。因此，复杂产品制造业集群系统创新扩散的实现必须以政府和创新服务机构的强力支撑为前提和保障，政府机构通过"牵线搭桥"、"筑巢引凤"政策支持等方式促进核心企业向非核心企业的知识扩散，创新服务机构则通过咨询、培训、创新孵化、技术转让、成果转化、金融支持等方式推动核心企业向非核心企业的知识流动。

基于上述分析，本书认为，基于核心企业的复杂产品制造业集群的创新扩散活动包括由内而外三个连续且循环反馈的过程，即核心企业内部的创新扩散过程、核心企业之间的创新扩散过程和集群整体层面的创新扩散过程，如图4-4所示。

三　创新持续过程

对于复杂产品制造业集群而言，其创新的持续性表现为：以核心企业自身技术创新活动为起点，以科研机构和专家型公司技术支持、政府为关

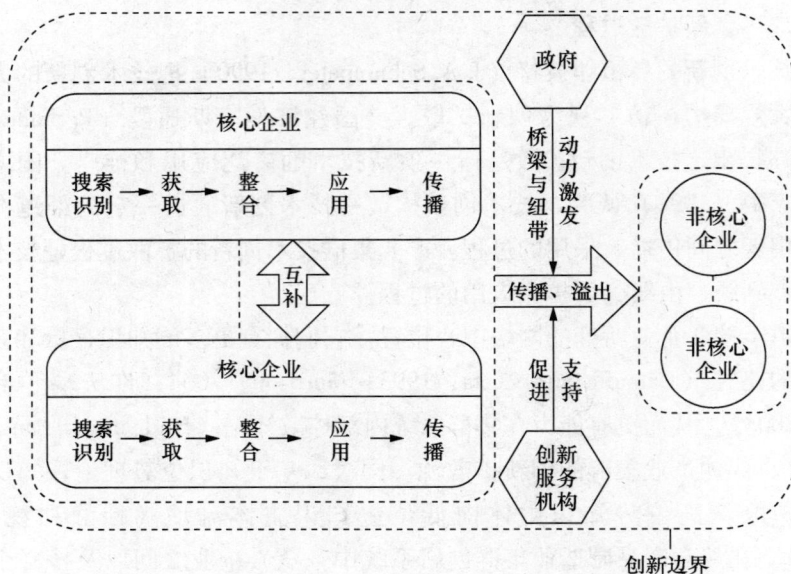

图 4 - 4　复杂装备制造业集群创新扩散过程

键支撑、科技创新服务机构和集群创新环境为外围服务，通过集群创新网络各成员间的交互式学习和知识共享形成创新扩散，实现集群系统的初次技术创新；进而通过不断地创新反馈达到技术创新活动的良性循环，从而形成在原有技术轨道、相关技术轨道以及全新技术轨道的一系列后续技术创新活动，最终实现集群系统整体持续性的技术创新行为的过程，如图4 - 5 所示。

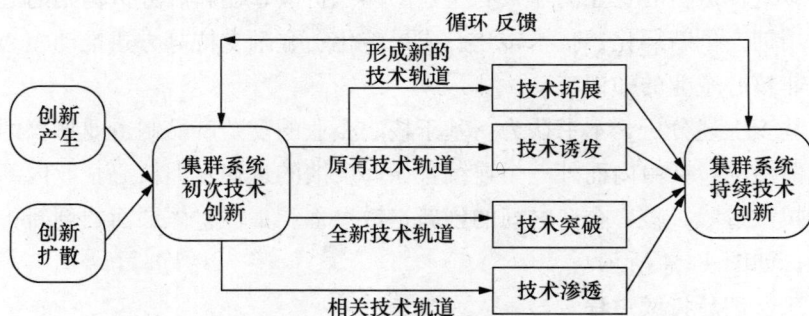

图 4 - 5　复杂装备制造业集群创新持续过程

技术诱发性创新是指技术创新在原有技术轨道上的纵向延伸，也即通过技术诱发促成一系列后续技术创新活动的技术创新模式。诱发性技术创新模式成本较低，并可以在一定程度上促进创新主体技术级别的跃升。技术拓展性创新是指在原有技术轨道基础上通过建立新的技术范式，形成新的技术轨道，最终使得集群技术创新得以持续的模式。拓展性技术创新模式由于需要变革原有技术轨道，并建立新的技术范式，因此需要付出相对较高的成本。技术渗透性创新是指通过集群创新网络成员之间以及跨越集群边界的知识共享，促进技术创新活动在相关技术领域的扩展，从而实现技术创新在相关技术轨道的渗透，最终促成产业集群持续创新的模式。而技术突破性创新是指完全突破原有技术轨道，在全新的技术轨道上沿相关甚至不相关的行业及领域开展持续性技术创新的模式。相对于其他三种技术创新模式，技术突破性创新模式成本最高，且创新风险较大。

第五节　复杂产品制造业集群创新网络运行机制

复杂产品制造业集群创新网络中的各创新行为主体之间是通过多渠道合作来推进复杂产品制造业集群创新网络的运行从而实现创新过程的，在它们之间并不存在实际的组织。因此，要实现创新行为主体协同合作的目标，必须有一套行之有效的运行机制来确保各创新行为主体之间可以实现能力的互补、资源的共享、集体学习及彼此信任，以此来支撑并推动复杂产品制造业集群创新网络的有效运行。基于此，本部分主要从能力互补与资源共享机制、集体学习机制及合作信任机制等方面探讨复杂产品制造业集群创新网络的运行机制。

一　能力互补与资源共享机制

复杂产品制造业集群创新网络的创新行为主体主要包括核心企业、科研机构和专家型公司、政府和创新服务机构等，由于每个创新行为主体能力不同，它们所拥有的资源也存在较大差异，即能力的异质性和资源的独特性。但是，这些创新行为主体处于同一个创新网络，相互之间在创新过程中要进行频繁的交流与合作，因此它们之间一定具有相似的知识结构，这是实现合作创新的基础。相似的知识结构便决定了各创新行为主体之间异质的能力可以实现互补、独特的资源可以实现共享，也即复杂产品制造业集群创新网络运行的能力互补与资源共享机制。

能力互补与资源共享是复杂产品制造业集群创新网络运行的基础，能力的互补可以强化分工水平，资源的共享可以有利于资源的有效配置，创新行为主体之间因此将联系更加紧密，产业的集群化发展程度将更强。对于核心企业而言，作为集群创新网络的核心主体，他们需要上下游企业的协同配合、需要高校、研究科研院所和专家型公司的知识与技术输出、需要金融机构的资金支持、需要政府的引领和政策法规作保障、需要创新服务机构的支撑，正是由于能力的互补和资源的共享，复杂产品制造业集群核心企业才可以专注于复杂产品的生产销售和组织的自身管理，使其在日益激烈的全球竞争中不断提升自身竞争力，实现自身的发展壮大，同时推动复杂产品制造业的发展，促进复杂产品制造业集群创新网络的日益完善。

二 集体学习机制

集体学习是指复杂产品制造业集群创新网络内部各创新行为主体之间知识的流动、积累、扩散及新知识产生的动态过程，能够促进技术创新的持续发挥，是复杂产品制造业集群创新网络有效运行的关键所在。通过集体学习，复杂产品制造业集群创新网络内部逐渐产生新观念、新知识及新技术，实现了集群创新网络的持续创新，有利于提高集群创新网络的创新优势和竞争力，是复杂产品制造业集群创新网络持续健康运行的重要渠道。

由于复杂产品制造业集群是一个以知识为关键流动要素，具有立体化、开放化、异质性、交互式和动态化结构特征的创新网络系统。因此，复杂产品制造业集群的集体学习机制可以通过集群系统内部各创新行为主体的交互式学习、创新行为主体的开放式学习和动态式学习实现。首先，复杂产品制造业集群的创新能力并不是集群系统内部任何企业或机构因素的简单加总，各网络成员间由于互动关系而形成的有效的知识搜索、识别和共享，推动了产业集群整体层面技术创新的实现。因此可以认为，复杂产品制造业集群的创新过程本质是一个基于成员间异质性关系存在而产生的交互式学习过程。其次，随着全球技术竞争的不断加剧和创新活动的日益复杂化，产业集群逐渐融入全球价值链环节当中，集群创新所需知识源也不再局限于产业集群所在的地方性区域。在此背景下，产业集群必须主动开展外向于集群的技术学习活动，以推动产业集群的持续创新发展。尤其是对于技术要求高、外来主体是新技术主要来源、处于价值链高端的复杂产品制造业集群而言，开放式集体学习就更为重要。最后，复杂产品制造业集群的创新是一个由创新产生到创新扩散最后到创新持续的动态过程，因此可以认为，复杂产品制造业集群是一个通过一系列阶段和过程的动态学习实现持续创新的集群创新网络系统。

三 合作信任机制

复杂产品制造业集群创新网络中的各创新行为主体并没有等级上的关系，也不存在实际的组织，只是通过相互间的协同合作来推动集群创新网络的运行，因此，彼此间的信任就显得尤为重要。要保障复杂产品制造业集群创新网络的稳定运行，就必须建立合作信任机制。合作双方在初期可以通过订立正式契约，建立契约信任，随着了解的不断深入、合作的持续加强，彼此间会进一步巩固并建立了更高程度的信任，即认知信任，当合作双方在长期的合作交流中逐渐自觉达成了共同的目标和价值取向，对合作伙伴的意愿都尽力达成，此时便建立了最高程度的共识信任。

合作创新机制的建立是一个长期渐进的动态过程，各创新行为主体间应当加强联系与交流，保持长期稳定的关系，营造一个良好的社会制度环境，以确保良好的合作信任机制在复杂产品制造业集群创新网络中尽早建立并不断完善。合作信任机制的建立保证了所转移知识的真实有效、降低了交易成本、规范了各创新主体的行为、减少了相互间的矛盾和冲突、增强了集群创新网络的稳定性、保障了集体学习的效率，激发了集群创新的动力，推动了集群创新网络健康有序运行。

四 三种机制之间的关系

复杂产品制造业集群创新网络的三种运行机制保障并促进了集群创新网络的运行，同时也伴随着集群创新网络运行的不断发展完善。能力互补与资源共享机制为集群创新网络的运行提供了动力，构成了集群创新网络运行的基础。集体学习机制为创新行为主体之间的合作创新提供了多元化的渠道，是知识创新及技术创新的关键。合作信任机制为前两种机制发挥有效作用构建了完善的信用环境，保障了能力互补与资源共享机制和集体学习机制的有序运行。这三种运行机制之间虽有区别，但并不独立，三者相辅相成、共同激励、彼此促进。能力互补和资源共享的程度越深，复杂产品制造业集群创新网络的合作信任机制就越容易建立，那么集体学习的机会也就越大；集体学习的日益频繁为能力的互补和资源的共享提供了更多的机会，同时大量的沟通交流也逐渐提高了集群创新网络的信任程度；反之，集群创新网络信用程度越高，能力互补、资源共享和集体学习就会获得更为可靠的环境保障。这三种运行机制之间的关系如图 4 - 6 所示。

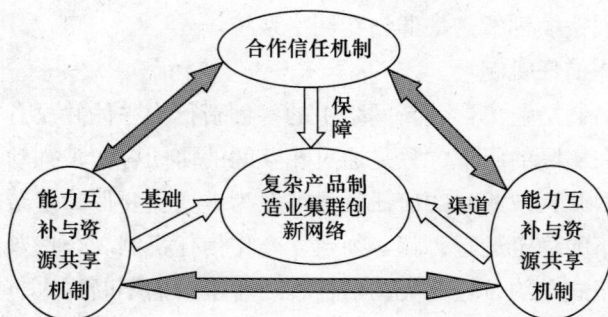

图 4 - 6　复杂产品制造业集群创新网络的运行机制

本章小结与讨论

　　本章分析了复杂产品制造业集群创新网络三个方面的构成要素。关于节点要素，主要阐述了各个关键节点在复杂产品制造业集群创新网络中的角色和作用。对于关系要素，由于复杂产品制造业集群与一般产业集群的差异主要体现在企业之间的联结及企业与政府之间的联结方面，而且，对于复杂产品制造业集群而言，核心企业对集群创新具有异常重要的作用，基于此，本部分着重讨论了核心企业之间、核心企业与配套企业之间以及核心企业与政府之间的联结关系。同时，还探讨了创新环境对复杂产品制造业集群整体创新行为所起的协调、组织及引导的作用。在此基础上，研究构建了以知识为主要流动要素，具有立体化、开放化、异质性、交互式和动态化结构特征的复杂产品制造业集群创新网络系统。最后，分析了复杂产品制造业集群从创新产生过程到创新扩散过程再到创新持续过程的创新网络运行过程，并从能力互补与资源共享机制、集体学习机制、合作信任机制三个方面探讨了复杂产品制造业集群创新网络的内在运行机制。

第五章　复杂产品制造业集群核心企业外向型知识吸收能力概念框架及实证测量

自 Cohen 和 Levinthal（1990）开创性研究以来，吸收能力受到国内外各领域学者广泛关注，他们从不同的分析层面和研究视角，形成了非常丰富的研究成果，其中从过程观视角看，基于企业间知识转移的过程和阶段，对企业层面知识吸收能力的研究被学术界广泛认可和大量引用。但已有研究大多关注集群系统内部成员企业之间的知识转移与共享，对集群企业尤其是核心企业面向集群外部先进知识源的学习与利用能力的相关研究明显不足。

基于此，本书在对吸收能力已有研究的基础上，结合复杂产品制造业集群的概念及其特征，对集群核心企业外向型知识吸收能力的概念内涵进行界定和描述，并对复杂产品制造业集群核心企业外向型知识吸收能力的体系架构进行构建。在此基础上，以丘吉尔（Churchill，1979）的量表开发范式为方法论，设计开发出一套有效测度复杂产品制造业集群核心企业外向型知识吸收能力的研究量表。最后，通过问卷调查方式收集研究数据，并运用 SPSS 19.0 和 AMOS 17.0 等软件工具，对问卷数据进行信度检验、KMO 和 Bartlett 球形度检验、因子提取和因子载荷分析以及效度检验，从而实证检验研究量表的可靠性和有效性，为后续复杂产品制造业集群创新机理的实证研究做好准备。

第一节　核心企业外向型知识吸收能力概念内涵及其构成

由于不同的研究者对企业技术学习过程的描述各有侧重，以至于他们对企业知识吸收能力的内涵及其构成的界定也存在一定的差异。不过，关于企业知识吸收能力是一个多阶段、多维度概念的观点已经得到了学术界的普遍认同。如 Cohen 和 Levinthal（1990）最早从过程观的研究视角对企业层面的知识吸收能力进行界定，认为吸收能力是企业识别外部新知识的价值，并且通过整合与应用，取得商业成果的能力，从而构建了包含评价、消化和应用三个维度的企业知识吸收能力的概念模型。Szulanski（1996）在 Cohen 和 Levinthal（1990）研究的基础上，将知识转移过程划分为识别、消化吸收和商业运用三个阶段，并据此将吸收能力界定为：组织认识到新的外在知识的价值、消化并将其运用到商业终点的能力。金（1998）则提出，吸收能力是学习知识并解决问题的能力，其中，学习知识的能力指的是企业理解、合并外部知识的能力，这种能力可以帮助企业模仿其他企业的创新成果；解决问题的能力是指企业创造新知识的能力，这种能力可以帮助企业实现自主创新。

进入 21 世纪，学术界对知识吸收能力的概念和内涵进行了进一步拓展和延伸。如 Zahra 和 George（2002）对吸收能力及其维度的概念进行详细的划分和界定，构建了知识吸收能力的研究框架模型，他们将企业的知识吸收能力划分为两大类，即潜在吸收能力和现实吸收能力，同时，基于知识转移的阶段和过程，将企业的知识吸收能力划分为获取能力、消化能力、转化能力和利用能力四个维度。莱恩等（2006）在对 Cohen 和 Levinthal（1990）、Zahra 和 George（2002）的研究进行整合的基础上，提出了修正的知识吸收能力的概念构架，认为吸收能力是企业通过探索性学习、转化性学习和开发性学习三个连续的学习过程应用外部知识的能力。其中，通过探索性学习识别与理解企业外部新知识的潜在价值；通过转化性学习消化吸收有价值的外部新知识；通过开发性学习，运用已消化吸收的外部知识进一步创造出新的知识并获得商业化成果。Todomva 和 Durisi（2007）也对企业知识吸收能力的构成维度进行了修正和完善，并构建了新的知识吸收能力的概念模型。他们认同 Cohen 和 Levinthal（990）的观点，认为识别评价外部新知识是企业知识吸收能力的第一个维度，同时，对 Zahra 和 Geogrge（2002）关于吸收能力的维度划分进行修正，认为知识转化并不是知识消化之后的一个步骤，而是与消化过程相伴的一个替代过程，即消化和转化两种学习过程都涉及一定程度新知识的变化，也涉及新知识与现有知识的结合。在上述分析基础上，他们将企业的知识吸收能力界定为：企业评价、获取、转化或消化、应用外部知识的能力，并相应将企业知识吸收能力归纳为四个维度，即评价能力、获取能力、消化或转化能力以及应用能力。徐二明和陈茵（2009）以知识转移的交流模型为框架，基于过程观的视角，将企业层面的知识吸收能力划分为获取能力、整合能力、转化能力和应用能力四个维度。徐万里和钱锡红（2010）也从过程观的视角，构建了企业知识吸收能力机制的理论框架，该理论框架将先验知识作为吸收能力的前因变量，将企业创新和竞争优势作为吸收能力的后果变量。

　　综合以上研究可以发现，上述关于知识吸收能力的界定和描述并没有针对知识吸收企业、知识源以及所转移知识的特性等进行区分。上述界定内含的共同前提假设是：（1）企业是同质的，即所有企业对外部知识源的技术学习过程完全一样；（2）企业需要吸收的知识源分布于本地化区域；（3）外部知识是同质的，即外部知识源在复杂性、系统性和内隐性等方面不存在差异性。上述假定显然存在一定的不足，因为对于那些所需知识仅仅是一般性的显性知识而非本领域前沿高端的隐性化的知识，并且仅仅通过本地化的技术学习活动就能推动技术创新的企业而言，他们对外部知识的搜索识别过程一般不太长，难度也不太大。在这种情况下，就可以将对外部知识的搜索识别过程纳入到知识获取过程当中，并统一为知识获取过程。这可能也是部分学者将知识吸收的第一个阶段确定为知识获取阶段的主要原因。然而，对于发展中国家的复杂产品制造业集群而言，核心企业是复杂产品制造业集群技术创新的领头羊和发动机。这种情况下，核心企业的知识基础和技术能力往往代表产业集群所在区域的最高技术水平。因此，复杂产品制造业集群核心企业的创新知识源大多分布于群外、区外甚至国外等技术领先的国家或区域，并且他们技术创新所需的知识和技术的复杂性（主要体现为知识深度和知识宽度两方面）、系统性、内隐性程度都比较高。这就需要集群核心企业担当集群创新网络的知识守门人，通过主动地跨越集群边界甚至国界开展技术学习活动，从而将外部先进的知识和技术引入集群系统。因此，相对于区域性中小企业集群和传统大规模制造业集群而言，复杂产品制造业集群中的核心企业开展外向型技术学习活动时对外部先进知识与技术的搜索和识别过程就非常关键，并且搜索识别的时间较长，难度也较大。从这个意义上讲，非常有必要将搜索识别过程单独作为复杂产品制造业集群核心企业外向型知识吸收活动的第一个关键环节，相应的，应该将搜索识别能力作为复杂产品制造业集群核心企业外向型知识吸收能力的第一个维度。

　　但是，集群内企业能够搜索识别到群外先进的知识源，并不等于一定能够获得集群外部的先进知识，尤其是对于复杂产品制造业集群中的核心企业而言，成功地获取群外先进的知识和技术就存在更大难度。这主要源于如下原因：（1）复杂产品制造业是一个国家国民经济发展和国防建设的基础性和战略性产业，相关技术的专有性比较强，且保密性要求很高，这就意味着复杂产品制造业集群核心企业单靠自身力量获取外部先进知识与技术的难度和复杂性都与区域性中小企业集群和传统大规模制造业集群存在较大差距。（2）复杂产品制造业属于高端前沿技术领域，行业领先技术大多分布于发达国家和地区，这就这加大了复杂产品制造企业外部知识获取的距离障碍。（3）复杂产品的研制涉及多种知识与技术的集成，例如在大型飞机研制过程中，仅飞机引擎一项就至少涉及 24 个关键技术领域的相关知识（M. and Paoli A. Prencipe，1999），因此可以说，大型复杂产品的研制具有跨技术和产业领域、跨行政区域甚至跨越国界的知识联结特征，企业之间的跨组织知识联结往往存在着由政治因素、行政因素所导致的创新资源获取障碍。Giuliani（2002）对发展中国家集群吸收能力的研究中，也将集群内部企业对群外知识的获取视作为产业集群吸收外部知识的关键。基于上述分析，结合 Zahra 和 George（2002）对企业吸收能力构成维度的划分，本书将获取能力作为复杂产品制造业集群核心企业外向型知识吸收能力的第二个构成维度。

　　经过前述的搜索识别和获取过程，复杂产品制造业集群核心企业已经成功地将群外先进的知识引入集群系统内部。但是距离新知识的创造及其商业化应用还有一个漫长而复杂的过程。企业必须在自身先验知识的基础上，通过进一步理解和消化，将所获取的外部新知识与企业已有知识进行融合、共享并得以升华，从而形成既不同于所获取的外部知识也不同于企业原有知识的全新知识，在此基础上，通过将所创造的新知识运用于企业的生产经营实践，才能够最终实现技术知识的商业化应用。但值得一提的是，上述的理解、消化、融合、共享、升华以及商业化应用并不是一个个可以完全割裂开的独立过程，而是相互交叉、相互融合、相伴而生的一个综合过程。因为，从认知角度来看，解释、理解、消化新知识和把新知识与企业现有知识组合应用的过程可能是同时发生的。也就是基于这种分析，本书认为，应当将复杂产品制造业集群核心企业对其所获取的外部新知识的理解、消化、转化和应用等过程统一起来，统称为整合应用过程。相应的，整合应用能力成为复杂产品制造业集群核心企业外向型知识吸收能力的第三个构成维度。

基于上述分析，可以把复杂产品制造业集群核心企业外向型知识吸收过程划分为搜索识别过程、获取过程和整合应用过程三个阶段。其中，对外部新知识的搜索识别是知识吸收过程的起始阶段，知识获取是对知识进行整合应用的前提，而整合应用过程则是知识吸收过程的高级阶段，也是企业进行技术创新的最关键环节。基于上述划分，本书从过程观的研究视角将复杂产品制造业集群核心企业的外向型知识吸收能力界定为："为了适应不断变化的外部环境，复杂产品制造业集群核心企业面向集群系统外部先进知识源进行搜索识别、获取，并通过将外部所获取知识与企业已有知识的整合应用，在实现企业自身技术创新的同时，提升集群整体创新绩效的能力"。该定义有以下几个层面的含义：（1）培育和发展外向型知识吸收能力的目的是为了适应技术创新加速化、复杂化以及技术竞争加剧化、全球化的外部环境；（2）核心企业外向型知识吸收能力体现在集群核心企业对群外先进知识源的搜索识别、获取和整合应用的全过程中；（3）核心企业外向型知识吸收能力外在表现为企业自身技术创新能力的增强和集群整体创新效能的提升。

通过上述分析，本书认为，复杂产品制造业集群核心企业外向型知识吸收能力包括搜索识别能力、获取能力和整合应用能力三项子能力。搜索识别能力是指集群核心企业通过各种信息渠道跟踪、搜索外部先进的异质性知识，并辨别、评价、选择其价值的能力。获取能力是指集群核心企业通过某种方式从外部先进知识源取得企业技术创新所需新知识的能力。整合应用能力是指企业将从外部获取的新知识在组织内部进行理解、消化、吸收以及在此基础上通过与已有知识的整合与融合，从而有效地把握和利用市场机会，实现技术创新，并提升集群整体创新绩效的能力。为此，本书构建如图 5-1 所示的复杂产品制造业集群核心企业外向型知识吸收能力的概念构架。

吸收能力

搜索与识别外部新知识 → 通过一定方式将搜索识别到的先进知识引入企业 → 学习理解外部新知识并通过与已有知识的有机融合实现技术创新

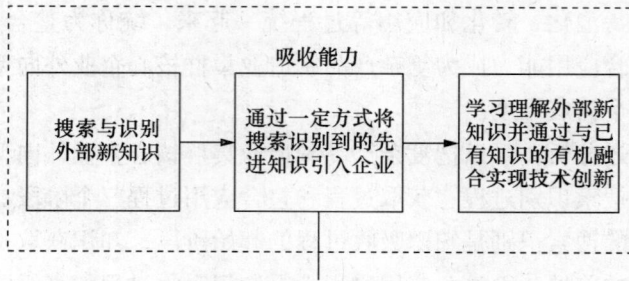

图 5 - 1　复杂产品制造业集群核心企业外向型知识吸收能力概念构架

第二节　研究量表的初始题项设计

合理的问卷设计是保证数据信度和效度的重要前提，也是提高实证分析结果准确性的前提和保障（吴明隆，2008）。为了确保研究的可靠性与价值，本书通过如下流程/步骤进行调查问卷的开发与设计：（1）通过文献分析、半结构化访谈形成初步调查问卷；（2）通过与学术界和企业界专家讨论进一步完善调查问卷；（3）在预测试的基础上，经过多次修改完善形成最终调查问卷。

本书从搜索识别能力、获取能力和整合应用能力三个维度对集群核心企业外向型知识吸收能力进行度量。量表设计时主要参考 Kraaijenbrink（2007）、Hsu 和 Fang（2009）对企业知识吸收能力的测量题项。如 Kraaijenbrink（2007）将企业对外部知识的吸收能力归纳为识别能力、获取能力和利用能力三个维度，并设计了由 10 个题项构成的研究量表：（1）员工会通过一些管道（如阅读专业期刊和参加研讨会）搜寻工作相关的技术资讯；（2）员工会通过网络搜寻工作相关的技术资讯；（3）公司会鼓励员工搜寻工作相关的技术资讯；（4）公司目前与外部组织已建立战略联盟关系，以获取所需资讯和知识；（5）公司目前与外部组织已建立专利授权关系，以获取所需资讯和知识；（6）公司目前与外部组织（包括顾客、供应商等）已建立合作研发关系，以获取所需资讯和知识；（7）公司善于借鉴或重复利用已有知识，避免不必要的重复研究和开发；（8）公司善于对知识资源开发新的用途，增加新的收入来源；（9）公司善于改善知识利用的方式或流程，提高顾客满意度和劳动生产力；（10）公司善于在所有员工间共享和传播知识经验，提高组织的整体智力。Hsu 和 Fang（2009）则采用 7 个测量指标对组织吸收能力进行测度，它们分别是：（1）我们公司是否有能力搜索外部信息和知识；（2）我们公司是否能识别外部信息和知识的有用性；（3）我们公司是否能正确预测核心知识的未来发展；（4）我们公司是否有能力整合内部现有的知识；（5）我们公司是否有能力将知识应用到特定的问题或任务中；（6）我们公司是否有能力有效、灵活地利用已有或新获取的知识来应对动荡的环境；（7）我们公司是否有能力将知识进行有效分类待以后使用。

在上述研究的基础上，结合我国复杂产品制造业集群核心企业外向型技术学习的过程阶段和模式特点，本书最终确定了复杂产品制造业集群核心企业外向型知识吸收能力的 11 个测量题项，其操作性定义如表 5 - 1 所示。

表 5 - 1　复杂产品制造业集群核心企业外向型知识吸收能力的操作性定义

变量维度	操作性定义
搜索识别能力	EKAC - 1. 您所在企业能够迅速把握本行业技术的最新进展
	EKAC - 2. 您所在企业能够快速辨别和收集来自集群外部（如其他集群、外部区域或国外）的新的知识和信息
	EKAC - 3. 您所在企业能够及时从集群外部（如其他集群、外部区域或国外）发现各种技术创新机会
获取能力	EKAC - 4. 您所在企业与集群外部（如其他集群、外部区域或国外）技术领先的企业及科研机构等经常开展技术合作，以获取所需知识和技术
	EKAC - 5. 您所在企业与集群外部（如其他集群、外部区域或国外）的企业或相关机构建立了专利授权关系，以获取所需知识和技术
	EKAC - 6. 您所在企业经常在集群外部（如其他集群、外部区域或国外）进行技术并购，以获取所需知识和技术
整合应用能力	EKAC - 7. 您所在企业能够快速领会和掌握从集群外部（如其他集群、外部区域或国外）获取的知识和技术
	EKAC - 8. 您所在企业能够很好地将从集群外部（如其他集群、外部区域或国外）获取的知识与企业现有知识融合并转化为新的知识
	EKAC - 9. 您所在企业善于改善知识和技术利用的方式或流程
	EKAC - 10. 您所在企业善于对已有知识资源开发新的用途
	EKAC - 11. 您所在企业能够率先开发出新产品来满足社会和市场需要

第三节　样本选择与数据收集

一　样本选择

首先，对调研区域的选择。由于本书对复杂产品制造业集群核心企业的外向型知识吸收能力进行测度。因此，需要选择复杂产品制造业集群进行数据收集。为此，本书在霍布迪（1998）的复杂产品定义及分类、童亮（2006）的复杂产品及系统相关行业/部门，以及陈劲等（2004）的复杂产品系统界定等研究基础上，参考借鉴《我国国民经济和社会发展十二五规划纲要》①、《国务院关于加快培育和发展战略性新兴产业的决定》（国发［2010］32 号）②、《国务院关于加快振兴装备制造业的若干意见》（国发［2006］8 号）③ 以及国家批准设立的八大国家级航空高技术产业基地，同时考虑相关区域的工业基础和产业发展状况，最终选择西安、沈阳、成都、哈尔滨、安顺、上海等地的复杂产品制造业集群核心企业展开调研。

其次，对答卷者的选择。为了尽可能获得客观真实的调研数据，本书慎重考虑了问卷的填答对象。为此，本书主要以在上述确定的核心企业中任职三年以上，且对就职企业及其所在集群情况较为熟悉的人员，如中高层管理人员、承担技术创新工作的高级工程技术人员等作为问卷的填答对象。

二　数据收集

由于笔者所在学校属于工业与信息化部直属高校，诸多学科专业都与复杂产品制造业密切相关，并且与复杂产品制造业领域众多企业和科研院所有着良好的合作关系。同时，笔者所在学校拥有 EMBA 教育中心、高级管理培训中心、MBA 教育中心和西部国防科技工业发展研究中心，上

---

① 《我国国民经济和社会发展十二五规划纲要》，http：//news. sina. com. cn/c/2011 - 03 - 17/055622129864. shtml，2011 年 3 月 17 日。

② 《国务院关于加快培育和发展战略性新兴产业的决定》（国发［2010］32 号），http：//www. gov. cn/zwgk/2010 - 10 - 18/content - 1724848. htm，2010 年 10 月 18 日。

③ 《国务院关于加快振兴装备制造业的若干意见》（国发［2006］8 号），http：//www. gov. cn/gongbao/content/2006/content - 352166. htm，2006 年 2 月 13 日。

述中心学员和研究人员要么来自国内领先的复杂产品制造企业和科研院所，要么承担着复杂产品管理领域重大科研项目。这些条件较好地保障了本研究调查数据的收集。在问卷发放和回收的方式上，为了提高调查问卷的回收率，80%左右的调查问卷是通过项目调研和访谈的形式，上门直接由被访谈人当面填写和回收的，另外，20%左右的问卷是通过 E - mail 方式发放的，并在电子问卷发出后第二天，以电话及 E - mail 方式进行追踪和沟通，以保证问卷的正确填写和问卷的回收率。

2011 年 5—8 月，分别向前述调研区域 30 多家复杂产品制造业集群核心企业发放问卷 293 份，回收 248 份。剔除填写不全面、填写有误、填答对象不符合要求、填写雷同等问卷 42 份，最终得到有效问卷 206 份，占回收问卷数量的 83.1%，有效问卷回收率 70.3%。从回收的 206 份有效问卷来看，样本企业的成立年限均在 10 年以上，且以 30 年以上的老牌企业为主（77.2%）；调研对象全部来自大规模企业，且以人员规模超过 5000 人（73.3%）、资金规模超过 10 亿（75.2%）的超大型企业为主；从调查对象的工作类型看，高层管理人员占 12.6%，中层管理人员占 35%，研发负责人和项目经理占 27.7%，技术专家占 5.8%，这些人员合计达到了 81.1 的比例；另外，调查对象的从业年限全部超过 3 年，其中 10 年以上的占 43.2%。这表明被调查对象都具有一定的代表性，问卷能够在一定程度上反映我国复杂产品制造业集群核心企业外向型技术学习的实际情况，因此本次调研所获得的数据能够满足研究分析的要求。

第四节　实证分析

一　信度检验

信度即可靠性，是指采用同样方法对同一对象重复测量时所得结果的一致性程度。本书运用 SPSS 19.0，首先采用 Cronbach's α 系数对研究量表的各测量题项进行信度检验（α 系数 > 0.7），然后利用题项—总体相关系数（Corrected - Item Total Correlation，CITC）方法净化和消除"垃圾题项"（CITC > 0.5）。检验结果如表 5 - 2 所示，各因子的 Cronbach's α 系数值均大于 0.7（最小值为 0.821），且题项—总体相关系数（CITC）均大于 0.5（最小值为 0.554），表明研究量表的内部一致性良好，量表的可信度较高。

表 5 - 2　　　　　复杂产品制造业集群核心企业外向型知识吸收
能力各题项的均值、标准差及可靠性系数

因子	题项	均值	标准差	CITC	Cronbach's α	
搜索识别能力	EKAC – 1	3.42	1.017	0.570	0.821	
	EKAC – 2	3.28	0.928	0.597		
	EKAC – 3	3.18	1.000	0.622		
获取能力	EKAC – 4	3.03	1.106	0.556	0.828	
	EKAC – 5	3.17	0.960	0.609		
	EKAC – 6	2.92	1.099	0.554		
整合应用能力	EKAC – 4	3.03	1.106	0.556	0.833	0.884
	EKAC – 5	3.17	0.960	0.609		
	EKAC – 6	2.92	1.099	0.554		
	EKAC – 7	3.19	0.941	0.637		
	EKAC – 8	3.37	0.993	0.557		
	EKAC – 9	3.48	0.946	0.641		
	EKAC – 10	3.57	0.974	0.665		
	EKAC – 11	3.34	1.082	0.609		

二　KMO 和 Bartlett 球形度检验

因子分析有一个潜在的要求，即原有变量间具有比较强的相关性，如果原有变量之间不存在较强的相关关系，就无法从中综合出能反映某些变量共同特性的少数公共因子变量。因此，在进行因子分析时，首先需要对原有变量做相关分析。进行相关分析的方法有多种，本书通过 KMO（Kaiser – Meyer – Olkin）测度和 Bartlett 球形度检验进行相关分析。KMO统计量的取值在 0—1 之间，KMO 越接近 1，意味着变量间的相关性越强，原有变量越适合作因子分析；KMO 值越接近 0，意味着变量间的相关性越弱，越不适合进行因子分析。一般认为，KMO 值在 0.9 以上表示非常适合；0.8—0.9 表示适合；0.7—0.8 表示一般；0.6—0.7 表示不太适合；0.5—0.6 表示很勉强；0.5 以下表示极不适合。另外，当 Bartlett 球形检验统计值的显著性概率小于 0.01 时，认为原有变量适合进行因子分析。集群核心企业外向型知识吸收能力的 KMO 测度和 Bartlett 球形度检验结果见表 5 - 3。由表 5 - 3 可知，KMO 值为 0.871，大于 0.7，Bartlett 球形度检验统计值显著，表明原有变量适合进行因子分析。

表 5 - 3   KMO 和 Bartlett 检验结果

KMO 样本测度	Bartlett 球形度检验		
	近似 χ²	自由度（df）	显著性概率（Sig.）
0.817	1034.948	55	0.000

三　因子提取和因子载荷分析

根据海尔等（Hair et al.，1998）研究，如果特征根大于或等于 1，就表明因子是有意义的，可以被保留下来。同时，因子分析中，因子载荷的绝对值越大，表明该因子和研究变量的重叠性越高，在解释因子时越重要（一般以因子载荷系数是否大于 0.5 作为判断标准）。本书运用主成分分析方法，利用 SPSS19.0 软件工具，采用最大方差法对因子载荷矩阵进行正交旋转，提取特征根大于 1 的因子作为公因子，得到各因子相关矩阵的特征根（见表 5 - 4）和因子载荷矩阵（见表 5 - 5）。由表 5 - 4 可知，前三个因子的特征根大于 1，且累积方差贡献率为 68.832%，表明前三个因子基本保留了原始指标的信息，因此提取 3 个因子是可以接受的。由表 5 - 5 可知，各题项的因子载荷系数均大于 0.5（最小值为 0.511），且无交叉负荷问题，表明各题项都较好地负载到其预期测度的因子之上。

表 5 - 4   总方差解释

题项	初始特征根			提取成分后特征根		
	特征根	解释（%）	累积解释（%）	特征根	方差解释（%）	累积解释（%）
EKAC - 1	5.148	46.796	46.796	5.148	46.796	46.796
EKAC - 2	1.380	12.542	59.338	1.380	12.542	59.338
EKAC - 3	1.044	9.494	68.832	1.044	9.494	68.832
EKAC - 4	0.658	5.985	74.817			
EKAC - 5	0.549	4.988	79.806			
EKAC - 6	0.513	4.661	84.467			
EKAC - 7	0.434	3.947	88.414			

续表

题项	初始特征根			提取成分后特征根		
	特征根	解释（%）	累积解释（%）	特征根	方差解释（%）	累积解释（%）
EKAC - 8	0.395	3.590	92.004			
EKAC - 9	0.343	3.118	95.122			
EKAC - 10	0.301	2.732	97.854			
EKAC - 11	0.236	2.146	100.000			

表 5 - 5　　　　　　　　旋转后的因子载荷矩阵

题项	成分		
	1	2	3
EKAC - 1	0.189	0.764	0.189
EKAC - 2	0.222	0.858	0.098
EKAC - 3	0.253	0.793	0.174
EKAC - 4	0.232	0.100	0.830
EKAC - 5	0.236	0.197	0.801
EKAC - 6	0.149	0.189	0.831
EKAC - 7	0.511	0.490	0.219
EKAC - 8	0.728	0.274	0.054
EKAC - 9	0.806	0.135	0.254
EKAC - 10	0.812	0.173	0.250
EKAC - 11	0.590	0.325	0.257

四　效度检验

效度是指实证测量在多大程度上反映了概念的真实含义（Babbie，2000）。实证研究中常用的效度有两种，即内容效度和结构效度。内容效度是指测量工具的题项是否符合测量目的与要求，即测量内容的适当性与代表性。内容效度的评价需要与测量的构思、项目的内部结构等结合在一起加以分析。关于本书量表的内容效度，由于大多数题项均经过多次分析与处理，且在国内外学者的相关研究中被多次引用。另外，问卷初稿完成之后，曾与长期从事知识管理、产业集群、创新网络研究的专家学者以及复杂产品制造业集群核心企业中高层管理人员就调查问卷的内容、结构、形式等进行了深入探讨。在此基础上，对问卷中语义不明的题项进行修改，并对问卷结构和题项的排列顺序进行了调整。因此，可以认为，本书量表具有良好的内容效度。结构效度是指测量工具是否真实体现了测量所依据的理论结构，以及对该理论结构的体现程度。对于结构效度的测量，广泛采用的方法是相关矩阵、探索性因子分析和验证性因子分析。探索性因子分析可用于检测问卷项目是否能够唯一地测量潜在变量，也即是否具有单构面尺度。单构面尺度量表具有两个特征：（1）每一个测量题项必须显著地与相对应的潜在变量相关联；（2）该测量题项只能与唯一的潜在变量相关联。验证性因子分析用于检验探索性因子分析所得结果的拟合能力。实证研究中一般通过收敛效度和区别效度进行结构效度的检验（徐传期，2004），其中收敛效度用来验证某个测量指标是否显著地依附于所度量的因子变量，区别效度用来验证某个测量指标只是度量了特定的一个因子变量，而没有度量其他的因子变量。本书使用 SPSS19.0 进行探索性因子分析和相关矩阵分析来进行量表效度的初步检验，之后运用 A-MOS17.0，通过反映测量模型内外在质量的两方面指标，对前述探索性因子分析结果的拟合能力进行检验。

　　探索性因子分析结果如表 5 - 5 所示，各题项的因子载荷系数均大于0.5（最小值为 0.511），且无交叉负荷问题，表明各题项都较好地负载到其预期测度的因子之上，表明量表具有较好的收敛效度。相关分析结果如表 5 - 6 所示，在核心企业外向型知识吸收能力三个维度中，维度内部各题项间相关系数的最小值分别是 0.552、0.610 和 0.408，均大于或接近0.5，从而进一步验证了量表的收敛有效性。另外，三个维度内的题项相关系数几乎都大于三个维度间的题项相关系数，表明量表具有良好的区别效度。

表 5 - 6　　复杂产品制造业集群核心企业外向型知识吸收能力相关矩阵

	因子 1			因子 2			因子 3				
	EKAC - 1	EKAC - 2	EKAC - 3	EKAC - 4	EKAC - 5	EKAC - 6	EKAC - 7	EKAC - 8	EKAC - 9	EKAC - 10	EKAC - 11
EKAC - 1	1										
EKAC - 2	0.590 **	1									
EKAC - 3	0.552 **	0.672 **	1								
EKAC - 4	0.287 **	0.225 **	0.307 **	1							

续表

	因子1			因子2			因子3				
	EKAC-1	EKAC-2	EKAC-3	EKAC-4	EKAC-5	EKAC-6	EKAC-7	EKAC-8	EKAC-9	EKAC-10	EKAC-11
EKAC-5	0.337**	0.301**	0.333**	0.628**	1						
EKAC-6	0.306**	0.293**	0.320**	0.620**	0.610**	1					
EKAC-7	0.406**	0.523**	0.486**	0.345**	0.391**	0.355**	1				
EKAC-8	0.366**	0.387**	0.377**	0.290**	0.296**	0.234**	0.503**	1			
EKAC-9	0.315**	0.359**	0.407**	0.404**	0.362**	0.404**	0.457**	0.542**	1		
EKAC-10	0.395**	0.352**	0.398**	0.394**	0.428**	0.336**	0.483**	0.480**	0.690**	1	
EKAC-11	0.385**	0.419**	0.424**	0.324**	0.437**	0.335**	0.425**	0.408**	0.446**	0.589**	1

注：** 表示在 0.01 水平（双侧）上显著相关。

同时，运用 AMOS 17.0 对复杂产品制造业集群核心企业的外向型知识吸收能力进行验证性因子分析。测量模型及其拟合结果如图 5-2、表 5-7 和表 5-8 所示。

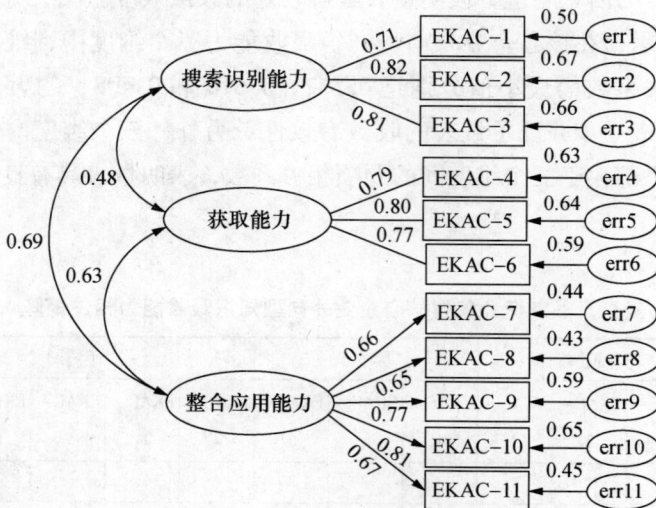

图 5-2　复杂产品制造业集群核心企业外向型知识吸收能力测量模型

表5-7　　　　　　复杂产品制造业集群核心企业外向型知识吸收

能力测量模型拟合结果（一）

路径	未标准化路径系数	标准化路径系数	S. E.	C. R.（p）
1←搜索识别能力	1.000	0.709	—	—
2←搜索识别能力	1.117	0.820	0.111	10.070（＊＊＊）
3←搜索识别能力	1.124	0.811	0.112	10.010（＊＊＊）
7←整合应用能力	1.000	0.664	—	—
8←整合应用能力	1.035	0.652	0.128	8.105（＊＊＊）
9←整合应用能力	1.164	0.770	0.125	9.292（＊＊＊）
10←整合应用能力	1.254	0.805	0.131	9.600（＊＊＊）
11←整合应用能力	1.163	0.672	0.140	8.318（＊＊＊）
4←获取能力	1.000	0.791	—	—
5←获取能力	0.879	0.800	0.081	10.860（＊＊＊）
6←获取能力	0.966	0.769	0.092	10.556（＊＊＊）

注：＊＊＊表示显著性水平 p＜0.001。

表5-8　　　　　　复杂产品制造业集群核心企业外向型知识吸收

能力测量模型拟合结果（二）

统计检验量	适配标准	检验结果
χ^2/df	≤3.00	1.988
RMSEA	≤0.08	0.069
GFI	≥0.90	0.933
AGFI	≥0.90	0.893
NFI	≥0.90	0.923
TLI	≥0.90	0.946
CFI	≥0.90	0.960

　　拟合结果显示：（1）各路径系数均在 p＜0.001 水平上具有统计显著性，表明测量模型的内在质量比较理想；（2）因素负荷量介于 0.5—0.95之间（最小值为 0.652，最大值为 0.820），表明模型基本适配度良好；（3）各适配度指标中，χ^2/df 为 1.988（达到了小于 2 的优良水平），RM-SEA 为 0.069（达到了小于 0.08 的优良水平），GFI、NFI、TLI 和 CFI 值均在 0.9 以上，AGFI 为 0.893，虽未达到 0.9 的临界值水平，但与 0.9 异

常接近。由此表明理论模型与实际观察数据的适配情形可以接受，模型的外在质量良好。综合以上拟合结果，测量模型具有良好的收敛效度。同时，测量模型中没有发生观察变量（题项）横跨两个因素构念的情形，原先建构的不同测量变量均落在了预期的因素构念之上，表明测量模型有着良好的区别效度。

本章小结与讨论

在经济全球化、技术竞争加剧化、创新进程加速化、创新过程和创新成果复杂化的大背景下，集群核心企业面向群外先进知识源吸收能力的强弱对集群整体创新效能具有关键作用的观点已取得理论界和实践界的普遍共识。尤其是对于创新知识源主要分布于技术发达的国家和地区，处于发展中国家的复杂产品制造业集群而言，更是如此。因此，对我国复杂产品制造业集群核心企业外向型知识吸收能力进行科学合理的测量与评价就成为迫切且必须解决的问题。本书在国内外相关研究的基础上，以复杂产品制造业为例，首先剖析了集群核心企业外向型知识吸收能力的概念内涵及体系构成，在此基础上开发了相应的研究量表，并对量表的信度、效度等进行了实证检验。具体研究结果如下：

（1）在对过程观视角下企业层面知识吸收能力的国内外相关研究成果进行归纳、梳理、评价基础上，从系统开放性、动态性和异质性的综合视角，基于我国复杂产品研制的技术特点、复杂产品制造业的产业特色和行业特点，以及复杂产品制造业的集群化发展现状和特点，从过程观角度，将复杂产品制造业集群核心企业外向型知识吸收过程划分为搜索识别过程、获取过程和整合应用过程三个阶段。基于上述阶段划分，将集群核心企业外向型知识吸收能力界定为："为了适应不断变化的外部环境，集群核心企业面向集群系统外部先进知识源进行搜索识别、获取，并通过将外部所获取知识与企业已有知识的整合应用，从而在实现企业自身技术创新的同时，提升集群整体创新绩效的能力"。进而，将集群核心企业外向型知识吸收能力划分为搜索识别能力、获取能力和整合应用能力三个构成维度。

（2）参照丘吉尔量表开发程序，并参考借鉴 Kraaijenbrink（2007）和

Hsu 和 Fang（2009）设计的知识吸收能力测量题项，开发了包括 11 个测量题项的集群核心企业外向型知识吸收能力研究量表。在此基础上，通过问卷方式收集数据，并对问卷数据进行了信度检验、KMO 和 Bartlett 球形度检验、因子提取和因子载荷分析以及效度检验。实证检验结果显示，该研究量表具有良好的信度和效度，能够可靠和有效地测量复杂产品制造业集群核心企业的外向型知识吸收能力。

　　不过，由于样本数量、样本来源区域、变量测度方式以及对调研企业和答卷者选择等方面的局限性，本书研究结果还有待后续进一步的验证。

第六章 复杂产品制造业集群创新机理理论模型与研究假设

通过前述研究发现，外部异质性知识是复杂产品制造业集群技术创新的关键要素，核心企业是复杂产品制造业集群创新网络的关键成员。因此，核心企业对外部知识有效地搜索识别、获取和整合应用，以及面向集群内部的知识扩散和共享，就成为复杂产品制造业集群技术创新重要保障。基于此，本章先对研究中所涉及的关键概念进行界定与说明，进而以核心企业为关键点，构建复杂产品制造业集群创新的研究框架和概念模型，并提出相应的研究假设。

第一节   相关概念界定与说明

为了便于开展后续研究，对文中涉及的关键概念进行清晰的界定与说明就非常必要。本书第三章已经对复杂产品制造业集群的概念内涵及特征进行了详细界定与描述，因此本部分主要对核心企业、外向型知识吸收能力和集群创新绩效等与本书主题密切相关的概念内涵进行界定。

一 核心企业

关于核心企业的概念和内涵，已有研究主要围绕企业在网络中的地位和作用进行界定。如科格特（2000）提出，核心企业是指那些借助于其在技术创新网络中的巨大影响来实施技术创新网络管理的节点企业。罗杰斯（2003）认为，核心企业是技术创新网络中大量信息的汇集地。莫里森（Morrison，2004）认为，核心企业位于网络中心，起领导者作用，能够提出可以共享的商业理念，倡导企业之间彼此信任与互利的文化，具备选择和吸收优秀伙伴的能力，且具有更高的成长率、创新能力，更善于吸纳各种资源并在整个行业中占有一定的市场地位。Pittaway 和 Maxine

（2004）则认为，核心企业是吸收知识最快的企业。Brigitte（2005）认为，拥有着行业的关键智力资本（专利）是核心企业的一个重要特征。

国内学者朱嘉红和邬爱其（2004）、刘友金和罗发友（2005）较早关注到了核心企业对产业集群发展的重要作用，不过他们将其称为焦点企业。如朱嘉红和邬爱其（2004）认为，从企业规模、年龄和国籍等方面很难对焦点企业进行界定，只有从企业核心能力和集群网络嵌入性这两个维度，才可以真正把握焦点企业的根本属性与特性。指出，焦点企业在产业集群中的特殊地位和作用主导了集群的演进方向、速度及绩效，现实中则表现为焦点企业与产业集群的共生共荣和一损俱损现象。刘友金和罗发友（2005）将焦点企业界定为：在集群演进过程中，处于集群网络的中心节点或关键节点，具有网络构建与扩展功能，能够导引集群演进方向的异质性企业，焦点企业具有角色不可替换性、快速成长性、网络联系多向性和行为示范性等特征。吴松强等（2008）则将核心企业界定为：在某个行业中，具有核心资源，能够凭借其核心能力决定的独特竞争力在市场上吸引与之有业务关联的企业与其合作，并且能够向顾客提供有价值的产品和服务的企业。党兴华、李雅丽和张巍（2010）从网络节点间耦合互动关系的角度提出，核心企业是指在技术创新网络耦合互动中，由于网络节点间耦合关系的演变而形成的，对网络整体具有较高的权力影响力，并且其他网络节点对其高度依赖的节点企业。

基于上述研究，结合复杂产品制造业集群内涵及特征，本书将核心企业界定为：具有较强的知识基础和技术能力，处于集群创新网络中心位置和结构洞地位，通过主动地外向型技术学习活动，将外部先进的知识和技术引入集群系统，并通过进一步的整合应用、组织协调和传播扩散，推动产业集群持续创新发展的异质性企业。

二 外向型知识吸收能力

自 Cohen 和 Levinthal（1990）的开创性研究以来，吸收能力受到国内外各领域学者的广泛关注，他们从不同的分析层面和研究视角展开研究，形成了非常丰富的研究成果。首先，从分析层面看，已有文献主要从个体层面和企业层面进行研究；其次，从研究视角看，主要有主体观、过程观和资源基础观三种研究视角。

考虑研究目的和研究主题，本书从过程观视角和企业层面，对外向型知识吸收能力的概念和内涵进行界定与描述。

通过第二章对吸收能力概念和内涵的分析和梳理发现，由于不同的研究者对企业技术学习过程的描述各有侧重，导致他们对吸收能力的内涵及其构成维度的界定存在一定的差异，但他们普遍认同吸收能力是一个多阶段、多维度的概念。需要说明的是，他们对企业吸收能力的界定和描述并没有区分不同的企业和组织，而是将所有企业对外部知识的吸收过程等同，他们的概念界定所内含的一个前提假定就是，所有企业的外部技术学习过程完全一样。这个假定显然存在一定的不足，因为对于那些所需知识仅是一般性的显性知识而非本领域前沿高端且隐性化的知识，并且仅仅通过本地化利用式学习活动推动技术创新的企业而言，他们对外部知识的搜索识别过程一般不会太长，难度也不会太大。这种情况下，就可以将对外界知识的搜索识别过程纳入知识获取过程当中，并统一为知识获取过程。这估计也是有些学者将知识吸收的第一个阶段确定为获取阶段的原因。然而，对于本书中所针对的复杂产品制造业集群核心企业而言，他们是集群创新的绝对主体，承担了集群创新的发动机和领头羊角色，并且也往往是本行业领域的技术领先者。因此可以说，他们技术创新所需知识一般是国际领先的高端前沿知识，这些知识大多分布于群外甚至国外，且复杂性、隐性化程度较高，这就需要他们跨越集群边界甚至国界开展技术学习活动。这种情况下，他们对外部知识有效地搜索和识别就异常关键，相应的，他们对外部知识搜索识别的过程较长，难度也比较大。

基于上述考虑，本书认同 Cohen 和 Levinthal（1990）的观点，认为识别或评价外部新知识是吸收能力的第一个维度，而知识源和先验知识是该维度的前因。基于此，本书将复杂产品制造业集群核心企业外向于集群的知识吸收能力的第一个维度界定为搜索识别能力。同时借鉴 Zahra 和 George（2002）、Deng 等（2008）的观点，将知识获取能力作为单独的维度进行考虑。另外，吸收 Todomva 和 Durisin（2007）的观点，认为知识转化并不是知识消化之后的一个步骤，而是与知识消化过程相伴的一个替代过程。因为从认知角度来看，解释、理解新知识和把新知识与现有知识组合的过程可能是同时发生的。综合考虑上述因素，本书将复杂产品制造业集群核心企业对外部所获取知识的消化、转化和应用过程统一起来，并称之为知识的整合应用过程。从而，将复杂产品制造业集群核心企业外向型知识吸收过程划分为搜索识别阶段、获取阶段和整合应用阶段三个阶段，并将核心企业外向型知识吸收能力界定为"核心企业面向集群外部知识源进行搜索识别、获取，并通过将外部获取知识与企业已有知识的整合应用，实现企业技术创新的能力"。相应的，复杂产品制造业集群核心企业外向型知识吸收能力包括搜索识别能力、获取能力和整合应用能力三个维度。

三　集群创新绩效

创新是支撑产业集群持续发展的决定因素，集群创新绩效反映产业集群创新行为取得的成果。关于集群创新绩效，由于研究问题层面不同，产业集群创新绩效的内涵也体现为两个层面，即集群整体层面和群内个体层面。个体层面的产业集群研究认为，集群企业是产业集群的核心要素，是集群创新能力的承载主体，产业集群的创新绩效最终由其成员企业的创新绩效决定。因此，个体层面的产业集群研究往往以集群中企业的创新绩效来表示产业集群的创新绩效。整体层面的产业集群研究则认为，产业集群的创新活动是在各创新主体的交互过程中开展的，因此，正如任何个人能力或个人能力的加总都无法表征组织能力一样，集群创新能力也不是集群中任何企业或机构因素的简单加总，集群主体间基于互动关系的网络化关联机制是产业集群创新能力的主要载体（周泯非和魏江，2009）。由于本书主要从中观的集群整体层面，研究探讨复杂产品制造业集群这种大企业集群技术创新的本质特征和决定因素。基于上述分析，本书从中观的集群整体层面和技术创新角度，将集群创新绩效界定为"基于集群主体间交互式技术学习活动而形成的创新产出和成果"。

第二节　总体研究框架

一　外部知识联结能力、核心企业与复杂产品制造业集群技术创新

（一）外部知识联结能力与复杂产品制造业集群技术创新

随着经济全球化影响的持续扩大，原本地方性的集群企业之间的知识溢出与学习已经超越集群区域的范围，从原本狭小的区域创新网络向更大范围的全球创新网络延伸（Spencer，2003）。因此，无论产业集群处于何种发展层次和发展阶段，积极有效地获取外部知识资源都是至关重要的。尤其是对于我国这种技术相对落后国家的复杂产品制造业集群而言，集群

的开放度及他们与外部知识源的联结能力，就更加重要。因为他们的技术基础相对薄弱，而他们所从事的专业化又大多都来自集群外部，从而急需通过外部先进的知识和技术来充实和提升自身技术能力，这点与发达国家的高技术产业集群主要通过外部技术学习吸收新鲜知识以冲击和更新原本已经较为厚实的知识基础从而促进技术创新的情况是不同的。我国学者盖文启等（2004）的研究证实了上述观点，认为对于发展中国家的高技术产业集群而言，构建一个有效地通达国际核心智力资源所在的外部网络关系，对产业集群的技术创新至关重要。因此可以认为，外部知识联结能力是我国复杂产品制造业集群实现创新发展的最为关键的因素。

（二）核心企业与复杂产品制造业集群技术创新

由于集群创新网络中各成员在能力和知识基上是异质的（Dosi，1997），并且由于这种异质性的存在使得集群创新网络中存在核心企业与非核心企业之分（党兴华、李雅丽和张巍，2010）。那些具有较强知识基础和技术能力的核心企业由于拥有更强的寻找、吸收和利用新知识的能力，成为集群创新网络中的信息汇集地和知识源（Cohen and Levithal，1990），在集群技术创新过程中发挥着关键作用，它们的创新能力状况直接影响集群整体的创新效能，并导引了产业集群的发展与演进方向（杨锐和李伟娜，2010）。因此，核心企业应当通过战略活动主动地对产业集群的外向型技术创新能力进行构建，以激发集群整体创新活力、提升集群创新能力，从而创造集群持续竞争优势。

（三）外部知识联结能力与核心企业

产业集群竞争力不仅体现为集群系统内部成员之间通过各种方式的合作形成的知识积累，还表现为产业集群吸收外部异质性创新要素的能力。尤其是在经济全球化和技术竞争日益加剧的大背景下，作为开放的创新网络系统，搜索识别、获取并整合应用外部异质性知识的能力是产业集群创新发展的关键。而产业集群的开放性程度及其联结外部异质性创新要素的能力与集群系统内部的企业和机构的对外开放性及其联结群外异质性创新资源的能力直接相关。然而，由于集群主体的异质性，使得它们在与集群外部知识源进行联结时表现出不同的特性。并不是所有集群成员都可以得心应手地开展外向于集群的技术学习活动，集群成员对外部先进知识和技术的学习要求其自身具备与群外知识源相匹配的吸收能力，对于那些知识吸收能力不够高的企业来说，即便能够寻找到所需的知识资源，也不见得能够对它们进行有效的吸收和整合。相对于集群一般企业而言，核心企业拥有更强的外向型知识吸收能力，与外部先进知识源之间有着更短的知识距离，从而更易于与群外知识源建立联结关系，成为产业集群外部知识联结的先行者和领导者。因此可以认为，核心企业外向型知识吸收能力的强弱直接影响产业集群整体对外部异质性知识的学习与利用。

二　总体研究架构

作为技术相对落后国家的高技术产业集群，我国复杂产品制造业集群技术创新的实现有赖于群外尤其是国际先进的知识和技术。因此，核心企业对外部异质性知识有效的搜索识别、获取及整合应用就成为我国复杂产品制造业集群技术创新的关键。尽管核心企业外向型技术学习活动受多种因素影响，如吸收能力、学习方式、学习意愿和动机等，但吸收能力是决定其外向型技术学习效率与效果的最关键因素。基于上述考虑，同时为了突出本书研究的重点以及为了保证概念模型的简洁清晰，本书重点探讨核心企业外向型知识吸收能力对复杂产品制造业集群技术创新的影响，而对核心企业外向型技术学习的方式和学习意愿不做讨论。

另外，虽然核心企业通过外向型技术学习活动，提升了自身的技术创新能力，但如果他们不能有效发挥集群创新的组织者和知识传播者角色，以将创新成果在集群内部进行扩散和共享。产业集群的集群化效应将难以发挥，集群整体层面的技术创新也将难以实现。因此，需要以核心企业面向集群内部的知识扩散作为中介才能有效促进复杂产品制造业集群整体层面的技术创新。

基于上述分析，在第二章文献综述和第三章复杂产品制造业集群创新网络研究的基础上，结合前述外部知识联结能力、核心企业及复杂产品制造业集群技术创新的关系，本书构建基于核心企业的复杂产品制造业集群技术创新的研究框架，如图 6－1 所示。

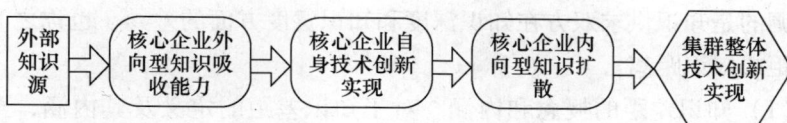

外部知识源　→　核心企业外向型知识吸收能力　→　核心企业自身技术创新实现　→　核心企业内向型知识扩散　→　集群整体技术创新实现

图 6－1　基于核心企业的复杂装备制造业集群技术创新研究框架

第三节 理论模型

本书的主题是"核心企业外向型知识吸收能力是通过什么样的路径影响复杂产品制造业集群技术创新的？"为完成上述问题的研究，首先，需要明晰核心企业外向型知识吸收能力的关键影响因素。因为这些因素会对集群创新绩效产生直接或间接影响。其次，构建核心企业外向型知识吸收能力关键影响因素、核心企业外向型知识吸收能力、核心企业内向型知识扩散之间以及他们与复杂产品制造业集群创新绩效之间结构关系的概念模型。

一 复杂产品制造业集群核心企业知识吸收能力影响因素

（一）知识吸收能力影响因素相关研究

关于企业知识吸收能力的影响因素，国内外众多学者进行了大量的理论归纳和实证检验。相关研究主要按照组织范围将企业知识吸收能力的影响因素划分为组织内部因素和组织外部因素两大类。

1. 组织外部因素——知识差距

关于组织外部因素对企业知识吸收能力的影响，已有文献主要从知识异质性和网络关系两种视角展开研究。知识异质性视角的研究主要关注学习伙伴之间的知识异质性对企业知识吸收能力的影响和作用；网络视角的研究主要关注企业外部网络联系如网络关系强度、网络位置、网络结构等，对组织知识吸收能力的影响。

值得说明的是，由于本书本身就是建立在网络开放性视角下的，创新网络是贯穿于全书的主线。因此，这里所研究的核心企业外向型知识吸收能力也是以开放化创新网络为前提的。同时考虑全书研究模型简洁化、明晰化的要求，对于核心企业外向型知识吸收能力的组织外部影响因素，本书仅将知识异质性视角下的因素纳入研究范畴。这里所说的知识异质性主要强调的是知识供求双方在知识深度和知识宽度方面的差异，也称之为知识差距或知识距离。

（1）知识差距的概念和内涵。对于知识差距的定义及其内涵，至今尚未能统一，不同学者从各自不同的研究视角和层面对知识差距进行了界定。如疏礼兵（2008）从研发团队内部知识转移角度将知识差距界定为知识提供者与知识接受者之间拥有的技术知识在总体上的差异程度。张莉、和金生（2009）研究了组织内部知识主体之间的知识差距，提出知识差距是指知识主体之间所拥有的知识水平或知识含量的差距。关涛（2006）从跨国公司内部知识转移角度提出知识差距是知识转移的来源方与接收方在知识积累水平方面的差距。李建明（2008）则对组织之间的知识差距展开研究，认为知识差距是知识转移双方在知识技能上的差距，或者说双方在掌握的知识上的不相似程度。

（2）知识差距对企业知识吸收能力的影响。纳尔逊和温特（Nelson and Winter，1982）认为，组织成员间知识的互补性或者相似性太强都不利于企业吸收能力的增强。Lane 和 Lubatkin（1998）从"学生企业"和"老师企业"的对偶关系分析企业间知识差异对吸收能力的影响认为，当两者具有相似知识基时，"学生企业"的吸收能力最强，也即知识供求双方知识内容的相似性有利于接受方企业对外部知识的消化和吸收。戴尔和辛格（1998）研究认为，基于特定关系的吸收能力很大程度上取决于知识接受方与知识提供方知识基础的重叠程度。Ahuja 和 Lampert（2001）对企业并购的研究指出，收购方和被收购方应具有充分相似的知识，以促进收购方对新知识的吸收及并购后的知识整合。Lane 和 Lubatkin（1998）则从组织间关系视角探讨了吸收能力的外部影响因素，认为组织吸收能力实际上是其自身吸收能力与组织间关系的函数。

国内部分学者也关注到组织之间的知识异质性尤其是知识差距对企业吸收能力的影响。如李浩和韩维贺（2005）的实证研究提出，知识供求双方所拥有的知识、技能的融合程度越低，也即知识差距越大，那么需求方吸收新知识的难度就会越大。杨菊萍和贾生华（2009）的实证研究则提出了知识接受企业与知识输出企业的知识储备差异和认知距离越小，接受方的吸收能力越强的观点。

2. 组织内部因素——技术能力

组织内部的先验知识、研发活动、战略动机、发展战略、组织结构以及组织管理因素等均会影响企业的知识吸收能力。其中，先验知识、研发活动和战略动机是国内外学术界普遍认可且广泛关注的因素。

（1）先验知识。Cohen 和 Levinthal（1990）认为，吸收能力是企业先验知识水平的函数。这里，企业的先验知识既包括员工的基本技能、教育背景、知识的多样性、理解能力，也包括某一领域最新科学技术发展的相关知识。并具体分析了员工个体的能力特征对企业吸收能力的影响，认为员工个体多样化的知识结构会促进企业各种形式的学习，成为企业与外部新观点、新技术的接口。因此认为，那些具有研发、设计、制造与营销等多种技能的人力资本能够提高企业的吸收能力。Mangematin 和 Nesta（1999）研究分析了企业的高学历员工对企业整体知识吸收能力的重要作用，认为高学历员工会与具有相似能力的企业外部个体之间建立更多的联系，从而能够扩展企业的外部知识网络，有利于企业对外部先进科学知识的利用。Anker（2001）则认为，吸收能力可以通过员工经验的积累而得到提高。Zahra 和 George（2002）提出，识别和评价外部新知识的能力依赖于存储在记忆中的先验知识和经验，从而认为企业的先验知识对吸收能力的第一个维度有重要影响作用。Eriksson 和 Chetty（2003）研究表明，企业如果拥有在多个地区、多个国家获取多样化知识经验，或者拥有在某个特定地区或国家获取深度知识经验，那么对企业的吸收能力将会产生积极的影响。Chen（2004）的研究也认为，企业原有知识的多样性对吸收能力具有积极影响。Lammarino 和 McCann（2006）也提出，企业自身的知识积累情况直接影响企业知识吸收能力的大小，知识积累越丰富，其对新知识的吸收能力越强。Vinding（2006）研究提出，个人的教育水平和学历影响企业的吸收能力，因为高教育水平的员工更容易吸收其知识领域内的相关新知识。刘常勇、谢洪明（2003）的研究提出了与上述研究类似的观点，认为企业先验知识的存量及内涵对组织吸收能力具有显著影响。徐二明和陈茵（2009）对企业吸收能力内涵的描述也体现了先验知识对吸收能力的重要影响，他们认为，企业吸收能力可以被概括为由原有知识存量影响的企业对新知识的学习模仿能力。项后军（2010）从核心企业视角对产业集群与企业技术创新关系的研究也提出，核心企业所开展的技术创新活动的支撑基础，最终还是来自于企业自身因素，尤其是其已有的知识和技术积累。

（2）R&D 活动。Cohen 和 Levinthal（1990）在研究企业先验知识与组织吸收能力关系时指出，企业先验知识通常受自身 R&D 水平的影响，企业通过 R&D 投资不但能够产生新知识，而且能够提高企业吸收能力，从而提出企业吸收能力是其 R&D 活动的副产品，与企业的 R&D 活动成本相关。Rosenber 等（1990，2005）、Cassiman 和 Veugelers（2002）则强调基础研究对组织吸收能力的重要性。如 Rosenber 等（1990，2005）认为，基础研究是企业进入信息网络的入场券，基础研发活动有助于提升企业的知识吸收能力。Cassiman 和 Veugelers（2002）将企业的 R&D 活动划分为基础研究和应用研究，并提出基础研究是企业获取吸收能力的重要渠道，对于企业控制和衡量应用研究、提高吸收能力和利用外部知识溢出具有重要作用。Lim（2000）研究提出，企业自身的 R&D 投资是提高吸收能力的重要手段。Tsai（2001）研究则认为，业务部门的研发强度对其知识吸收能力有很大影响。David（2005）认为企业 R&D 投资及其他知识创造活动具有三重作用，即接近外部知识源、吸收外部知识、创造新知识。国内学者刘常勇和谢洪明（2003）、孙兆刚等（2005）的研究也强调了研发活动对组织吸收能力的重要作用。

（3）战略动机。Kim（1998）对技术追赶的研究表明，当企业先验知识水平较低而吸收知识的动机较高时，企业的知识吸收能力将显著提高。Zahra 和 George（2002）的研究强调了企业努力程度对知识吸收能力的影响，并认为企业的努力程度与先验知识具有交互特征。国内学者崔志等（2008）研究认为，企业如缺乏吸收知识的动机将导致企业在引进新知识时被动应付、隐蔽怠工，甚至出现直接拒绝，不利于企业对外部知识的获取；反之，如果企业具有高度的知识吸收动机，则能表现出极大的耐力，有利于克服知识吸收过程中的困难与阻碍，实现对外部知识的有效获取和应用。

（二）复杂产品制造业集群核心企业外向型知识吸收能力影响因素构建

基于上述分析，本书从组织外部和组织内部两个方面归纳复杂产品制造业集群核心企业外向型知识吸收能力的影响因素。

首先，关于组织外部因素。根据对知识差距及其对组织知识转移影响的研究，本书认为，知识差距是复杂产品制造业集群核心企业外向型知识吸收能力的组织外部影响因素。

其次，关于组织内部因素。根据第三章复杂产品制造业集群创新网络的研究以及本章研究框架部分的分析，可以认为，复杂产品制造业集群核心企业具有主动地对外部先进的知识和技术进行搜索识别、获取及整合利用的战略动机。基于这种考虑，本书不再将战略动机作为核心企业外向型知识吸收能力的关键影响因素，而重点关注先验知识与 R&D 活动对吸收能力的影响。这里所说的先验知识其实就是企业已有的相关知识存量，或称之为企业的知识积累，而 R&D 活动主要针对的是企业通过 R&D 投入而形成的后续的技术创新能力，也即企业的潜在技术能力。企业技术能力是指由人员能力、信息能力、设备能力、组织能力、技术储备能力等指标构成并体现的企业知识积累及由此而形成的潜在能力（魏江和许庆瑞，1996）。陈劲等（2007）研究也提出，企业技术能力包括显在能力和潜在能力两个方面，其中显在能力是通过物化或信息载体体现出来的能力，如生产产品的技术含量、技术水平或申请的专利、发表的论文等，而潜在能力则是未通过现有知识的物化或知识交流体现出来的能力。

基于上述分析，本书认为，企业技术能力是核心企业外向型知识吸收能力的组织内部因素，并将企业技术能力归纳为两个维度：即由企业知识积累体现的现有技术能力和由此而形成的潜在技术能力。

二　理论模型构建

在前述研究框架分析和核心企业外向型知识吸收能力影响因素研究的基础上，本书构建如图 6 - 2 所示的理论模型。

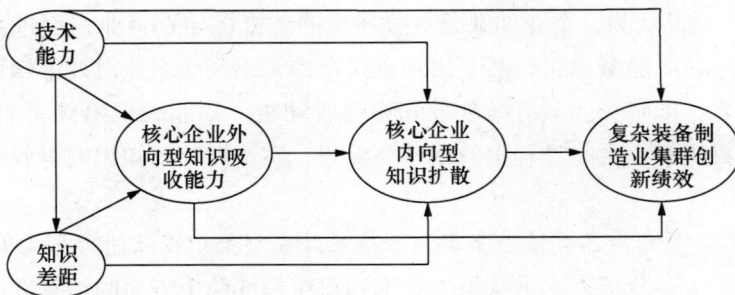

图 6 - 2　理论模型

第四节　研究假设

一　核心企业外向型知识吸收能力与复杂产品制造业集群创新绩效关系

作为以高端装备制造产品研制为主要活动的大企业集群，我国复杂产品制造业集群的技术创新活动离不开各创新主体基于互动关系的知识共享和信息交流。但同时，作为地处发展中国家和技术相对落后地区的高技术产业集群，我国复杂产品制造业集群只是全球价值链网络中的一个环节或部分，来自集群外部、区域外部以及国外先进的知识和技术对复杂产品制造业集群的技术创新至关重要。可以说，集群系统的开放度及其联结外部知识源的能力是我国复杂产品制造业集群实现技术创新和产业升级的关键。这点与发达国家主要关注集群系统内部各行为主体间合作以促进创新的情况是不同的。因此，必须突破把产业集群看作封闭系统的思维，充分考虑外部知识源对产业集群技术创新的重要影响，关注当外来主体是新技术主要来源的情况下，产业集群是如何通过与外来主体的互动而实现技术创新和技术进步的。

同时，通过第三章复杂产品制造业集群创新网络的分析可知，核心企业在复杂产品制造业集群创新网络中处于网络中心地位和结构洞位置，它们承担了复杂产品制造业集群外向型技术学习的重任。众多学者的实证研究结果证实了上述观点，如朱秀梅（2009）基于知识位势角度的研究发现，集群创新是高位势企业外向型学习及低位势企业本地化学习共同作用的结果。王为东和王文平（2009）研究提出，集群成员之间的知识异质性决定了它们的技术学习方式和在集群创新中的角色地位，那些具有较强知识基础和技术能力的领导型企业面向群外知识源的探索性学习是集群创新的关键。吴先华等（2010）也认为，承担技术守门人角色的核心企业对产业集群整体的技术创新具有决定性作用。

但是，集群核心企业外向型技术学习的好坏还取决于其外向型知识吸收能力的强弱，如果核心企业外向型知识吸收能力较差，那么集群外部的先进知识和技术就很难引入集群系统中，也就谈不上产业集群的外向型技术创新。因此，核心企业的外向型知识吸收能力是产业集群对外部知识进行有效的搜索识别、获取和整合应用的前提与保证。

基于上述分析，本书提出如下研究假设：

H1：核心企业外向型知识吸收能力对复杂产品制造业集群创新绩效具有显著正向影响。

二　核心企业技术能力与其外向型知识吸收能力的关系

通过前述组织知识吸收能力影响因素之内部因素的分析可知，核心企业技术能力是其外向型知识吸收能力的组织内部因素，并且包含现有技术能力和潜在技术能力两个维度。由先验知识体现的现有技术能力和由R&D 活动体现的潜在技术能力，均对复杂产品制造业集群核心企业的外向型知识吸收能力具有显著积极的影响。由此，本书提出如下研究假设：

H2：核心企业技术能力对其外向型知识吸收能力具有显著正向影响。

三 核心企业技术能力与集群创新绩效的关系

通过第四章第四节的分析可知，核心企业技术能力与其外向型知识吸收能力正相关，同时，核心企业外向型知识吸收能力与复杂产品制造业集群创新绩效正相关。由此可以推论，核心企业技术能力与复杂产品制造业集群创新绩效正相关。基于上述推论逻辑，本书提出如下研究假设：

H3：核心企业技术能力对复杂产品制造业集群创新绩效具有显著正向影响。

四 核心企业技术能力与知识差距的关系

由复杂产品制造业集群概念和内涵的研究可知，复杂产品是指为国民经济发展和国防建设提供装备服务的复杂产品及系统，技术含量高且涉及的技术领域非常广泛。同时，由于我国对复杂产品的研制起步较晚，技术相对落后。因此可以认为，我国复杂产品技术创新所需知识主要来源于技术比较发达的国家和地区，且与外部先进的知识源存在较大的知识差距。而复杂产品制造业集群核心企业作为产业集群的绝对主体，而且是区内甚至是国内的行业领先企业，其技术创新的实现就有赖于对群外、区外和国外更为先进的知识/技术的获取、吸收和整合应用。当然，在外部知识源一定的情况下，核心企业与外部知识源之间知识差距的大小还取决于各自技术能力的强弱，随着核心企业自身技术能力的不断增强，他们与外部先进知识源之间的知识差距就会逐渐缩小。

基于上述分析，提出如下研究假设：

H4：核心企业技术能力对其与外部先进知识源之间的知识差距具有显著负向影响。

五 知识差距与外向型知识吸收能力的关系

通过前文知识吸收能力影响因素相关研究的梳理发现，由于不同的学者对知识差距大与小的界定范围和方式不同，以及他们研究中的知识接收企业自身的技术水平状况、所处的行业领域等方面的差异性，致使他们的研究结论很难统一。但多数研究普遍认为中等或适度的知识差距情况下，知识转移的效率和效果较好。那些认为较大的知识差距对知识转移具有正向影响的文献，其前提条件也是要在可以接受的知识差距范围内。

由于本书主要研究复杂产品制造业集群核心企业在面向群外先进的知

识源接受知识时与技术领先的知识输出方，如国内外行业领先的复杂产品制造企业以及研究、设计机构之间的知识差距问题。因此可以认为，知识供求双方之间存在较大的知识差距。但同时，由于本书研究的对象是我国复杂产品制造业领域中那些知识基础和技术能力处于领先地位的核心企业，从而可以认为复杂产品制造业集群核心企业在技术学习过程中与群外、区外和发达国家先进知识源之间的知识差距处于可接受的知识差距范围。

基于上述分析，当与外部知识源处于可接受的知识差距的情况下，如果知识差距过小，往往会影响知识接受方技术学习的意愿和动机，从而影响其对外部知识的吸收和应用，而不太会影响知识接受方的知识吸收能力。随着双方知识差距的不断增大，对于知识接受方而言，可供学习和模仿的技术机会也就越多，从而知识接受方技术学习的意愿、动机增强，最终促使知识接受方通过不断增强外部知识吸收的能力以提升其获取、消化外部知识以及将外部知识与企业已有知识整合并应用于商业目的的效率和效果。

在上述分析的基础上，提出如下研究假设：

H5：核心企业与外部先进知识源之间的知识差距对其外向型知识吸收能力具有显著正向影响。

六　核心企业外向型知识吸收能力与知识扩散的关系

创新扩散理论是产业集群知识溢出效应研究的理论基础。创新扩散是指一项新技术的广泛应用和推广（斯通曼，1989），是技术创新通过一定的渠道在不同使用者之间传播、共享、采用的过程（傅家骥，1998），它承担着把科技知识从其拥有者，即知识源传递到接受者，使接受者了解和分享到同样知识信息的任务。

创新本质上是一种知识，创新扩散实质上就是知识的传播与扩散。由于集群主体在知识基础、技术能力等方面的异质性，核心企业在产业集群成长与发展过程中扮演着不可替代的角色，它们通过向集群中的中小企业扩散、溢出知识，在拉动中小企业技术能力增长的同时，推动了产业集群整体的成长与发展（Boar，2001）。但已有关于组织间学习的研究大多只关注知识接受方的吸收能力对知识转移的影响，将接受方的知识吸收能力作为组织间学习的主要限制因素之一，而关于知识提供方的知识输出能力对知识转移效果影响的相关研究较少。其实，知识转移过程中知识的传递与吸收是否顺利，效果如何，与知识提供方的输出能力直接相关，如果知识输出方对所转移的知识自己都没有解释和表达清楚，那么知识接收方对知识的吸收和利用则很难顺利完成。杜静和魏江（2004）的研究证实了上述观点，认为高位势知识主体对知识的编码能力以及对低位势知识主体适当的引导和传授，会在很大程度上影响知识转移的效果和效率。祝数金、赖明勇和聂善炎（2006）采用元胞自动机演化模型来模拟技术扩散过程，认为企业吸收能力对于企业自身的技术创新乃至整个经济系统的技术扩散有着不可忽视的作用。因此，可以认为，核心企业面向集群系统内部其他企业的知识扩散能力对产业集群的创新扩散及集群整体创新绩效具有关键作用。

另外，在复杂产品制造业集群创新系统中，核心企业对集群其他成员主动的知识扩散行为还与其自身的战略动机直接相关，因为动机是行为的先导。而动机又源于需求，核心企业对集群其他成员主动的知识扩散往往是基于自身利益考虑。因为在当前技术变革加速化、技术竞争加剧化及技术创新复杂化的大背景下，即使是国际领先企业也不可能包揽复杂产品及系统的研制过程，他们通常只是保留具有核心竞争力的业务环节，例如核心技术、关键零部件制造环节等，而把其他非核心业务外包给分工更专业化和更有效率的其他企业，与之形成环环相扣的协作系统（曹丽莉，2008）。在此情况下，集群核心企业往往基于自身核心竞争力的考虑，出于知识资源互补、获取经济利益、降低配套成本、维护行业地位等战略动机，与集群系统内部具有不同知识基的其他企业和机构之间形成基于知识共享的知识扩散关系，如与联盟企业、配套企业及其他合作机构之间通过技术转让、产学研合作、技术咨询、技术培训等方式所形成的知识联结关系。

其实，除了知识扩散能力和知识扩散的战略动机之外，政府机构、集群创新氛围等对核心企业面向集群内部的知识扩散行为也具有重要影响。但由于本书研究的主体是集群核心企业，同时出于对理论模型简洁明晰的考虑，将复杂产品制造业集群核心企业面向集群系统内部的知识扩散归纳为知识扩散能力和知识扩散的战略动机两个维度。

基于上述分析，提出如下研究假设：

H6：核心企业外向型知识吸收能力对其面向集群系统内部的知识扩散具有显著正向影响。

同时，基于假设2、假设5和假设6，可以进一步提出如下研究假设：

H7：核心企业技术能力对其面向集群内部的知识扩散具有显著正向影响。

H8：核心企业与外部先进知识源之间的知识差距对其面向集群内部的知识扩散具有显著正向影响。

七 知识扩散与复杂产品制造业集群创新绩效的关系

因此，需要以核心企业面向集群内部的知识扩散作为中介才能有效促进复杂产品制造业集群整体层面的技术创新。

虽然核心企业面向集群搜索识别、获取以及整合应用外部新知识的能力，是复杂产品制造业集群技术创新的关键。但核心企业如果不能有效发挥集群创新的组织者、扩散源和知识传播者角色，将创新成果在集群内部进行扩散和共享，而仅靠被动的知识溢出，那么产业集群基于知识流动与交互学习的集群化优势将难以发挥，核心企业对产业集群整体技术创新的促进作用也将大打折扣。因此，可以认为，核心企业外向型知识吸收能力对集群整体创新绩效影响程度的大小还取决于他们将技术创新成果在集群内部扩散与共享的状况，只有当集群核心企业充分发挥其创新扩散源和知识传播者的角色和作用时，才能够更好地将其通过外向型技术学习活动引入的先进知识和技术充分地在集群系统内部实现共享，并最终实现产业集群整体创新绩效的显著提升。

基于以上分析，在其他条件不变的情况下，核心企业面向集群内部知识扩散行为的改善对复杂产品制造业集群创新绩效的提升具有重要影响。因此，提出如下研究假设：

H9：核心企业面向集群内部的知识扩散对复杂产品制造业集群创新绩效具有显著正向影响。

本章小结与讨论

首先，对本书涉及的关键概念，如集群核心企业、核心企业外向型知识吸收能力与集群创新绩效等进行界定与描述。进而，通过文献分析和理论辨析，并结合实地访谈调研的结果，形成了核心企业通过其外部知识联结能力将集群创新所需的外部知识源引入集群内部，并通过其进一步的知识扩散活动将从外部获取和吸收的知识在集群系统内部进行扩散与共享，从而推动产业集群整体层面技术创新的总体研究框架。在此基础上，研究构建了以技术能力和知识差距为前因变量，以知识扩散为中介变量，以集群创新绩效为后果变量的核心企业外向型知识吸收能力与复杂产品制造业集群创新绩效之间关系的理论模型，并提出了相应的九个研究假设。

第七章　研究设计与研究方法

按照管理研究方法论指导，科学研究过程的第一步是研究者的某种设想或创意转化为研究假设，也就是概念化过程；而第二步则是操作化过程，使得研究者所研究的各种概念转化成在现实世界中可观测的变量（李怀祖，2004）。因此，除了必要的规范性理论推理之外，还需要运用科学和恰当的实证研究方法，对理论分析部分所提出的研究假设进行验证。通过第四章的分析论述，本书已经构建了核心企业外向型知识吸收能力对复杂产品制造业集群创新影响机理的概念模型，并提出了相应的研究假设。由于假设验证所需数据主要来自调查问卷，因此调查问卷设计、数据收集以及测量指标选择的合理与否，将直接影响变量测量的准确性以及最终的检验结果。

基于上述分析，本章通过调查问卷设计、变量测量、样本选择与数据收集、研究方法等部分详细阐述本书样本数据的获取过程。

第一节　调查问卷设计

一　调查问卷设计过程

合理的问卷设计是保证数据的信度和效度的重要前提，是提高实证分析结果准确性的前提和保障。只有问卷编制得宜或选用得宜，研究才更具有可靠性与价值性（吴明隆，2003）。调查问卷应通过以下流程或步骤进行开发与设计：（1）通过文献回顾以及与企业界人士的经验调查/访谈形成问卷题项；（2）与学术界专家讨论；（3）与企业界专家讨论；（4）问卷预测试并形成最终问卷［转引自许冠南（2008）］。① 基于上述分析，本

---

① 许冠南：《关系嵌入型对技术创新绩效的影响研究》，博士学位论文，浙江大学，2008 年。

书通过以下过程和环节形成最终调查问卷。

（一）通过文献阅读与访谈调查形成调查问卷初稿

具体包括四个阶段。首先，在对知识吸收能力、核心企业、创新扩散和集群创新等国内外相关文献进行广泛阅读分析的基础上，借鉴权威研究的理论构思以及被广泛引用的实证研究文献中的成熟量表，通过归纳整理，形成了来源于文献的初步研究思路。其次，基于已有文献中关于核心企业的概念内涵、特征的描述以及核心企业识别方面相关研究，结合复杂产品制造业集群内涵及特征，归纳总结适合于衡量复杂产品制造业集群核心企业的度量指标。邀请陕西省装备制造业协会成员、西安阎良国家航空高技术产业基地（国家级陕西航空经济技术开发区）部分负责人，以及就职于航空产品制造企业、电力制造企业和汽车制造企业且对所在企业和产业集群比较熟悉的部分 EMBA 学员进行半结构化访谈。在此基础上确定要调研的核心企业。再次，在上述确定的核心企业中，选择其中五家企业，以中高层管理人员和承担技术创新工作的知识型员工（如开发人员、设计人员、工程技术人员等）为访谈对象，针对他们就职企业在集群创新中所发挥的重要作用进行访谈调查（访谈提纲见附录1）。最后，在前述工作的基础上，通过归纳、整理、提炼，形成调查问卷初稿。

（二）通过与学术界和企业界专家讨论进一步完善调查问卷

首先，就所研究变量之间的逻辑关系、变量维度和指标的选择以及测度题项的设计等问题向在该领域或在问卷设计方面有着丰富经验的学者寻求建议，包括 2 位教授、3 位副教授、2 位具有博士学位的讲师和 3 位博士研究生，根据学术界专家的意见对测度量表的措辞、题项归类及结构安排进行修正与调整，并对部分题项进行增删，形成第二稿问卷。其次，通过导师牵线搭桥，与 EMBA 班中 2 位具有管理和技术双重背景的航空产业核心企业高层管理人员和 1 位具有管理和技术双重背景的汽车产业核心企业高层管理人员进行进一步访谈，就变量之间的逻辑关系是否符合企业实际情况以及量表中的变量测度能否反映企业相关情况等展开探讨。再次，与陕 MBA 班中就职于装备制造业集群核心企业的 2 位学术背景相对较弱的企业管理人员和 3 位技术人员进行交流，对问卷中的措辞进行修改，将问卷中相对比较专业的术语如"异质性知识"、"R&D"进行修改，以提高问卷的可读性及易答性，并形成第三稿问卷。

（三） 在预测试基础上，形成最终调查问卷

首先，面向一个 EMBA 班（该班学员大部分来自装备制造领域，且以航空、航天领域为主）、一个陕 MBA 班（该班学员大多来自陕西境内的装备制造企业和相关科研院所）和动力与能源学院一个工程硕士班（该班学员均为航空制造企业员工）学员进行问卷预测试。由于 EMBA 班均为企业的高层管理人员，MBA 班以中层管理人员为主，而工程硕士班则以工程技术人员为主，因此，以他们为调查对象能够较好的代表总体。

其次，根据他们对问卷的反馈进行初步的检验分析，对于填写不完整的问题项逐一查找原因，进一步规避问卷设计中潜在的问题。经过多次修改完善，形成最终调查问卷（见附录2）。

二 调查问卷基本内容

本书的问卷设计，主要围绕核心企业外向型知识吸收能力对复杂产品制造业集群创新的影响机理展开，力图通过调查问卷为研究内容提供真实、有效的数据。基于此，本书的问卷设计遵循了以下原则：

（1）尽量将类似主题的问题排在一起、相同回答格式的衡量尺度排在一起，以减少答卷者思路的跳跃程度。

（2）为了降低答卷者回答问题的难度，提高他们答题的意愿，对语句的表达和同一变量下不同测量题项的排列顺序进行了安排，将较容易回答的问题排在前面。

根据第六章形成的总体理论模型和研究假设，最终确定研究量表中需要测量的变量包括：核心企业外向型知识吸收能力、核心企业技术能力、核心企业开展外向于集群的技术学习时与外部先进知识源的知识差距、核心企业面向集群内部的知识扩散和集群创新绩效。

围绕本章研究目的和研究内容，本书所设计的正式调查问卷包括四部分：

（1）本次调研的背景资料，有助于被访问人对调研背景产生一定的感性认知。

（2）答卷者及所在企业的基本信息，有助于确认样本的可代表性，筛选有效问卷，并获取样本的描述性特征。

（3）问卷主体部分填写说明，指出问卷中具体的格局安排，以明确问卷填写方法。

（4）问卷主体问题部分，按照模型要素分类设计。该部分共包括39

个题项，涉及核心企业外向型知识吸收能力、知识差距、知识扩散和集群创新绩效共 5 个变量，如表 7 - 1 所示。

表 7 - 1   研究变量及度量指标

序号	变量名称	度量指标	问题数量
1	外向型知识吸收能力	搜索识别能力	3
		获取能力	3
		整合应用能力	5
2	技术能力	现有技术能力	3
		潜在技术能力	4
3	知识差距	知识深度差距	3
		知识宽度差距	3
4	知识扩散	知识扩散能力	4
		知识扩散的战略动机	4
5	集群创新绩效	集群经济绩效	3
		集群成长性	4

此外，在问卷中，由于测谎的必要，在核心企业外向型知识吸收能力量表中还设计了一些反向变量，在进行正式统计分析之前，对其进行了反向数据的调整。

三 调查问卷的防偏措施

由于本书调查对象对问卷问题的回答主要建立在主观评价之上，因此可能会导致问卷结果出现偏差的问题。福勒（Fowler，1988）认为，可能存在如下四种原因使得答卷者对调查问卷的填答存在与实际不一致的偏差：①答卷者不知道问卷中问题的答案；②答卷者不记得问卷中问题的答案；③答卷者虽然知道问题答案，但他们不愿或不想回答问卷中的问题；④答卷者不能准确理解所问问题的含义（李正卫，2003）。尽管无法完全消除上述原因可能带来的结果偏差，但通过一定措施可以一定程度上降低上述问题带来的负面影响。为此，本书分别采取以下措施，以尽量降低上述原因对问卷质量的负面影响。

（1）选择在相应企业工作三年以上、对企业整体运行情况较为熟悉的中高层管理人员和技术骨干填写问卷，并请答卷者遇到不确定的问题向企业有关人员咨询后作答。

（2）问卷所涉及的题项均是企业近三年内的情况，以尽量避免由于答卷者记忆问题所引起的偏差。

（3）问卷题项尽量不涉及企业及个人隐私，同时在问卷卷首即向答卷者说明本问卷纯属学术研究，所获信息也不会用于任何商业目的，并承诺对答卷者提供的信息予以保密，以避免答卷者虽知道答案却不愿回答而带来的负面影响。

（4）为减少因答卷者不能理解所提问题而带来的负面影响，本问卷大量阅读相关文献基础上形成，以确保每个研究变量具有较明确的操作性定义和测量指标，同时广泛听取企业界与学术界专家意见，并对问卷进行预测试，对问卷的表述与措辞进行反复修改完善，尽量排除题项难以理解或表意含糊不清的情况发生。

第二节　研究变量选择与度量

一　度量指标选择与设计的原则和程序

对所研究变量的度量指标进行选择和设计是实证研究中异常关键的问题，因为度量指标选择和设计的好坏在很大程度上决定了统计分析结果的信度和效度。在进行变量操作化或建立测量模型时，应避免使用单一项目来测量变量（Bollen，1989），以降低可能因为测量工具所产生的误差，提高变量间的区别效力。因此，本书在对变量操作化处理时都使用了多个测量条款，以尽可能降低测量误差。在选择和设计各变量的度量指标时，主要遵循以下原则和程序：

（一）直接运用成熟的度量指标

通过文献检索查找已经被前人使用，并被证明行之有效的度量指标，对此类度量指标，本书将直接运用。

（二）在参考借鉴已有文献基础上确定度量指标

在已有文献中找不到恰当的度量指标的情况下，本书将根据现有文献对该因素的描述、讨论，并结合研究对象的内涵、特点，从而确定相应变量的度量指标。本书中大部分指标都是通过这种方法得出的。需要说明的是，由于所检索到的度量指标主要来自西方学者在美国、英国等国家的研究，而本书研究的是中国国情下的集群创新问题，因此需要对国外的一些研究量表进行一定程度的修正。具体修正方法和步骤如下：

第一，对测量条款进行翻译，具体又分两步进行：其一，由本人、管理专业研究生和外语专业研究生在反复讨论的基础上，确定最适合的中文译句，并确定各测量条款的初稿；其二，邀请知识管理、组织学习、复杂产品及系统、集群创新方面的专家学者对所翻译的中文译句进行评价、修改并完善。

第二，考虑到测量条款的表述要尽可能符合答卷人的思维方式和阅读习惯，在确定测量条款时还邀请了部分从事技术研发和创新管理的我校EMBA 和 MBA 学员，针对测量条款的翻译和表述就以下几方面问题展开讨论：①该条款意思表述是否清楚？②该条款的提法、用词是否通俗易懂？③该条款是否有意义？④该条款的评价刻度是否清楚？⑤该条款的评价刻度是否有意义？⑥答卷人对该条款的回答是否会有差异？

（三）自行设计新的度量指标

本书变量设计尽量采用国内外现有文献已使用过的量表，只有在现有文献的衡量指标无法符合本书对象的特点时，才会根据具体变量的本质及内涵，自行界定研究量表。在设计新的度量指标时，按照迪尔曼（Dillman）的总体设计方法分为四个步骤：

第一，根据已有文献构造初始因素集；

第二，进行第一次预调研数据收集，预调研数据被用来对所设计的初始度量指标进行探索性因子分析以确定这些指标的结构变量；

第三，保留在统计上与各个结构变量相关的因素，并利用新的调研数据进行前后数据的对比检验；

第四，进行再次预调研，检验所提取的稳定的、用以测量结构变量的指标是否能够描述所建构的结构变量的理论内涵。

本书主要对技术能力和知识扩散两个变量的度量指标进行了设计。在构造初始因素集时，为确保设计的量表清晰明确，邀请了集群创新研究领域的一名教授、组织学习研究领域的副教授和讲师各一名，同时还邀请了从事相关研究的两名在读博士研究生，我们共同进行了量表条款的初步设计。同时，为确保变量指标的内容效度，我们在对已有文献阅读和讨论的基础上，按照以下步骤进行了量表设计：

第一，依据已有文献中与该变量相关的讨论，首先，分析并定义出变量的基本要素，确定为变量的各个维度；其次，针对变量各个维度的定义，进行相关题项的设计。

第二，将所设计的测量题项对照文献中各个变量的原始描述进行一一检查和修正。

第三，邀请具有相关工作经验的我校 EMBA 和 MBA 班学员，对每个测量题项展开讨论，从而确定出测量指标的初稿，或称为初始因素集。

另外，在对测量题项进行设计时，为保证研究的信度和效度，在如下几方面给予重点关注：①每一个题项在字面上与反映的主题相关，具有表面效度；②每个题项只能反映一个维度；③各题项之间要有差异；④对于每个维度，设计 3 个以上的题项。下面分别就各个变量的界定、度量指标的选择与设计及其相关依据展开说明。

二　研究变量及其度量指标

本书主要涉及核心企业外向型知识吸收能力、核心企业自身技术能力、核心企业进行外向型技术学习时与外部创新源之间的知识差距、核心企业面向集群内部的知识扩散行为和集群创新绩效共五个研究变量。在变量测量方式上，主要采用主观感知方法，运用 Likert 量表对变量进行测量。需要说明的是，虽然 7 分制量表能够增加变量的变异量，提高变量之间的区分度，但根据 Berdie（1994）的研究经验，5 分制量表是最可靠的，因为选项超过 5 分时一般人难有足够的辨别力。因此，本书采用 Likert 5 分制量表对上述五个变量进行测量，其中 1 代表极不同意，2 代表不同意，3 代表不确定，4 代表同意，5 代表非常同意。

（一）核心企业外向型知识吸收能力

在对过程观视角下企业层面知识吸收能力的国内外相关研究成果进行归纳、梳理、评价基础上，从系统开放性、动态性和异质性的综合视角，基于我国复杂产品研制的技术特点、复杂产品制造业的产业特色和行业特点，以及复杂产品制造业的集群化发展现状和特点，从过程观角度，将复杂产品制造业集群核心企业外向型知识吸收过程划分为搜索识别过程、获取过程和整合应用过程三个阶段。进而，将集群核心企业外向型知识吸收能力划分为搜索识别能力、获取能力和整合应用能力三个构成维度。在此基础上，参照丘吉尔的量表开发程序，并参考借鉴 Kraaijenbrink（2007）、Hsu 和 Fang（2009）设计的知识吸收能力测量题项，开发了包括 11 个测量题项的复杂产品制造业集群核心企业外向型知识吸收能力研究量表（见表 5-1）。

（二）核心企业技术能力

通过概念模型部分的研究可知，核心企业的技术能力是其外向型知识吸收能力的关键影响因素之一。并且，技术能力可以通过以先验知识体现的现有技术能力和以 R&D 活动体现的潜在技术能力两个维度来反映。关于技术能力两个维度的测量，国内学者魏江和许庆瑞（1996）从人员、信息、设备、组织和技术储备五个方面构建了企业技术能力的评价指标体系。李长玲（2004）从载体层面将企业的知识存量划分为以人为载体的知识存量、以物为载体的知识存量、以组织结构为载体的知识存量和市场知识四个维度，并给出了相应的操作性定义。张喜征和聂振（2009）采用成本计量的方法对企业的知识存量进行测度，认为企业的知识存量可以通过研究与开发（R&D）费用、专利购买费用、教育与培训费用进行反映。通过文献检索发现，对企业技术能力进行度量的研究较少，而针对复杂产品制造业的行业特征及其在国家经济发展中的重要战略地位、核心企业的内涵及其在集群创新网络系统中的角色、地位和作用，对集群核心企业的技术能力进行度量和评价的研究尚未见诸报端。因此，没有现成的成熟量表可供选择和使用。

　　基于上述分析，本书通过参考魏江和许庆瑞（1996）、李长玲（2004）、张喜征和聂振（2009）的维度划分和相关测量，并借鉴徐传期（2004）的企业技术学习相关度量指标。最终形成了由 7 个题项构成的研究量表，其中 3 个题项反映现有技术能力维度，4 个题项反映潜在技术能力维度，如表 7－2 所示。

表 7－2　　　　　　核心企业技术能力的操作性定义及量表来源

变量维度	操作性定义	量表来源
现有技术能力	（1）与同行业其他企业相比，您所在企业拥有的专利技术、专有技术和其他技术的数量较多	魏江（1996）、李长玲（2004）、张喜征（2009）
	（2）与同行业其他企业相比，您所在企业拥有的生产设备、实验仪器的技术水平较高	
	（3）与同行业其他企业相比，您所在企业信息化水平较高	
潜在技术能力	（4）与同行业其他企业相比，您所在企业的研发人员占企业员工总数的比例较高	魏江（1996）、李长玲（2004）、徐传期（2004）、张喜征（2009）
	（5）与同行业其他企业相比，您所在企业的研发投入占销售收入的比重较高	
	（6）与同行业其他企业相比，您所在企业的研发机构和部门数量较多	
	（7）与同行业其他企业相比，您所在企业对技术创新更为重视	

(三) 知识差距

Aghion 和 Bloomy (2005)，Lai、Wang 和 Zhu (2009) 对产业层次上的技术差距进行度量，如 Aghion 和 Bloomy (2005) 运用行业之间的全要素生产率差距来测量技术差距；Lai、Wang 和 Zhu (2009) 用国内外行业的资本密度比例对技术差距进行测量。胡隆基和张毅 (2010) 采用间接测量方法，从接收方企业角度，对企业层次上的技术差距进行测量。其测量思路是：测量开发相同或相似研究项目时，接收方资金投入量占输出方 (用接收方企业的国外主要竞争对手来代表) 资金投入量的比例。关涛 (2006) 从知识差距的形成原因入手对跨国公司内部知识供求双方之间的知识差距进行度量，认为知识差距主要源于三个方面：一是企业自身技术积累存量差别；二是专业分工使得知识转移双方的知识构成不同；三是企业知识处理程序或技术发展过程不同。从而使用知识积累差距、专业分工差别和技术发展历程或管理沿革来测量知识差距，并构建了单一维度共 3 个题项的知识差距测度量表。李建明 (2008) 则对中小高技术企业知识联盟中组织间的知识差距进行度量，从知识结构的互补性、知识基础的类似性和知识差距的匹配性三个方面设计了单一维度且包括 3 个测量条款的研究量表。疏礼兵 (2008) 对研发团队内部成员之间的知识差距进行度量，从团队成员的知识存量、教育背景、工作经历和知识沟通四个方面设计了单一维度且具有正反双向的 4 个测量条款。

知识存量是知识主体所拥有的全部知识的总括，它一方面涵盖了知识广度，即知识面的多样化；另一方面又涵盖了知识的深度，即在知识演化链上单一知识面所处的相对位置，服从于由知识的深度和广度所共同决定的函数 (杜静和魏江，2004)。张莉与和金生 (2009) 对组织内部知识主体间知识差距与知识转移关系的研究也将知识差距划分为知识深度差距和知识宽度差距两个维度，前者反映了知识主体间专业化程度的高低之差，后者反映了知识主体之间所拥有的知识种类的差别。

基于上述分析，本书借鉴杜静和魏江 (2004)、张莉与和金生 (2009) 的观点，将知识差距划分为知识深度差距和知识宽度差距两个维度。同时，参考、吸收关涛 (2006)、李建明 (2008) 和疏礼兵 (2008) 的相关测量题项，并结合我国复杂产品制造业集群核心企业的技术特点及其外向型技术学习的行为特征进行相关修改，形成了包含 6 个题项的知识差距测度量表，如表 7-3 所示。

表7-3   知识差距操作性定义及量表来源

变量维度	操作性定义	量表来源
知识深度差距	（1）您就职企业与国内外行业领先的相关企业和研究/设计/咨询/培训机构在技术水平上存在较大差距	
	（2）您就职企业与国内外行业领先的相关企业和研究/设计/咨询/培训机构在科研实力上存在较大差距	
	（3）您就职企业与国内外行业领先的相关企业和研究/设计/咨询/培训机构在技术发展历程上存在较大不同	
知识宽度差距	（4）您就职企业与国内外行业领先的相关企业和研究/设计/咨询/培训机构相比，所涉及的技术领域狭窄	张莉、和金生（2009）关涛（2006）李建明（2008）疏礼兵（2008）
	（5）您就职企业与国内外行业领先的相关企业和研究/设计/咨询/培训机构在知识构成多元化方面存在较大差距	
	（6）您就职企业与国内外行业领先的相关企业和研究/设计/咨询/培训机构在知识背景方面存在较大差距	

（四）知识扩散

通过研究假设部分分析可知，复杂产品制造业集群核心企业面向集群系统内部的知识扩散包括知识扩散能力和知识扩散的战略动机两个维度。

对于知识扩散能力的测度参考借鉴：①疏礼兵（2008）设计的研发团队内部知识提供者知识传授能力的4个测量条款；②李建明（2008）构建的中小高技术企业知识联盟中知识输出方输出能力的3个测量题项；③项后军和江飞涛（2010）提出的集群核心企业面向群内其他企业知识扩散能力的四个衡量指标的基础上，结合复杂产品制造业集群核心企业知识扩散的行为特征，形成了包括4个题项的知识扩散能力测量指标。关于核心企业知识扩散的战略动机，本书基于Szulanski（1996，2000）和Cummings（2001）对战略动机内涵的和特征的描述，在参考李建明（2008）设计的知识输出战略动机的4个测量条款以及关涛（2006）构建的知识接受战略动机的2个测量条款的基础上，结合复杂产品制造业集群核心企业知识扩散的行为特点，形成了包括4个题项的知识扩散战略动机的测度量表。如表7-4所示。

表 7 - 4　　　　　　　　　知识扩散操作性定义及量表来源

变量维度	操作性定义	量表来源
扩散能力	（1）您所在企业善于将技术知识用简单明了的语言或以直观的文字、图表形式进行表达	疏礼兵（2008）李建明（2008）项后军和江飞涛（2010）
	（2）您所在企业善于通过多种渠道向与之配套企业传授技术知识	
	（3）您所在企业善于理解与之配套企业的知识需求	
	（4）您所在企业善于根据与之配套企业的技术水平和知识结构选择不同的知识传递方式	
战略动机	（5）您所在企业为获取经济利益而进行知识输出	Szulanski（1996，2000）Cummings（2001）李建明（2008）关涛（2006）
	（6）您所在企业为获取互补性知识而进行知识输出	
	（7）您所在企业基于专业化分工而进行知识输出	
	（8）您所在企业为降低配套成本而进行知识输出	

（五）集群创新绩效

关于集群创新绩效的评价与度量，已有相关研究大致可以归纳为两大类：

一类是针对集群创新能力提出一整套评价指标体系，如刘友金（2002）提出了包括 9 个指标的产业集群创新能力评价指标体系，朱斌和王渝（2004）则构建了一套包括持续创新投入能力等 6 个指标的评价产业集群持续创新能力指标体系，王鹏飞等（2005）主要通过知识流动能力、技术创新能力、创新环境、创新经济绩效四个主要方面建立了产业集群创新能力的评价指标体系，解学梅和曾赛星（2008）、王凯（2009）则构建了包括 3 个二级指标和 10 个三级指标的集群创新能力评价指标体系。

另一类是提出综合的产业集群绩效评价指标体系，如国家科技部于1993 年和 1999 年对外公布了国家高技术产业集群绩效评价指标体系，陈勇志（2004）针对集群技术创新绩效构建了包括经济绩效、科技绩效、社会绩效和生态绩效四个指标的产业集群创新绩效评价指标体系，张危宁等（2006）则构建了包括集群经济绩效、集群社会绩效和集群成长性三个指标的高技术产业集群创新绩效评价指标体系，方永恒（2010）研究构建了包括集群经济性、集群创新能力、集群壁垒和集群环境四个指标的装备制造业集群绩效评价指标体系。

本书主要关注技术层面的创新绩效，并借鉴基于整体层面的产业集群研究结论，即集群创新绩效不是集群中个体企业创新绩效的简单加总，因此不能以集群中企业的创新绩效来代表和衡量产业集群整体的创新绩效。

基于上述分析，本书对复杂产品制造业集群创新绩效的测量主要参考陈勇志（2004）、张危宁等（2006）的集群创新绩效测度量表。同时，考虑产业集群技术创新社会绩效和生态绩效的滞后性及其衡量难度大等特点，最终确定以经济绩效和集群成长性两个维度来对复杂产品制造业集群的技术创新绩效进行测度，并形成了包括 7 个题项的测度量表，如表 7 - 5 所示。

表 7 - 5　　　　　　　集群创新绩效操作性定义及量表来源

变量维度	操作性定义	量表来源
集群经济绩效	（1）您就职企业所在集群总产值较高	陈勇志（2004）张危宁等（2006）
	（2）您就职企业所在集群产品国内市场销售额较高	
	（3）您就职企业所在集群产品出口额较高	
集群成长性	（4）您就职企业所在集群中的企业与科研机构间联系密切	
	（5）您就职企业所在集群的专利申请数量较多	
	（6）您就职企业所在集群的自主创新产品数量较多	
	（7）您就职企业所在集群产学研合作项目落实数量较多	

第三节　样本选择与数据收集

本书的实证分析采用问卷调查方式收集数据，所收集的数据质量将直接影响最终的研究结果。为获取高质量的样本数据，对样本企业、答卷者、样本数量及问卷发放渠道等进行严格控制，尽可能提供样本数据的可靠性和代表性。

一　样本选择

（一）样本对象选择

首先，对产业集群及其所在区域的选择。由于本书以复杂产品制造业集群为研究对象，因此在对样本集群的选择上，主要以《国务院关于加快振兴装备制造业的若干意见》（摘要）（国发〔2006〕8号）① 各省市装备制造业发展规划为依据来确定复杂产品制造业相关行业。对于笔者所在的陕西省，本书主要以陕西省目前初步形成的装备制造业十大产业集群② 和国家批准设立的8大国家级航空高技术产业基地为依据，选择航空产业集群、输变电设备产业集群、冶金煤炭化工等重型装备产业集群和汽车产业集群四个复杂产品制造业集群作为调研对象。对于陕西省外的其他区域，在参照国家批准设立的8大国家级航空高技术产业基地的基础上，同时考虑该区域的工业基础和航空产业的发展状况，最终选择沈阳、成都、安顺、哈尔滨和上海五个地区的复杂产品制造业集群作为调研对象。

其次，对调研企业的选择。由于本书是从核心企业视角研究探讨复杂产品制造业集群技术创新的内在机理和作用路径，因此调研的企业就锁定在前述确定的各大复杂产品制造业集群中的核心企业上。具体而言，在陕西省内主要选择西安飞机工业（集团）有限责任公司、陕西飞机工业（集体）有限责任公司、西安电力机械制造集团公司、陕西鼓风机（集团）有限公司、陕西汽车集团公司等12家核心企业为调研对象。同时，在沈阳、成都、安顺、哈尔滨和上海5个地区分别选择了3家复杂产品制造业核心企业作为调研对象。最终确定了27家核心企业作为问卷发放的对象。

最后，对答卷者的选择。由于本书需要的是核心企业层面和产业集群整体层面技术学习和技术创新方面的数据，为尽可能获得客观真实的调研数据，本书慎重考虑了问卷的填答对象。主要以那些在上述确定的核心企业中任职三年以上，且对就职企业及其所在的产业集群情况较为熟悉的人员，如中高层管理人员、承担技术创新工作的高级工程技术人员等，作为调查问卷的填答对象。

（二）样本数量（容量）确定

由于本书采用结构方程模型方法（Struetural Equation Modeling，SEM）进行实证检验，而结构方程模型通常需要足够大的样本才能够保证

---

① 《国务院关于加快振兴装备制造业的若干意见》（摘要）（国发〔2006〕8号），http://www. gov. cn/gongbao/content/2006/content_ 352166. htm，2006年2月13日。

② 沈谦：《十大产业集群将拉动陕西省装备制造业突破发展》，《陕西日报》，http://www. ce. cn/xwzx/gnsz/gdxw/200708/21/t20070821_ 12619022. shtml，2007年8月21日。

正确的分析检验，大样本是结构方程模型的一个基本前提。但在现有的结构方程模型理论研究中，对于大样本所要求的样本数量，学术界还存在不同的看法。Gorsuch（1983）认为，样本量的大小，应保证测量问项与受访者的比例在 1∶5 以上，最好达到 1∶10。Bagozzi 和 Yi（1988）认为，线性结构方程模型所要求的样本数至少要超过 50 个，最好达到估计参数的 5 倍以上。Gerbing 和 Anderson（1988）则建议在应用结构方程模型时，样本量至少要有 150 个。海尔等（1998）认为，用最大似然估计法进行参数估计时，样本数量起码要大于 100，但是样本也不能太大，如果超过了 400，则最大似然估计法将会变得非常敏感，从而使所有的适配度指标变得很差。另外，邱皓政（2002）指出，若要追求稳定的结构方程模型分析结果，低于 200 的样本数是不鼓励的。综合上述分析，为追求结构方程的稳定性，本书将努力保证样本容量在 200 份以上。

二　调查问卷的发放与回收

本书在调研工作开始之前对调查人员进行培训，以提高问卷调查的回收率和访谈质量。具体到数据的收集方式，对于西安本地的调研企业则到企业进行调研访谈和问卷发放，对于外地的调查对象，计划采用实地调研访谈、电话和电子邮件等相结合的方式收集研究数据。本书调查问卷从 2011 年 5 月开始发放，到 2011 年 8 月回收止，共历时 4 个多月。

（一）问卷的发放

在数据调研方面，项目组成员在前期的研究经历中已掌握了相关的实证调研和访谈技巧，并且，我们在过去的研究项目执行过程中已与前述确定的调研企业建立了良好的合作关系，项目组成员拥有联系调研企业的如下多种途径：①选择与西北工业大学管理学院有长期良好的校企合作关系的企业作为调研对象；②依靠西北工业大学 EMBA、MBA、MEM、硕士和博士等校友资源进行调研；③依托西北工业大学管理学院设立的深圳研究院、西安高新区发展战略研究院、国际项目管理研究院获取调研对象；④依靠项目组成员的社会关系网络开展项目调研。通过上述渠道，共计发放问卷 293 份。

（二）问卷的回收

艾尔·巴比（2006）认为，要进行分析和撰写研究报告，问卷回收率至少要有 50% 的；达到 60% 的回收率才算是好的；而达到 70% 就非常好。本次调查共发放问卷 293 份，回收 248 份。通过对回收的 248 份问卷的初步检查发现，有9份问卷大范围缺答，有6份问卷选答有明显的规律性（选择一致性）或回答前后有矛盾现象。另外，由于本问卷调查的对象是在所调查企业工作3年以上，且为中层以上管理人员或高级工程技术人员，根据这些条件进行第二次剔除，共有27个调查对象无法满足要求。最后，共获得有效问卷206份，占回收问卷数量的83.1%，总体问卷有效回收率为70.3%。因此可以认为，本次调查过程和结果较为理想。

三 描述性统计分析

描述性统计分析主要对样本企业及问卷填答对象的基本资料，如企业性质、企业规模、成立年限、所在区域、行业部门以及填答者个人的工作类型、受教育程度和从业年限等进行统计分析，以对各变量的最大值、最小值、均值、频次分布等情况，以描述样本的类别、特性及比例分配情况（韦影，2005）。

以有效问卷为基础，本书的描述性统计分析结果见表7-6至表7-11。表7-6给出了样本企业所在城市的分布情况，表7-7给出了样本企业成立年限的统计情况，表7-8给出了样本企业所处行业部门的统计情况，表7-9是样本企业员工规模的统计情况，表7-10为样本企业的资金规模统计情况，表7-11则给出了答卷者个人信息的统计情况。需要说明的是，由于本次调研企业全部来源于国有企业，因此，本部分不再对样本企业的性质展开分析。以下给出的6个表格都包含每个调查对象基础信息的不同属性所占比例及累计比例。

表7-6　　　　　　　　样本企业所在城市统计（N=206）

企业类型	频数（人）	百分比（%）	累计百分比（%）
西安	83	40.3	40.3
汉中	18	8.7	49.0
沈阳	27	13.1	62.1
成都	26	12.6	74.7
哈尔滨	19	9.2	83.9
安顺	16	7.8	91.7
上海	17	8.3	100.0
总计	206	100.0	100.0

表 7 – 7 样本企业成立年限统计 （N = 206）

企业类型	频数（人）	百分比（%）	累计百分比（%）
10—20 年	9	4.4	4.4
20—30 年	38	18.4	22.8
30—50 年	67	32.5	55.3
超过 50 年	92	44.7	100.0
总计	206	100	100.0

表 7 – 8 样本企业所处行业部门统计 （N = 206）

企业类型	频数（人）	百分比（%）	累计百分比（%）
专用设备制造业	54	26.2	26.2
交通运输设备制造业	139	67.5	93.7
电气机械及器材制造业	13	6.3	100.0
总计	206	100.0	100.0

表 7 – 9 样本企业员工规模统计 （N = 206）

企业类型	频数（人）	百分比（%）	累计百分比（%）
2000—3000 人	16	7.8	7.8
3000—5000 人	39	18.9	26.7
5000—10000 人	63	30.6	57.3
超过 10000 人	88	42.7	100.0
总计	206	100.0	100.0

表 7 – 10 样本企业资金规模统计 （N = 206）

企业类型	频数（人）	百分比（%）	累计百分比（%）
1 亿—5 亿元	23	11.2	11.2
5 亿—10 亿元	28	13.6	24.8
10 亿—50 亿元	47	22.8	47.6
超过 50 亿元	108	52.4	100.0
总计	206	100.0	100.0

表 7 –11　　　　　　　答卷者个人情况统计（N = 206）

企业属性	企业类型	频数（人）	百分比（%）	累计百分比（%）
工作类型	高层管理人员	26	12.6	12.6
	中层管理人员	72	35.0	47.6
	研发负责人	34	16.5	64.1
	项目经理	23	11.2	75.3
	技术专家	12	5.8	81.1
	一般技术人员	39	18.9	100.0
	合计	206	100.0	100.0
受教育程度	大专及以下学历	4	1.9	1.9
	本科及相当学历	89	43.2	45.1
	硕士研究生及相当学历	97	47.1	92.2
	博士研究生及相当学历	16	7.8	100.0
	合计	206	100.0	100.0
从业年限	3—5 年	48	23.3	23.3
	5—10 年	69	33.5	56.8
	10—20 年	77	37.4	94.2
	超过 20 年	12	5.8	100.0
	合计	206	100.0	100.0

从描述统计的结果看，表 7 – 6 反映了样本企业的分布区域，其中西安、沈阳、成都、哈尔滨、安顺和上海均属于国家为推动航空产业集群化发展和打造特色产业集群而批准设立的国家级航空高技术产业基地；陕西汉中市也是航空工业比较发达的地区，分布有汉中航空工业（集团）有限公司（汉航）、陕西飞机工业（集团）有限公司（陕飞）等重点航空企业；同时，这些地市都是装备制造业重点城市，行业领先企业大多分布在这些区域。由表 7 – 7 可以看出，样本企业的成立年限全部在 10 年以上，且以 30 年以上的老牌企业为主。表 7 – 8 则反映了样本企业所处的行业部门，调研对象来自于装备制造业领域中的 3 大行业，即专用设备制造业、交通运输设备制造业和电气机械及器材制造业，且以航空产品制造企业和汽车制造企业等交通运输设备制造业企业为主要调研对象。表 7 – 9 和表 7 – 10 反映了样本企业的员工规模和资金规模，由表 7 – 9 和表 7 – 10 可以看出，调研对象全部来自大规模企业，且以人员规模超过 5000

人、资金规模超过 10 亿的超大型企业为主。表 7 – 11 表明了调查对象的工作性质、学历层次及从业时间。从工作类型来看，高层管理人员占12.6%，中层管理人员占 35%，研发负责人和项目经理合计占 27.7%，技术专家占全部调研人员的 5.8%，上述人员合计达到 81.1%，这些人员对就职企业及所在产业集群的情况比较熟悉，符合调研要求。从调研对象的学历结构来看，本科及以上学历人员占 98.1%，可以认为调查对象具有良好的学历背景。另外，全部调查对象中，从业年限超过 10 年的占43.2%，较长的从业年限意味着他们对所在企业及所在集群的情况有着更多的了解，从而更好地保证了调研数据的可靠性。

第四节　实证分析方法

为验证本书概念模型中的研究假设，除问卷设计、数据收集之外，选择合适的研究方法或程序也是非常重要的。具体分析方法如下。

一　信度检验

信度是测量项目受潜在变量影响而产生的真实分数的变异相对于观察到的分数变异之间比例（Hunter and Gerbing，1982），衡量的是测量结果的一致性和稳定性程度（贾怀勤，2006）。信度高意味着排除随机误差的能力强，信度越高，表明同一量表不同题项所测量到的分数受误差的影响越小，从而使测量项目的分数在不同受访者的回答之下能够反映真实状态，说明量表测试结果的可靠性程度越高。

信度估计方法有重测信度、复本信度和内部一致性信度等多种。但由于研究条件限制，一般研究无法对同一组被试者组织多次测试，因此重测信度通常无法得到。同时由于大多数研究基本上都是采用一套量表进行测量，因此复本信度也很难得到。在既无复本，也无法重复测量的情况下，目前实证研究中通常用内部一致性系数来估计量表的信度。现有研究大多综合运用 Cronbach's α 系数和题项—总体相关系数（Corrected – Item Total Correlation，CITC）这两个内部一致性系数对理论模型中所涉及变量的测度题项进行内部一致性信度检验，只有较高的 Cronbach's α 及题项—总体相关系数（CITC）才能保证变量的测度具有较高的内部一致性，从而满足信度要求。

二　效度检验

效度是指实证测量在多大程度上反映了概念的真实含义（Babbie，2000），是测量工具对其所要测量的特性究竟测量到何种程度的估计，表明的是概念和它的测量指标之间的关系。效度是测量的必要条件，缺乏效度则测量就既无意义也无用处，因为它不能解释真正想解释的特征或属性。实证研究中常用的效度有两种，即内容效度和结构效度。①

内容效度是指测量工具的题目是否符合测量目的与要求，即测量内容的适当性与代表性，即测量内容能反映所要测量的心理特征。内容效度的评价需要与测量的构思、项目的内部结构等方面结合在一起加以分析。内容效度常以题目分布的合理性来判断，一般通过定性的方法进行，即召集相关专家对题项和内容的符合程度进行判断。判断方法为：测量工具是否可以真正测量到研究者所要测量的变量；测量工具是否涵盖了所要测量的变量。

结构效度是指测量工具是否真实体现了测量所依据的理论结构，以及对该理论结构的体现程度。结构效度是在检验变量关系之前首先应该进行评估的（Anderson and Gerbing，1988）。结构效度以理论的逻辑分析为基础，同时又根据实际所得的资料来检验理论的正确性，是一种相当严谨的效度检验方法，并在众多的研究领域中得到广泛的应用和认可。在实证研究中，没办法对结构效度进行直接检验，一般通过收敛效度和区别效度进行结构效度的检测，它们是目前最主要且广泛使用的两项结构效度检测项目（徐传期，2004）。收敛效度用来验证某个测量指标是否显著地依附于所度量的因子变量，区别效度用来验证某个测量指标只是度量了特定的一个因子变量，而没有度量其他的因子变量。具体可通过验证性因子分析进行结构效度的检验。

基于上述分析，本书运用验证性因子分析方法，借助 AMOS 17.0，通过收敛效度和区别效度两个效度检测项目，对研究中涉及的各研究量表进行结构效度的检测，并将其作为评估量表数据效度的标准。

三　因子分析

因子分析是从多个变量中选择出少数几个综合变量的一种数据降维分析方法。因子分析是检验结构效度的常用方法（吴明隆，2003），可以很

---

① 对于结构效度，因翻译不同，也有人将其称为构思效度、构念效度或建构效度。

好地检验研究所涉及的变量是否有一套正确的、可操作性的测量。因子分析的基本思想是寻找公共因子以达到降维的目的，在寻找公共因子的过程中，是否利用先验信息，产生了探索性因子分析和验证性因子分析的区别。探索性因子分析主要是为了找出影响观测变量的因子个数，以及各个因子和各个观测变量之间的相关程度；而验证性因子分析的主要目的是决定事前定义因子的模型拟合实际数据的能力。探索性因子分析试图揭示一套相对比较大的变量的内在结构。验证性因子分析试图检验观测变量的因子个数和因子载荷是否与基于预先建立的理论的预期一致。探索性因子分析和验证性因子分析是因子分析的两个不可分割的重要组成部分，两种因子分析缺少任何一个，因子分析都将是不完整的（Anderson and Gerbin, 1998）。实际研究中通常需要将探索性因子分析和验证性因子分析两种方法结合运用。

基于此，本书采用探索性因子分析（EFA）和验证性因子分析（CFA）方法进行量表数据的检验。探索性因子分析采用主成分分析方法，以取得量表数据主要的因子结构。验证性因子分析主要用于确定概念中所包含的维度，可以对经探索性因子分析所得出的因子结构进行进一步验证，同时也是检验量表效度的重要方法。本书采用结构方程模型法，运用 AMOS17.0 进行验证性因子分析，以检验探索性因子分析所得结果的拟合效果，用以验证从理论文献归纳出的概念性维度与探索性因子分析所得出的实证性维度是否相符。

四 相关分析

相关分析的主要目的是研究变量之间关系的密切程度，以便初步检查变量之间是否存在相互影响。通过相关分析，可以初步判断模型设置或假设是否合理。因此，在对整体结构模型进行验证之前，需要先进行各个变量的相关性分析。本书运用 Pearson 相关系数分析核心企业外向型知识吸收能力、核心企业技术能力、知识差距、知识扩散和集群创新绩效间的相关系数矩阵，以考察各研究变量之间是否显著相关，从而初步判定理论模型和假设是否合理，并为进一步实证分析方法的选择提供依据。

五 假设验证方法

现有研究对假设模型的验证主要采用多元分层回归方法和结构方程模型方法进行。多元回归分析是研究一个被解释变量与多个解释变量之间的线性统计关系（马庆国，2002）。多元分层回归方法是将各个变量进行逐级多元回归，该方法在当前实证研究中已得到较为广泛的应用，但是该方法有两个缺陷：其一，是多元回归因变量和自变量都要求可测，这样才能估计出回归系数；其二，回归分析一般难以处理多重共线性的问题（李怀祖，2004）。本书由于调研条件的限制，对于所有因素都采用了主观判断的方法，各个变量根据李克特 5 级量表进行取值，不太符合回归分析的第一项要求。另外，现实系统往往并非完全按照线性回归方程所表述的那样，只是自变量和因变量相关，实际上自变量之间同样存在相关关系，而且自变量也并非全部都直接影响因变量，有些则是间接影响的。这种情况下运用回归分析将容易存在多重共线性问题。

结构方程模型（Structure Equation Model，SEM）方法是基于变量的协方差分析变量之间关系的一种统计方法，是一种综合运用多元回归分析、路径分析和验证性因子分析方法而形成的一种统计分析工具，可用来解释一个或多个自变量与一个或多个因变量之间的关系。与传统的回归分析方法相比，结构方程模型方法具有如下优点：（1）同时处理多个因变量；（2）容许自变量和因变量含测量误差；（3）同时估计因子结构和因子关系；（4）容许更大弹性的测量模型；（5）估计整个模型的拟合程度（Bollen and Long，1993）。由于核心企业在复杂产品制造业集群技术创新中发挥着异常关键的作用，且核心企业的技术能力、面向群外的知识吸收能力、面向群内的知识扩散能力、知识差距、知识转移的战略动机以及集群创新绩效等具有主观性强、度量难度大、度量误差大、因果关系复杂等特点，因此，比较适合运用结构方程模型方法进行模型验证。

结构方程模型的分析过程可以分为模型构建、模型拟合、模型评价、模型修正以及模型解释等步骤。分析的核心是模型的拟合性，即研究者所提出变量间的关联模式是否与实际数据拟合以及拟合的程度如何，从而对研究者的理论模型进行验证（侯杰泰、温忠麟和成子娟，2004）。

基于上述考虑，本书采用结构方程模型方法，运用 AMOS17.0 进行假设模型的验证。研究中将综合运用绝对拟合指数与相对拟合指数进行测量模型的评价，选取 χ^2/df、RMSEA、GFI、AGFI、NFI、TLI、CFI 等被广泛认可和应用的指标作为评价模型的拟合指数，通过观察数据与测量模型的拟合分析，来检验各观测变量的因子结构与先前的构想是否相符。具体判别标准如下：

（一）χ^2/df

χ^2 指数能够衡量假设的模型和观测数据之间的拟合度。然而 χ^2 指数对于样本量非常敏感，对于参数过少的误设模型，χ^2 会敏感地反映模型拟合不好，而对于参数过多的误设模型，往往检验不出错误的设定，所以倾向于接纳比较复杂的模型（侯杰泰、温忠麟和成子娟，2004）。χ^2/df 即卡方对自由度的比值，是一种基于拟合函数的绝对拟合指数，会调节模型的复杂程度，弥补了 χ^2 的缺点。因此，本书采用 χ^2/df 指标评价假设的模型和观测数据之间的拟合度。一般认为，$2 \leqslant \chi^2/\text{df} \leqslant 3$，则模型适配度良好，若 $\chi^2/\text{df} \leqslant 2$，则认为模型拟合非常好。

（二）RMSEA

即渐进残差均方和平方根（Root Mean Square Error of Approximation），RMSEA 是颇受重视的一个评价指标，其受样本容量的影响较小，是较好的绝对拟合指数，其值越小，表示模型的适配度越佳。Bagozzi 和 Yi（1988）认为，若 RMSEA 低于 0.10，表示好的拟合；若低于 0.05，表示非常好的拟合；若低于 0.01，则表示非常出色的拟合。Bentler（1990）认为，从实证上讲，RMSEA 值小于 0.05，则表示模型拟合很好；在 0.08 左右表示存在合理的误差，模型可以接受；如果超过 0.10，表示模型不能接受。Steiger（1990）认为，若 RMSEA 值低于 0.10，表示好的拟合；若 RMSEA 值低于 0.05，表示非常好的拟合；若其数值低于 0.01，则表示非常出色的拟合。Browne 和 Cudeck（1993）也提出，当 RMSEA 的数值高于 0.10 以上时，则模型的适配度欠佳；其数值在 0.08—0.10 之间，则模型尚可，具有普通适配；若数值在 0.05—0.08 之间表示模型良好，即有合理适配；如果其数值小于 0.05，表示模型适配度非常好。

（三）GFI 和 AGFI

GFI 为适配度指数，也译为良适性适配指标（goodness – of – fit index），AGFI 为调整后的适配度指数，两者均为绝对适配指标，GFI 类似于回归分析中的可解释变异量，AGFI 类似于回归分析中调整后的可解释变异量，二者表示假设模型可以解释观测数据的变异数与共变数的比例。GFI 值越大时，则 AGFI 值也会越大，其数值介于 0—1 之间，数值越接近 1，表示模型适配度越佳。一般的判别标准为数值大于 0.9，表示模型路径图与实际数据有良好的适配度（Hu and Bentler，1999）。但邱皓政（2002）认为，AGFI 的临界值设定为 0.9 是一个比较保守的指标，在社会科学研究中可以适当放宽此限制。

（四）NFI、TLI 和 CFI

NFI 是相对指标值，反映了假设模型与一个假设观察变量间没有任何共变的独立模型的差异程度。TLI，即 Tucker – Lewis 指数，是一种在新近的拟合指数研究中较为推崇的相对拟合指数，用来比较两个对立模型之间的适配程度，或者用来比较所提出的模型对虚无模型之间的适配程度，是修正了的 NFI，又称为 NNFI。CFI 是比较拟合指数，它不受样本容量的系统影响，能比较敏感地反映误设模型的变化，是比较理想的相对拟合指数。NFI 值、TLI 值和 CFI 值大多介于 0—1 之间，越接近 1 表示模型适配度越佳，其中 TLI、CFI 值可能大于 1。一般而言，上述指标值拥有判别模型路径图与实际数据是否适配的标准均为 0.90 以上。Hu 和 Bentler（1999）进一步认为，一个适配良好的假设模型，在大样本情况下，其 NFI 值、TLI 值和 CFI 值最好接近 0.95，说明拟合度非常好。总之，评价一个理论模型是否可以接受必须综合运用多种拟合指标进行检验，而不能仅仅依赖单一的拟合指标。

基于上述分析，本书使用如下拟合指标及其检验标准，如表 7 – 12 所示。

表 7 – 12　　　　　　　　　评价模型的拟合指标及其检验标准

拟合指标	绝对拟合指标				相对拟合指标		
	χ^2/df	RMSEA	GFI	AGFI	NFI	TLI	CFI
判断标准	≤3（若≤3 良好；≤2 优）	≤0.10（若≤0.10 可接受；≤0.08 良好；≤0.05 优）	≥0.9	≥0.85	≥0.9	≥0.9	≥0.9

另外，值得说明的是，上述拟合指标达到临界要求，只能表明模型的外在质量良好，而只有内外在质量都能够达到要求的模型才是一个好的模型。模型内在质量可以通过模型路径系数的统计显著性进行检验。因此，为验证概念模型的合理性与可行性，本书还要求与路径系数相应的临界值 C. R.（Critical Ratin）具有统计显著性。当路径的 C. R. 值均大于 1.96 的参考值时，说明该路径系数在 0.05 的水平上具有统计显著性。

本章小结与讨论

本章从问卷设计、变量测度、数据收集和实证分析方法四个方面进行了阐述。问卷设计中尽量采用科学合理的步骤和方法，尽可能排除干扰因素的影响。在变量测度上，本书参阅了大量的相关研究成果，尽量参照已有文献对相关变量的测量方法，并结合调研情况，确立各研究变量的测度量表。在数据收集过程中，采取多种方式对问卷发放和回收过程进行管理，以确保所获取数据的可靠性和有效性。在实证分析方法中，对所涉及的主要分析方法和参照标准进行了描述。通过本章的研究，为后续实证研究提供了操作上和方法论方面的基础。

第八章 数据分析

首先，运用探索性因子分析方法，借助 SPSS 19.0 对核心企业外向型知识吸收能力（用 AC 表示）、核心企业技术能力（用 TC 表示）、知识差距（用 KG 表示）、知识扩散（用 KD 表示）和集群创新绩效（用 IP 表示）等研究量表进行单构面尺度检验，并依据检验结果对研究量表进行了修正。其次，运用 Cronbach's α 系数与题项—总体相关系数（CITC）对各研究变量的测量题项进行信度检验。最后，运用结构方程模型（SEM）方法，借助 AMOS 17.0，对各研究变量进行验证性因子分析，以检验各研究量表的结构效度；在上述研究的基础上，运用结构方程模型（SEM）方法，采用 AMOS 17.0 对本书提出的理论模型和研究假设进行验证并修正，并对验证结果展开分析与讨论。

第一节 单构面尺度检验

单构面尺度是指一组测量题项仅存在单一的特质或构面可以作为代表。单构面尺度量表具有两个特征：（1）每一个测量题项必须显著地与相对应的潜在变量相关联；（2）该测量题项只能与唯一的潜变量相关联。本书采用探索性因子分析来检测所使用量表的测量题项是否具有高质量的单构面尺度特征。通过对测量量表进行探索性因子分析，得到每个测量题项与因子之间的载荷系数。因子载荷系数越高，表明测量题项与潜变量之间的关联性越强。当同一量表的所有题项均拥有高于 0.5 以上的因子载荷系数时，表示所有测量题项都与因子显著相关。如果某一题项对两个以上因子的载荷系数都大于 0.5 时，则应将它删除，这样，剩下的测量题项都只与一个因子相关，经过剔除后的量表就符合单构面尺度要求的两个条件。

在进行探索性因子分析之前，要先对其适用条件进行检验，以检验量表数据是否适合进行因子分析。一般运用取样适当性指标 KMO（Kaiser – Meyer – Olkin）和 Bartlett 球形度检验统计值显著性两个指标进行分析。KMO 检验是用于比较变量间简单相关系数和偏相关系数的指标。KMO 统计量取值在 0 和 1 之间，KMO 值越接近 1，意味着变量间的相关性越强，也即变量间的共同因素越多，越适合进行因子分析。KMO 值越接近 0，意味着变量间的相关性越弱，越不适合进行因子分析。一般认为，当 KMO 值小于 0.5 时，不适合进行因子分析。Bartlett 球形度检验用以判断相关阵是否是单位阵，当 Bartlett 球形度检验得出的统计量观测值比较大，且对应的概率 P 值小于给定的显著性水平 a（一般为 0.01 或 0.05），则认为原有变量适合进行因子分析；反之，如果统计量观测值较小，且对应的概率 P 值大于给定的显著性水平 a（一般为 0.01 或 0.05），则认为原有变量不适合做因子分析。

按照经验判断方法，当 KMO 值大于或等于 0.7，Bartlett 球形度检验统计值小于给定的显著性水平 a = 0.001，且各测量题项的因子载荷系数大于 0.5 时，可以将同一变量的各测量题项合并为一个因子进行后续分析。

本书运用主成分分析法进行探索性因子分析，因子旋转方法为方差最大法，按照特征根 > 1 提取因子。具体步骤如下：1）检验 KMO 值是否大于 0.7；2）检验 Bartlett 统计值是否显著（p < 0.001）；3）累积变差解释量是否大于 60%；4）提取特征根大于 1 的因子；5）各题项的因子载荷系数是否大于 0.5，且不能出现交叉负荷，如果某题项的因子载荷系数小于 0.5，或者即使因子载荷系数大于 0.5，但存在交叉负荷的情况（即某一题项在两个或两个以上的因子上的载荷系数均大于 0.5），则应删除该题项后重新进行因子分析，直至所有题项均达到要求。

一 核心企业外向型知识吸收能力量表

检验结果见表 8 – 1，KMO 值为 0.871，大于 0.7，Bartlett 球形度检验统计值显著，累积变差解释量为 68.832%，大于 60%，适合进一步做因子分析。运用最大方差法进行旋转，提取出 3 个特征根大于 1 的因子，各题项的因子载荷系数均大于 0.5（最小值为 0.511），且无交叉负荷问题，表明各度题项都较好地负载到其预期测度的因子之上。根据各因子包含的题项内容，将 3 个因子分别命名为搜索识别能力、获取能力和整合利用能力。

表8-1 核心企业外向型知识吸收能力探索性因子分析结果 （N=206）

因子	题项	因子载荷			累积变差解释量（%）	KMO值	Bartlett 统计值显著性
		成分1	成分2	成分3			
ACa	1	0.189	0.764	0.189			
	2	0.222	0.858	0.098			
	3	0.253	0.793	0.174			
ACb	4	0.232	0.100	0.830			
	5	0.236	0.197	0.801			
	6	0.149	0.189	0.831	68.832	0.871	0.000
ACc	7	0.511	0.490	0.219			
	8	0.728	0.274	0.054			
	9	0.806	0.135	0.254			
	10	0.812	0.173	0.250			
	11	0.590	0.325	0.257			

资料来源：根据 SPSS 19.0 运行结果整理。

二 核心企业技术能力量表

检验结果见表8-2，KMO 值为0.873，大于0.7，Bartlett 球形度检验统计值显著，累积变差解释量为67.151%，大于60%，适合进一步做因子分析。运用最大方差法进行旋转，提取2个特征根大于1的因子，但题项1存在交叉负荷问题，在 TCa 和 TCb 两个因子上的负荷均大于0.5，因此删除该题项。

表8-2 核心企业技术能力量表探索性因子分析结果 （1） （N=206）

因子	题项	因子载荷		累积变差解释量（%）	KMO 值	Bartlett 统计值显著性
		成分1	成分2			
TCa	1	0.549	0.534			
	2	0.098	0.915			
	3	0.408	0.723			
TCb	4	0.759	0.254	67.151	0.873	0.000
	5	0.775	0.179			
	6	0.818	0.156			
	7	0.679	0.385			

资料来源：根据 SPSS 19.0 运行结果整理。

对剔除题项 1 后的量表进行再次检验，检验结果如表 8 - 3 所示。KMO 值为 0.832，大于 0.8，Bartlett 球形度检验统计值显著，累积变差解释量为 69.900%，大于 60%，适合进一步做因子分析。运用最大方差法进行旋转，提取出两个特征根大于 1 的因子，各题项因子载荷系数均大于 0.5（最小值为 0.690），且无交叉负荷问题，表明各题项都较好地负载到其预期测度的因子之上。根据各因子包含的题项内容，将两个因子分别命名为现有技术能力和潜在技术能力。

表 8 - 3   核心企业技术能力量表探索性因子分析结果（2）（N = 206）

因子	题项	因子载荷		累积变差解释量（%）	KMO 值	Bartlett 统计值显著性
		成分 1	成分 2			
TCa	2	0.122	0.928			
	3	0.427	0.725			
TCb	4	0.768	0.257	69.900	0.832	0.000
	5	0.781	0.178			
	6	0.824	0.140			
	7	0.690	0.368			

资料来源：根据 SPSS19.0 运行结果整理。

三　知识差距量表

检验结果见表 8 - 4，KMO 值为 0.742，大于 0.7，Bartlett 球形度检验统计值显著，累积变差解释量为 75.203%，大于 60%，适合进一步做因子分析。运用最大方差法进行旋转，提取出 2 个特征根大于 1 的因子，各题项因子载荷系数均大于 0.5（最小值为 0.761），且无交叉负荷问题，表明各题项都较好地负载到其预期测度的因子之上。根据各因子包含的题项内容，将 2 个因子分别命名为知识深度差距和知识宽度差距。

四　知识扩散量表

检验结果见表 8 - 5，KMO 值为 0.828，大于 0.7，Bartlett 球形度检验统计值显著，累积变差解释量为 69.354%，大于 60%，适合进一步做因子分析。运用最大方差法进行旋转，提取出 2 个特征根大于 1 的因子，各题项的因子载荷系数均大于 0.5（最小值为 0.703），且无交叉负荷问题，表明各题项都较好地负载到其预期测度的因子之上。根据各因子所包含的题项内容，将 2 个因子分别命名为扩散能力和战略动机。

表 8 - 4　　　　　　　知识差距量表探索性因子分析结果（N = 206）

因子	题项	因子载荷		累积变差解释量（%）	KMO 值	Bartlett 统计值显著性
		成分 1	成分 2			
KGa	1	0.894	0.141	75.203	0.742	0.000
	2	0.882	0.266			
	3	0.761	0.178			
KGb	4	0.198	0.863			
	5	0.204	0.869			
	6	0.169	0.791			

资料来源：根据 SPSS19.0 运行结果整理。

表 8 - 5　　　　　　　知识扩散量表探索性因子分析结果 （N = 206）

因子	题项	因子载荷		累积变差解释量（%）	KMO 值	Bartlett 统计值显著性
		成分 1	成分 2			
KDa	1	0.151	0.789	69.354	0.828	0.000
	2	0.208	0.820			
	3	0.064	0.861			
	4	0.302	0.703			
KDb	5	0.862	0.087			
	6	0.834	0.171			
	7	0.809	0.189			
	8	0.783	0.277			

资料来源：根据 SPSS19.0 运行结果整理。

五　集群创新绩效量表

检验结果见表 8 - 6，KMO 值为 0.823，大于 0.7，Bartlett 球形度检验统计值显著，累积变差解释量为 63.085%，大于 60%，适合进一步做因子分析。运用最大方差法进行旋转，提取出 2 个特征根大于 1 的因子，各题项的因子载荷系数均大于 0.5（最小值为 0.544），且无交叉负荷问题，表明各题项都较好地负载到其预期测度的因子之上。根据各因子所包含的题项内容，将 2 个因子分别命名为集群创新绩效和集群成长性。

表 8 - 6   集群创新绩效量表探索性因子分析结果 (N = 206)

因子	题项	因子载荷		累积变差解释量 (%)	KMO 值	Bartlett 统计值 显著性
		成分 1	成分 2			
IPa	1	0.330	0.753			
	2	0.343	0.774			
	3	0.060	0.781			
IPb	4	0.544	0.365	63.085	0.823	0.000
	5	0.802	0.161			
	6	0.763	0.180			
	7	0.805	0.221			

资料来源: 根据 SPSS 19.0 运行结果整理。

第二节   信度检验

本书采用 Cronbach's α 系数与题项—总体相关系数 (CITC) 对理论模型中所涉及研究变量的测量题项进行信度检验。Cronbach's α 系数是最常用的内部一致性信度指标,这个指标能够准确地反映出测量题目的一致性程度和内部结构的良好性 (刘军, 2008)。α 值越大,表明该测量量表的内部一致性程度越高,即具有较高的信度。一般来说,$\alpha \geq 0.9$,表明量表的信度非常高,也即样本数据非常理想;如果 $0.8 \leq \alpha < 0.9$,表明量表的信度较高,样本数据比较理想;如果 $0.7 \leq \alpha < 0.8$,则表明量表的信度一般高,样本数据可以接受;如果 $0.6 \leq \alpha < 0.7$,表明量表信度可以接受,但有些勉强,最好增列题项或修改语句;如果 $\alpha < 0.6$,则表明量表不理想,需要重新编制或舍弃 (吴明隆, 2008)。题项—总体相关系数 (CITC),即在同一变量维度下,每一测量题项与其他所有测量题项之和的相关系数,用于净化和消除垃圾题项。一般而言,题项—总体相关系数 (CITC) 应大于 0.35。

基于上述分析,本书以 Cronbach's α 系数大于 0.7,且 CITC 值大于 0.35 作为判断依据,运用 SPSS 19.0 对各研究量表进行信度检验。

一   核心企业外向型知识吸收能力量表

检验结果如表 8 - 7 所示,各因子的 Cronbach's α 系数值均大于 0.7

（最小值为 0.821），且题项—总体相关系数（CITC）均大于 0.5（最小值为 0.554），表明核心企业外向型知识吸收能力测度量表的信度良好。

表 8 - 7　核心企业外向型知识吸收能力量表的信度检验结果（N = 206）

因子	题项	描述性统计分析		信度分析		
		均值	标准差	CITC	项已删除的 Cronbach's α	Cronbach's α
ACa	1	3.42	1.017	0.570	0.876	0.821
	2	3.28	0.928	0.597	0.874	
	3	3.18	1.000	0.622	0.873	
ACb	4	3.03	1.106	0.556	0.878	0.828
	5	3.17	0.960	0.609	0.874	
	6	2.92	1.099	0.554	0.878	
ACc	7	3.19	0.941	0.637	0.872	0.833
	8	3.37	0.993	0.557	0.877	
	9	3.48	0.946	0.641	0.872	
	10	3.57	0.974	0.665	0.870	
	11	3.34	1.082	0.609	0.874	

注：最右列 0.884 为整体 Cronbach's α。

资料来源：根据 SPSS 19.0 运行结果整理。

二　核心企业技术能力量表

检验结果如表 8 - 8 所示，各因子的 Cronbach's α 系数值均大于 0.7（最小值为 0.751），且题项—总体相关系数（CITC）值均大于 0.5（最小值为 0.501），说明核心企业技术能力测度量表信度较好。

表 8 - 8　　核心企业技术能力量表的信度检验结果（N = 206）

因子	题项	描述性统计分析		信度分析		
		均值	标准差	CITC	项已删除的 Cronbach's α	Cronbach's α
TCa	2	3.61	1.093	0.501	0.835	0.712
	3	3.40	1.039	0.640	0.804	
TCb	4	3.21	1.162	0.656	0.800	0.818
	5	3.23	1.114	0.613	0.809	
	6	3.38	1.123	0.625	0.806	
	7	3.64	1.040	0.654	0.801	

注：最右列 0.836 为整体 Cronbach's α。

资料来源：根据 SPSS 19.0 运行结果整理。

三　知识差距量表

检验结果如表 8-9 所示，各因子的 Cronbach's α 系数值均大于 0.7（最小值为 0.829），且题项—总体相关系数值（CITC）均大于 0.5（最小值为 0.526），表明核心企业知识差距测度量表信度较好。

表 8-9　　　　知识差距量表的信度检验结果（N = 206）

因子	题项	描述性统计分析		信度分析		
		均值	标准差	CITC	项已删除的 Cronbach's α	Cronbach's α
KGa	1	3.46	1.048	0.607	0.799	0.839
	2	3.43	1.078	0.711	0.775	
	3	3.41	0.957	0.531	0.814	0.828
KGb	4	3.33	0.937	0.602	0.800	0.829
	5	3.32	0.954	0.611	0.798	
	6	3.17	0.862	0.526	0.815	

资料来源：根据 SPSS19.0 运行结果整理。

四　知识扩散量表

检验结果如表 8-10 所示，Cronbach's α 系数值均大于 0.7（最小值为 0.831），且题项—总体相关系数值（CITC）均大于 0.5（最小值为 0.520），说明知识扩散测度量表的信度良好。

表 8-10　　　　知识扩散量表的信度检验结果（N = 206）

因子	题项	描述性统计分析		信度分析		
		均值	标准差	CITC	项已删除的 Cronbach's α	Cronbach's α
KDa	1	3.28	0.957	0.534	0.839	0.831
	2	3.32	0.949	0.607	0.831	
	3	3.37	0.905	0.520	0.841	0.851
	4	3.39	0.864	0.592	0.833	
KDb	5	3.08	0.954	0.573	0.835	0.864
	6	3.17	0.938	0.621	0.829	
	7	3.32	1.009	0.607	0.831	
	8	3.29	0.944	0.658	0.824	

资料来源：根据 SPSS 19.0 运行结果整理。

五 集群创新绩效量表

检验结果如表 8 - 11 所示，Cronbach's α 系数值均大于 0.7 （最小值为 0.738），且题项—总体相关系数值（CITC）最小为 0.422，大于 0.35 的临界参考值，说明集群创新绩效测度量表信度较好。

表 8 - 11   集群创新绩效量表的信度检验结果 （N = 206）

因子	题项	描述性统计分析		信度分析		
		均值	标准差	CITC	项已删除的 Cronbach's α	Cronbach's α
IPa	1	3.55	0.990	0.615	0.790	0.738
	2	3.56	0.999	0.645	0.785	
	3	3.13	1.067	0.422	0.823	0.822
IPb	4	3.72	0.899	0.506	0.808	
	5	3.29	0.983	0.578	0.796	0.772
	6	3.12	1.071	0.562	0.799	
	7	3.37	1.007	0.634	0.786	

资料来源：根据 SPSS19.0 运行结果整理。

第三节　效度检验

量表效度包括内容效度和结构效度。关于内容效度，由于本书的相关变量量表大多是已有文献研究中多次使用过的，只有个别量表或题项是在广泛参考借鉴已有文献的基础上，结合本书对象的特点设计完成，且问卷初稿完成后，曾经与相关领域的专家学者、企业界人士多次讨论，在问卷结构、表达习惯、措辞、排列顺序等方面进行了多次修改，在此基础上进行了问卷的预测，并经过多次修改和完善，才最终形成了大规模发放的调查问卷。因此，可以认为，本书中的测度量表具有较高的内容效度。对于结构效度，本书运用结构方程模型（SEM）方法，借助 AMOS17.0，对研究中涉及的各研究量表进行验证性因子分析（CFA），以达到对结构效度的检验和度量。验证性因子分析主要用于确定概念中所包含的维度，可以对经探索性因子分析所得因子结构的拟合效果进一步检验，从而验证从理论文献归纳出的概念性维度与探索性因子分析所得出的实证性维度的契合程度。同时，验证性因子分析通过考察概念模型的拟合效果，可用来检验已知的特定结构是否按照预期的方式产生作用，是一种理论导向的结构效度检验方法（黄芳铭，2005）。

基于上述分析，本书选取 χ^2/df、RMSEA、GFI、AGFI、NFI、TLI、CFI 等被广泛认可和应用的指标作为评价测量模型的拟合指数。

一 核心企业外向型知识吸收能力量表

测量模型及拟合结果如图 8－1、表 8－12 和表 8－13 所示。

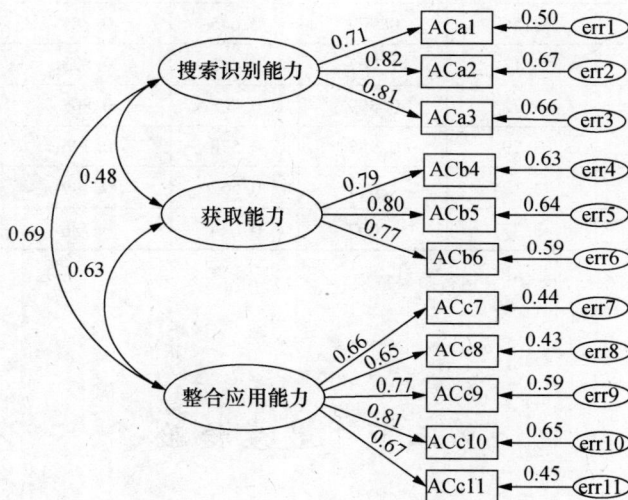

图 8－1 核心企业外向型知识吸收能力测量模型

表 8－12 核心企业外向型知识吸收能力测量模型拟合结果（1）（N＝206）

路径	未标准化路径系数	标准化路径系数	S. E.	C. R.（p）
1←ACa	1.000	0.709	—	—
2←ACa	1.117	0.820	0.111	10.070（＊＊＊）
3←ACa	1.124	0.811	0.112	10.010（＊＊＊）
7←ACc	1.000	0.664	—	—
8←ACc	1.035	0.652	0.128	8.105（＊＊＊）

路径	未标准化路径系数	标准化路径系数	S. E.	C. R. （p）
9←ACc	1.164	0.770	0.125	9.292（＊＊＊）
10←ACc	1.254	0.805	0.131	9.600（＊＊＊）
11←ACc	1.163	0.672	0.140	8.318（＊＊＊）
4←ACb	1.000	0.791	—	—
5←ACb	0.879	0.800	0.081	10.860（＊＊＊）
6←ACb	0.966	0.769	0.092	10.556（＊＊＊）

注：＊＊＊表示显著性水平 p＜0.001。

资料来源：根据 AMOS 17.0 运行结果整理。

表 8-13　核心企业外向型知识吸收能力测量模型拟合结果（2）（N＝206）

统计检验量	适配标准	检验结果	模型适配判断
χ^2/df	≤3.00	1.988	是
RMSEA	≤0.10	0.069	是
GFI	≥0.90	0.933	是
AGFI	≥0.85	0.893	是
NFI	≥0.90	0.923	是
TLI	≥0.90	0.946	是
CFI	≥0.90	0.960	是

资料来源：根据 AMOS 17.0 运行结果整理。

拟合结果表明：（1）各路径系数均在 p＜0.001 的水平上具有统计显著性，表明模型的内在质量比较理想；（2）因素负荷量介于 0.5—0.95 之间（最小值为 0.652，最大值为 0.820），表明模型基本适配度良好；（3）各适配度指标中，χ^2/df 为 1.988（达到小于 2 的优良水平），RMSEA 为 0.069（达到小于 0.08 的良好水平），AGFI 为 0.893，与 0.9 异常接近，GFI、NFI、TLI 和 CFI 值均在 0.9 以上。由此表明理论模型与实际观察数据的适配情形可以接受，模型外在质量良好。同时，测量模型中没有发生观察变量（题项）横跨两个因素构念情形，原先建构的不同测量变量均落在预期的因素构念上，表明测量模型有着良好的区别效度。

二　核心企业技术能力量表

外向型知识吸收能力的测量模型及拟合结果如图 8-2、表 8-14 和表 8-15 所示。

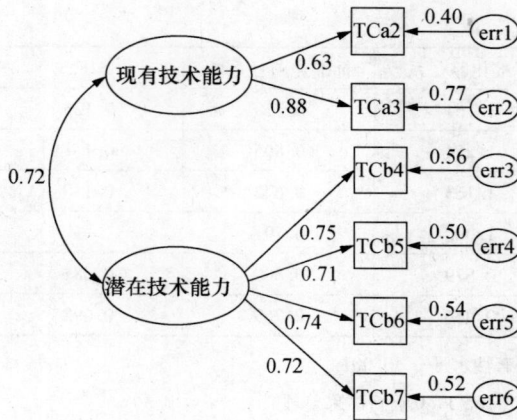

图 8 - 2　核心企业技术能力测量模型

表 8 - 14　　　　　核心企业技术能力测量模型拟合结果（1）（N = 206）

路径	未标准化路径系数	标准化路径系数	S. E.	C. R.（p）
2←TCa	1. 000	0. 630	—	—
3←TCa	1. 327	0. 879	0. 191	6. 928（＊＊＊）
4←TCb	1. 000	0. 746	—	—
5←TCb	0. 907	0. 706	0. 098	9. 239（＊＊＊）
6←TCb	0. 957	0. 738	0. 099	9. 623（＊＊＊）
7←TCb	0. 867	0. 722	0. 092	9. 438（＊＊＊）

注：＊＊＊表示显著性水平 p < 0.001。

资料来源：根据 AMOS 17.0 运行结果整理。

拟合结果表明：（1）各路径系数均在 p < 0.001 的水平上具有统计显著性，表明模型的内在质量比较理想；（2）因素负荷量介于 0.5—0.95 之间（最小值为 0.630，最大值为 0.879），表明模型基本适配度良好；（3）各适配度指标中，χ^2/df 为 1.568（达到小于 2 的优良水平），RMSEA 为 0.053（达到小于 0.08 良好水平）并且 GFI、AGFI、NFI、TLI 和 CFI 值均在 0.95 以上。表明理论模型与实际观察数据的适配情形可以接受，模型的外在质量良好。同时，测量模型中没有发生观察变量（题项）横跨两个因素构念情形，原先建构的不同测量变量均落在预期的因素构念上，表明测量模型有着良好的区别效度。

表 8 – 15　　　　　　　　技术能力测量模型拟合结果（2）（N = 206）

统计检验量	适配标准	检验结果	模型适配判断
χ^2/df	≤3.00	1.568	是
RMSEA	≤0.10	0.053	是
GFI	≥0.90	0.981	是
AGFI	≥0.85	0.950	是
NFI	≥0.90	0.972	是
TLI	≥0.90	0.980	是
CFI	≥0.90	0.989	是

资料来源：根据 AMOS 17.0 运行结果整理。

三　知识差距量表

测量模型及拟合结果如图 8 – 3、表 8 – 16 和表 8 – 17 所示。

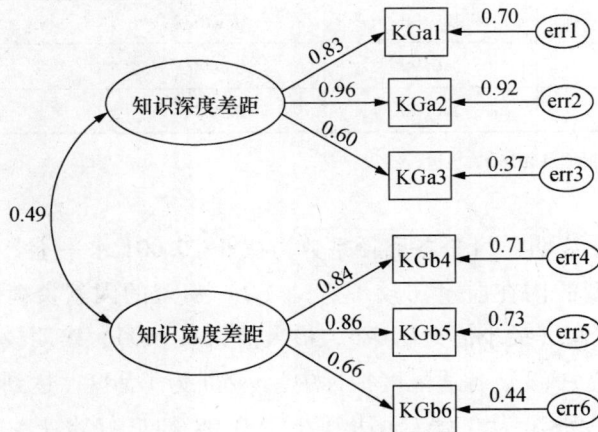

图 8 – 3　知识差距量表测量模型

表 8 – 16　　　　　　　知识差距测量模型拟合结果（1）（N = 206）

路径	未标准化路径系数	标准化路径系数	S. E.	C. R.（p）
4←KGb	1.000	0.845	—	—
5←KGb	1.032	0.856	0.087	11.058（＊＊＊）

续表

路径	未标准化路径系数	标准化路径系数	S. E.	C. R. （p）
6←KGb	0.722	0.663	0.075	9.658
1←KGa	1.000	0.835	——	
2←KGa	1.184	0.960	0.087	13.549 （＊＊＊）
3←KGa	0.662	0.605	0.071	9.348 （＊＊＊）

注：＊＊＊表示显著性水平 p < 0.001。

资料来源：根据 AMOS 17.0 运行结果整理。

表 8 - 17　　　　　知识差距测量模型拟合结果（2）（N = 206）

统计检验量	适配标准	检验结果	模型适配判断
χ^2/df	≤3.00	1.909	是
RMSEA	≤0.10	0.067	是
GFI	≥0.90	0.977	是
AGFI	≥0.85	0.940	是
NFI	≥0.90	0.975	是
TLI	≥0.90	0.977	是
CFI	≥0.90	0.988	是

资料来源：根据 AMOS 17.0 运行结果整理。

　　拟合结果表明：（1）各路径系数均在 p < 0.001 水平上具有统计显著性，表明模型的内在质量比较理想；（2）模型的因素负荷量基本介于 0.5—0.95 之间（最小值为 0.605，最大值为 0.960），表明模型的基本适配度可以接受；（3）各适配度指标中，χ^2/df 为 1.909（达到小于 2 的优良水平），RMSEA 为 0.067（达到小于 0.08 的良好水平），并且 GFI、AGFI、NFI、TLI 和 CFI 值均在 0.90 以上。表明理论模型与实际观察数据的适配情形可以接受，模型的收敛效度佳，从而模型外在质量良好。同时，测量模型中没有发生观察变量（题项）横跨两个因素构念的情形，原先建构的不同测量变量均落在预期的因素构念上，表明测量模型有着良好的区别效度。

　　四　知识扩散量表

　　测量模型及拟合结果如图 8 - 4、表 8 - 18 和表 8 - 19 所示。

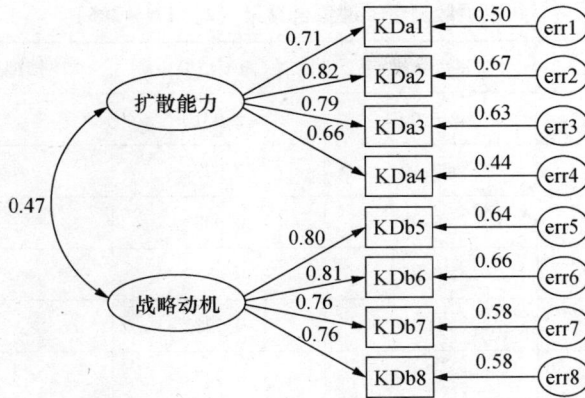

图 8 - 4　知识扩散测量模型

表 8 - 18　　　　　　知识扩散测量模型拟合结果（1）（N = 206）

路径	未标准化路径系数	标准化路径系数	S. E.	C. R. （p）
1←KDa	1. 000	0. 706	—	—
2←KDa	1. 149	0. 818	0. 115	10. 036（＊＊＊）
3←KDa	1. 060	0. 791	0. 108	9. 831（＊＊＊）
4←KDa	0. 846	0. 661	0. 100	8. 449（＊＊＊）
5←KDb	1. 000	0. 803	—	—
6←KDb	0. 992	0. 811	0. 083	11. 961（＊＊＊）
7←KDb	1. 002	0. 761	0. 090	11. 184（＊＊＊）
8←KDb	0. 937	0. 761	0. 084	11. 182（＊＊＊）

注：＊＊＊表示显著性水平 p < 0.001。

资料来源：根据 AMOS 17.0 运行结果整理。

拟合结果表明：（1）各路径系数均在 p < 0.001 水平上具有统计显著性，表明模型内在质量比较理想；（2）因素负荷量介于 0.5—0.95 之间（最小值为 0.661，最大值为 0.818），表明模型的基本适配度可以接受；（3）各适配度指标中，χ^2/df 为 2.931（达到小于 2 的良好水平），RM-SEA 为 0.077（达到小于 0.08 的良好水平），AGFI 值为 0.883，与 0.9 非

表 8 – 19　　　　知识扩散测量模型拟合结果（2）（N = 206）

统计检验量	适配标准	检验结果	模型适配判断
χ^2/df	≤3.00	2.931	是
RMSEA	≤0.10	0.077	是
GFI	≥0.90	0.938	是
AGFI	≥0.85	0.883	是
NFI	≥0.90	0.928	是
TLI	≥0.90	0.927	是
CFI	≥0.90	0.951	是

资料来源：根据 AMOS 17.0 运行结果整理。

常接近，GFI、NFI、TLI 和 CFI 值均在 0.9 以上。表明理论模型与实际观察数据的适配情形可以接受，模型的收敛效度佳，从而模型外在质量良好。同时，测量模型中没有发生观察变量（题项）横跨两个因素构念的情形，原先建构的不同测量变量均落在预期因素构念上，表明测量模型有着良好的区别效度。

五　集群创新绩效量表

测量模型及拟合结果如图 8 – 5、表 8 – 20 和表 8 – 21 所示。

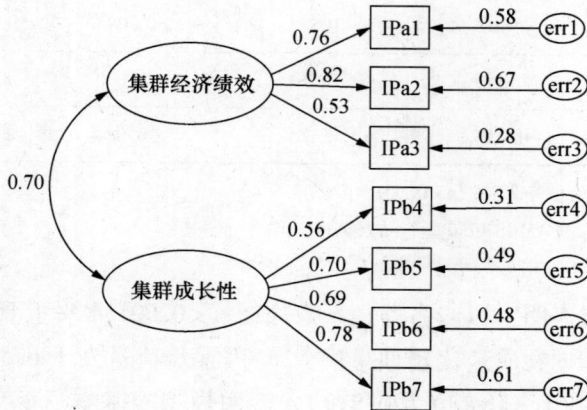

图 8 – 5　集群创新绩效测量模型

表8-20 集群创新绩效测量模型拟合结果（1）（N=206）

路径	未标准化路径系数	标准化路径系数	S. E.	C. R. （p）
4←IPb	1.000	0.558	—	—
5←IPb	1.378	0.704	0.198	6.967 （＊＊＊）
6←IPb	1.478	0.693	0.214	6.908 （＊＊＊）
7←IPb	1.563	0.779	0.214	7.297 （＊＊＊）
1←IPa	1.000	0.760	—	—
2←IPa	1.089	0.821	0.117	9.314 （＊＊＊）
3←IPa	0.755	0.533	0.110	6.866 （＊＊＊）

注：＊＊＊表示显著性水平 p＜0.001。

资料来源：根据 AMOS 17.0 运行结果整理。

表8-21 集群创新绩效测量模型拟合结果（2）（N=206）

统计检验量	适配标准	检验结果	模型适配判断
χ^2/df	≤3.00	2.315	是
RMSEA	≤0.10	0.080	是
GFI	≥0.90	0.960	是
AGFI	≥0.85	0.915	是
NFI	≥0.90	0.937	是
TLI	≥0.90	0.939	是
CFI	≥0.90	0.962	是

资料来源：根据 AMOS 17.0 运行结果整理。

拟合结果表明：（1）各路径系数均在 p＜0.001 水平上具有统计显著性，表明模型的内在质量比较理想；（2）模型的因素负荷量基本介于 0.5—0.95 之间（最小值为 0.533，最大值为 0.821），表明模型的基本适配度可以接受；（3）各适配度指标中，χ^2/df 为 2.315（达到小于 3 的良好水平），RMSEA 为 0.080（达到良好水平），并且 GFI、AGFI、NFI、TLI 和 CFI 值均在 0.90 以上。表明理论模型与实际观察数据的适配情形可以接受，模型的收敛效度佳，从而模型外在质量良好。同时，测量模型中没有发生观察变量（题项）横跨两个因素构念的情形，原先建构的不同测量变量均落在预期的因素构念上，表明测量模型有着良好的区别效度。

第四节　整体结构模型验证

本节将运用结构方程模型方法对本书提出的研究假设和概念模型进行验证，以探索基于核心企业视角的复杂产品制造业集群技术创新的关键影响因素及其作用机理。

一　初步数据分析

（一）样本数据合理性和有效性分析

首先，本书有效样本为 206 份，样本数量与测量题项数量比例大致为 5∶1，已达到 Gorsuch（1983）提出的最低样本容量要求，也能使结构方程模型分析结果保持稳定。

其次，用极大似然法（Maximum Likelihood；ML 法）进行结构方程模型的估计，要求样本数据服从正态分布（黄芳铭，2005；耿帅，2005）。因此，在运用结构方程模型（SEM）方法对研究量表进行验证性因子分析之前，有必要对量表数据进行正态性检验。数据的正态分布性可以通过检验测量变量的偏度和峰度值得到确认（耿帅，2005）。偏度反映数据的非对称性，负值表示分布为左偏态，正值表示分布为右偏态；峰度反映数据平坦或尖峰分布的情况（张永胜，2009）。一般来说，样本数据满足中值与中位数相近，峰度及偏度系数为 2，即可认为其服从正态分布。本书运用 SPSS 19.0 对样本数据的偏度和峰度进行的分析表明，样本数据观测值的偏度系数和峰度系数的绝对值均小于 1，符合正态分布要求（分析结果见附录 3）。

最后，通过前述信度和效度的检验可知，本书各量表数据均已达到可接受水平，且拟合效果都很好。

由此可以认为，本书样本容量、分布状态以及信度和效度等均达到结构方程建模的要求，可以继续进行整体结构模型的分析和验证。

（二）变量间相关性分析

在构建结构方程模型之前，还需要对结构方程所涉及的变量进行简单相关分析，以初步判断理论模型设置或研究假设是否合理。一般来说，假设中的两个变量间应具有较高的相关性，且相关系数应具有统计意义。本研究运用 SPSS 19.0 对核心企业外向型知识吸收能力、核心企业技术能力、知识差距、知识扩散和集群创新绩效等研究变量作 Pearson 相关分析（分析结果见表 8 - 22）。结果显示，各研究变量维度之间均达到了 0.01 水平上的显著相关，由此表明本书的概念模型基本合理。

表 8 - 22　　　　　各研究变量间的相关关系（N = 206）

	MEAN	S. D.	1	2	3	4	5
1. 外向型知识吸收能力	3.268	0.688	1				
2. 技术能力	3.412	0.812	0.686**	1			
3. 知识差距	3.352	0.715	0.125	-0.157*	1		
4. 知识扩散	3.276	0.658	0.640**	0.573**	0.281**	1	
5. 集群创新绩效	3.390	0.698	.685**	0.635**	0.143*	0.562**	1

注：** 表示在 0.01 水平（双侧）上显著相关；* 表示在 0.05 水平（双侧）上显著相关。

相关性分析的另外一个目的是考虑对全模型的验证是否适合采用分层回归的方法，分层回归方法是将各个变量进行逐级多元回归。但该方法存在两个限制条件：（1）自变量和因变量都要求可测；（2）难以处理多重共线性问题（李怀祖，2004）。本书主要采用 Likert 五分制量表获取主观判断数据，从而不太符合分层回归分析的第一项要求。另外，现实系统并非完全按照线性回归方程表述的那样，只是自变量和因变量相关，自变量之间也同样存在相关关系，自变量也并非全部都直接影响因变量，有些只是间接影响，即变量之间往往存在多重共线性问题。从前述相关分析结果可以发现，本书中五个变量之间显著相关。这种情况下运用回归分析会存在多重共线性问题，不太适合于本书理论模型的验证，因此运用结构方程模型（SEM）方法对前述构建的概念模型进行实证检验。

二　初始模型拟合

本书涉及的 5 个变量共由 11 个因子构成，如果直接用一阶因子作为潜在变量进行结构模型分析，无疑会增加模型的复杂性，而且很可能因为变量太多而使得模型测量无法顺利执行。在结构方程模型分析中，较好的办法是对各变量进行高阶因子分析，但这样做的一个缺陷是高阶因子分析一般只适用于每一个变量含 4 个及以上一阶因子的模型（除非有参数相等的限制），当模型中的变量只有 3 个及 3 个以下的一阶因子时，二阶因子模型分析在数学上等同于一阶因子模型（侯杰泰、温忠麟和成子娟，2004）。在此情况下，一个非常可行和有效的办法就是以一阶因子观测变量的得分平均值作为该因子得分，并以该得分作为二阶因子的观测值，以测量各变量二阶因子之间的结构关系（Marsh，1987）。由前述分析结果可知，本书各变量的信度、效度均已达到可接受水平，因此以单一衡量指标取代多重衡量指标应当是可行的。

基于此，本书在核心企业外向型知识吸收能力、核心企业技术能力、知识差距、知识扩散和集群创新绩效 5 个变量结构的基础上，以一阶因子得分的平均值作为该变量的得分，并把一阶因子作为二阶变量因子的度量项目，以测量变量间的结构关系。如此可以有效地缩减衡量指标的数目，从而使得整体模型的检验在执行数据分析时是可行的。

结构方程模型的评价通常包括参数检验、拟合度检验和解释能力评价。首先，需进行模型参数的显著性检验，在 AMOS 中，C. R. （Critical Ratio）是参数显著性检验的统计量，并同时给出 C. R. 的统计检验相伴概率 P（P 是原假设参数为零成立的概率），可根据 P 值对路径系数或者载荷系数的统计显著性检验的结果做出判定（易丹辉，2008），运用 A-mos17.0 对初始结构方程模型进行分析运算，数据拟合结果见图 8 - 6、表 8 - 23 和表 8 - 24。

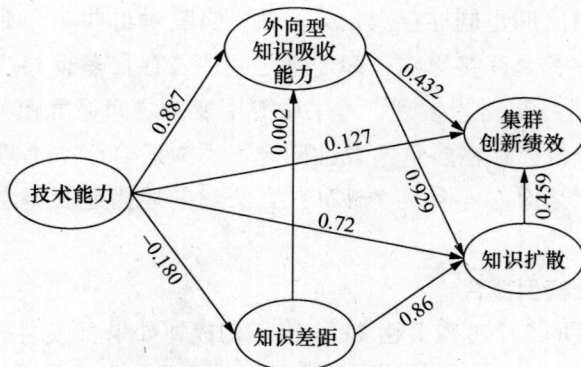

图 8 - 6　初始结构模型

表 8 – 23　　　　　　　初始模型拟合结果（1）（N = 206）

	标准化路径系数	未标准化路径系数	S. E.	C. R. （p）
外向型知识吸收能力←技术能力	0.887	0.913	0.118	7.702（***）
知识差距←技术能力	-0.180	-0.060	0.296	-2.015（0.044）
知识扩散←技术能力	0.072	0.059	0.234	0.253（0.800）
外向型知识吸收能力←知识差距	0.002	0.007	0.091	0.083（0.934）
知识扩散←知识差距	0.086	0.210	0.091	2.312（0.021）
知识扩散←外向型知识吸收能力	0.929	0.741	0.236	3.141（0.002）
集群创新绩效←技术能力	0.127	0.122	0.071	1.719（0.086）
集群创新绩效←外向型知识吸收能力	0.432	0.370	0.279	2.464（0.015）
集群创新绩效←知识扩散	0.459	0.491	0.337	1.457（0.145）

注：*** 表示显著性水平 p < 0.001。
资料来源：根据 AMOS 17.0 运行结果整理。

表 8 – 24　　　　　　　初始模型拟合结果（2）（N = 206）

统计检验量	适配标准	检验结果	模型适配判断
χ^2/df	≤3.00	2.925	是
RMSEA	≤0.10	0.101	否
GFI	≥0.90	0.912	是
AGFI	≥0.85	0.839	否
NFI	≥0.90	0.886	否
TLI	≥0.90	0.875	否
CFI	≥0.90	0.918	是

资料来源：根据 AMOS 17.0 运行结果整理。

由表 8 – 23 可知，初始模型中有 4 条路径所对应的 C. R. 值小于 1.96，未通过显著性检验，它们分别是：（1）知识差距→外向型知识吸收能力：C. R. = 0.083 < 1.96，p = 0.934；（2）技术能力→知识扩散：C. R. = 0.253 < 1.96，P = 0.800；（3）知识扩散→集群创新绩效：C. R. = 1.457 < 1.96，P = 0.145；（4）技术能力→集群创新绩效：C. R. = 1.719 < 1.96，P = 0.086。另外，由表 8 – 24 可知，虽然 χ^2/df = 2.925，小于 3，CFI 和 GFI 值均大于 0.9，但是，RMSEA 值为 0.101，大于 0.1，AGFI、NFI 和

TLI 值也均未达到 0.9 的临界值水平。由此表明，初始模型的拟合效果不够理想，应当对初始模型进行修正。

三　模型修正与确定

正如 Hatche（1994）所言，很少有初始模型只经过一次运算就能够拟合成功，这在产生模型的分析中尤为常见，其原因一方面可能是所构建的概念模型本身确实存在一些问题，另一方面或许是源于调查问卷所获得的数据造成的偏差。当模型拟合效果不理想时，可以根据 AMOS 17.0 提供的参数显著性结果和修正指标（Modification Index）对模型进行修正。根据参数显著性结果，也即 C. R. 值（临界比率）进行模型修正也称为模型限制，具体方式是通过删除或限制部分路径（通过删除初始模型中不存在显著意义的路径），使模型结构更加简洁。而根据修正指标进行的模型修正属于模型扩展，具体方式通过释放部分限制路径或添加新路径，使模型结构更加合理。无论如何修正，最终目的都是为了获得既简约又符合实际的模型（易丹辉，2008）。

前述未通过显著性检验的 4 条路径中，有 2 条路径的 P 值远大于 0.05 的水平，且 C. R. 值及标准化路径系数较小，他们分别是："外向型知识吸收能力←知识差距"和"知识扩散←技术能力"。为此，本书首先将这 2 条路径删除，形成修正模型 M1，并将数据重新导入 AMOS17.0 进行拟合运算，分析结果见图 8 −7、表 8 −25 和表 8 −26。

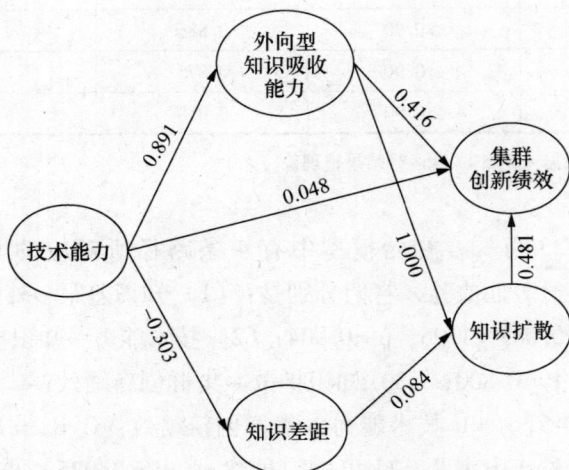

图 8 −7　修正模型 M1

表 8 - 25 　　　　　　　　修正模型 M1 拟合结果（1）（N = 206）

	标准化路径系数	未标准化路径系数	S. E.	C. R.（p）
外向型知识吸收能力←技术能力	0.891	0.914	0.116	7.866（***）
知识差距←技术能力	-0.303	-0.281	0.135	-2.286（.037）
知识扩散←知识差距	0.084	0.209	0.088	2.366（.018）
知识扩散←外向型知识吸收能力	1.000	0.802	0.090	8.929（***）
集群创新绩效←技术能力	0.048	0.042	0.205	0.206（.837）
集群创新绩效←外向型知识吸收能力	0.416	0.356	0.303	1.176（.240）
集群创新绩效←知识扩散	0.481	0.514	0.244	2.024（.041）

注：*** 表示显著性水平 p < 0.001。
资料来源：根据 AMOS 17.0 运行结果整理。

表 8 - 26 　　　　　　　修正模型 M1 拟合结果（2）（N = 206）

统计检验量	适配标准	检验结果	模型适配判断
χ^2/df	≤3.00	2.876	是
RMSEA	≤0.10	0.097	是
GFI	≥0.90	0.912	是
AGFI	≥0.85	0.858	是
NFI	≥0.90	0.896	是
TLI	≥0.90	0.904	是
CFI	≥0.90	0.917	是

资料来源：根据 AMOS 17.0 运行结果整理。

可以看出，与初始模型相比，修正模型 M1 的拟合指数有较大改善。通过对比分析初始模型和修正模型 M1 路径系数发现（见表 8 - 23 和表 8 - 25），模型修正后，有 5 条路径比初始拟合时有所改善，它们分别是"技术能力→外向型知识吸收能力"、"技术能力→知识差距"、"外向型知识吸收能力→知识扩散"、"知识差距→知识扩散"、"知识扩散→集群创新绩效"，其中路径"外向型知识吸收能力→知识扩散"得到了非常显著的改善，C. R. 值由 3.141 提高到 8.929，达到在 P < 0.001 水平上的显著性。但"技术能力→集群创新绩效"和"外向型知识吸收能力→集群创新绩效"两条路径的拟合效果有所降低，他们的 C. R. 值及显著性水平均

未达到临界值，其中"技术能力→集群创新绩效"路径的 C. R. 值
（0.206）和 P 值（0.837）与参照标准值相差很大。因此考虑删除路径
"技术能力→集群创新绩效"，对模型进行第二次修正，形成修正模型
M2，并再次将数据导入 AMOS 17.0 进行拟合运算，运算结果如图 8 - 8、
表 8 - 27 和表 8 - 28 所示。

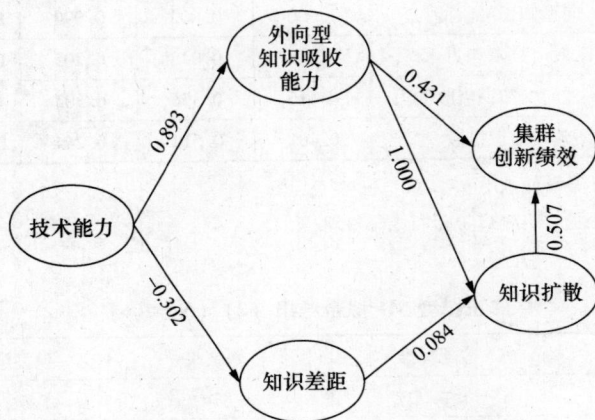

图 8 - 8　修正模型 M2

表 8 - 27　　　　　　　修正模型 M2 拟合结果（1）（N = 206）

	标准化路径系数	未标准化路径系数	S. E.	C. R.（p）
外向型知识吸收能力←技术能力	0.893	0.917	0.116	7.894（***）
知识差距←技术能力	-0.302	-0.281	0.135	-2.284（0.038）
知识扩散←知识差距	0.084	0.209	0.088	2.366（0.018）
知识扩散←外向型知识吸收能力	1.000	0.802	0.090	8.929（***）
集群创新绩效←外向型知识吸收能力	0.431	0.351	0.292	1.569（0.117）
集群创新绩效←知识扩散	0.507	0.542	0.239	2.193（0.028）

注：*** 表示显著性水平 p < 0.001。

资料来源：根据 AMOS 17.0 运行结果整理。

表 8-28　　　　　　　修正模型 M2 拟合结果（2）（N=206）

统计检验量	适配标准	检验结果	模型适配判断
χ^2/df	≤3.00	2.814	是
RMSEA	≤0.10	0.096	是
GFI	≥0.90	0.920	是
AGFI	≥0.85	0.871	是
NFI	≥0.90	0.908	是
TLI	≥0.90	0.912	是
CFI	≥0.90	0.924	是

资料来源：根据 AMOS 17.0 运行结果整理。

由修正模型 M2 拟合结果可以看出，除"外向型知识吸收能力→集群创新绩效"这一路径的显著性检验没有通过外，其余路径均通过检验。另外，相对于修正模型 M1 而言，修正模型 M2 的 RMSEA 值、GFI、AG-FI、NFI、TLI 和 CFI 等也都有所改善，均达到了临界水平的要求。由此表明，修正模型 M2 拟合较好，模型可以接受。虽然修正模型的 RMSEA 值仅为 0.096，未达到优良水平，表明模型仍有进一步修正的可能，但本研究尝试将 C. R. 值相对偏低的路径进一步删除，结果显示模型的拟合效果变得更差。因此，本书接受修正模型 M2，最终确认的概念模型如图8-9 所示。

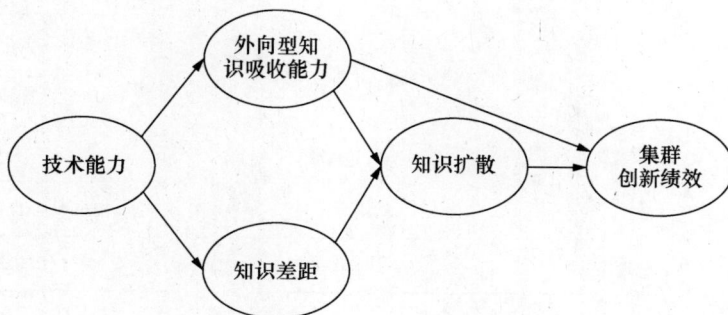

图 8-9　最终确认的概念模型

本章小结与讨论

本章综合运用探索性因子分析、验证性因子分析、相关分析和结构方程模型（SEM）方法，采用 SPSS19.0 和 AMOS17.0 等软件工具对通过问卷调查所收集的 206 份有效问卷进行统计分析，并实证检验了本书的理论模型和研究假设。具体验证过程如下：

首先，运用探索性因子分析方法，采用 SPSS19.0 对各研究变量进行单构面尺度检验，建构了各研究变量的因子结构；进而，对各研究变量进行信度检验，检验结果表明，各研究变量的测量题项具有较好的测量效果。

其次，运用结构方程模型（SEM）方法，采用 AMOS 17.0 对各研究量表进行验证性因子分析，从而对经探索性因子分析所得因子结构的拟合效果进行进一步检验，检验结果显示，各测量模型具有良好的拟合优度。

最后，在相关分析的基础上，运用结构方程模型方法，采用 A-MOS17.0 对整体结构模型进行验证，并根据验证结果进行了模型的修正，在此基础上，基于我国复杂产品制造业及其集群发展实践，对实证研究结果展开了分析与讨论。

第九章 研究结果讨论与策略建议

第一节 研究结果分析与讨论

一 实证研究的整体结果

本书在单构面尺度检验、信度检验和效度检验的基础上，运用结构方程模型（SEM）方法，采用 AMOS 17.0 对本书研究的理论模型进行实际验证并修正，经过两次模型修正，形成了最终确认的概念模型。研究结果表明，大部分研究假设都得到了证实，提出的各项研究假设的检验结果如表 9－1 所示。

表 9－1   假设检验结果汇总

假设	内容	验证结果
H1	核心企业外向型知识吸收能力对复杂产品制造业集群创新绩效具有显著正向影响	支持
H2	核心企业技术能力对其外向型知识吸收能力具有显著正向影响	支持
H3	核心企业技术能力对复杂产品制造业集群创新绩效具有显著正向影响	不支持
H4	核心企业技术能力对其与外部先进知识源之间的知识差距具有显著负向影响	支持
H5	核心企业与外部先进知识源之间的知识差距对其外向型知识吸收能力具有显著正向影响	不支持
H6	核心企业外向型知识吸收能力对其面向集群内部的知识扩散具有显著正向影响	支持
H7	核心企业技术能力对其面向集群内部的知识扩散具有显著正向影响	不支持
H8	核心企业与外部知识源之间的知识差距对其面向集群内部的知识扩散具有显著正向影响	支持
H9	核心企业面向集群内部的知识扩散对复杂产品制造业集群创新绩效具有显著正向影响	支持

二　研究结果讨论

本书综合运用因子分析、相关分析和结构方程模型（SEM）等统计学方法，借助 SPSS 19.0 和 AMOS 17.0，通过对 206 份有效样本数据的统计分析，实证检验了前文提出的理论模型和研究假设。检验结果显示：（1）核心企业外向型知识吸收能力通过"外向型知识吸收能力→集群创新绩效"和"外向型知识吸收能力→知识扩散→集群创新绩效"2 条路径对复杂产品制造业集群创新绩效产生直接和间接的显著正向影响，同时，核心企业外向型知识吸收能力对知识扩散具有直接且显著的正向影响。（2）核心企业技术能力对复杂产品制造业集群创新绩效没有直接影响，但通过"技术能力→外向型知识吸收能力→集群创新绩效"、"技术能力→外向型知识吸收能力→知识差距→集群创新绩效"和"技术能力→知识差距→知识扩散→集群创新绩效"3 条路径间接地对复杂产品制造业集群创新绩效发挥作用。（3）核心企业自身的技术能力对其外向型知识吸收能力具有直接且显著的正向影响，但对其与外部先进知识源之间的知识差距具有直接且显著的负向作用。（4）核心企业技术能力对知识扩散没有直接影响，但通过外向型知识吸收能力和知识差距间接影响知识扩散。（5）核心企业面向集群内部的知识扩散对复杂产品制造业集群创新绩效具有直接且显著的正向作用。（6）知识差距对知识扩散具有直接且显著的正向作用，同时通过知识扩散间接地影响集群整体创新绩效。

为了更清楚地了解本书所提出的理论模型和研究假设的验证情况，本部分结合实际调研情况，对实证检验结果展开分析与讨论。

（一）核心企业外向型知识吸收能力对复杂产品制造业集群创新绩效的作用机制

本书实证结果支持了核心企业外向型知识吸收能力对复杂产品制造业集群创新绩效的显著正向作用关系，假设 H1 成立。不过，这种影响由两部分构成，即直接效应和间接效应。这里，外向型知识吸收能力与集群创新绩效之间的标准化路径系数为 0.431，即核心企业外向型知识吸收能力对复杂产品制造业集群创新绩效的直接效应为 0.431。同时，外向型知识吸收能力与知识扩散之间的标准化路径系数为 1.000，知识扩散与集群创新绩效之间的标准化路径系数为 0.507，从而，外向型知识吸收能力对集群创新绩效的间接效应为 0.507。核心企业外向型知识吸收能力对复杂产品制造业集群创新绩效的总体效应值达 0.938。由此表明，核心企业外向型知识吸收能力一方面对复杂产品制造业集群的技术创新活动产生直接影响，另一方面又通过知识扩散的中介作用对复杂产品制造业集群的技术创新活动发挥间接作用，而且以知识扩散为中介作用的影响路径相对更为显著。上述验证结果同样支持了假设 H6 和假设 H9，即核心企业的外向型知识吸收能力对其面向集群内部的知识扩散具有直接且显著的正向影响作用，核心企业面向集群内部的知识扩散对复杂产品制造业集群创新绩效也具有直接且显著的正向影响。上述验证结果说明了如下问题：

首先，证实了复杂产品制造业集群核心企业在产业集群技术创新活动中的技术守门人和知识引进者作用。复杂产品制造业集群核心企业通过对集群外部先进知识和技术的搜索识别和获取，以及在此基础上将外部所获取知识与自身已有知识的整合应用，在实现自身技术创新能力提升的同时，推动了复杂产品制造业集群整体层面技术创新的实现。这与 Albino（1999）、周泯非和魏江（2009）、冯梅（2009）、项后军（2010）、杨锐和李伟娜（2010）等的研究结论相符合。

其次，证实了复杂产品制造业集群核心企业在集群创新网络中的创新扩散源和知识传播者作用。因为，即使核心企业具有很强的外部知识吸收能力，能够很好地将外部先进的知识和技术引入企业并推动企业自身技术创新能力的提升。但如果它们不能或不愿将创新成果主动地在集群系统内部进行扩散与传播，从而实现知识的流动与共享，那么产业集群整体基于知识流动和交互学习的集群化效应将难以发挥，核心企业对产业集群整体技术创新的促进作用也将大打折扣。只有核心企业充分发挥其在集群创新网络中的创新扩散源和知识传播者的角色、地位与作用，将它们从外部获取和吸收的先进知识以及经过与自身原有知识整合应用而形成的创新成果在集群系统内部主动地进行扩散与共享，才能更好地实现产业集群整体创新绩效的显著提升。这与 Boari（2001）、Nijdam 和 Langen（2003）、Morrison（2004）等的研究结论相一致。

综上所述，核心企业外向型知识吸收能力对复杂产品制造业集群创新绩效具有重要影响作用。因此，增强集群创新网络系统的开放性，正视集群主体在知识和能力等方面的异质性，充分发挥核心企业在产业集群技术创新过程中的知识引进者和创新扩散源的角色作用，在提升核心企业外向于集群的知识吸收能力的同时，鼓励核心企业通过积极主动地开展外向于集群的技术学习活动和内向于集群的知识扩散活动，从而有效推动产业集群整体技术创新能力的提升，并实现产业集群的持续创新发展。

（二）核心企业的技术能力对其外向型知识吸收能力的作用机制

实证检验结果表明，核心企业技术能力与其外向型知识吸收能力之间存在显著且直接的正向作用，其标准化路径系数为 0.893，假设 H2 成立。从而证实了由先验知识所体现的现有技术能力和由 R&D 活动所体现的潜在技术能力是企业层面知识吸收能力的关键影响因素的研究结论。已有的相关研究也支持了技术能力对组织吸收能力具有重要影响的研究结论。首先，关于现有技术能力与企业吸收能力的关系。Cohen 和 Levinthal（1990）最早对先验知识与吸收能力的关系进行研究，认为吸收能力是企业先验知识水平的函数。Anker（2001）提出吸收能力可以通过员工经验的积累而得到提高。Eriksson 和 Chetty（2003）研究表明，企业如果拥有在多个地区、多个国家获取多样化知识的经验，或者拥有在某个特定地区或国家获取深度知识的经验，那么对企业的吸收能力将会产生积极影响。国内学者刘常勇、谢洪明（2003）的研究也提出了类似的观点，认为企业先验知识的存量对组织吸收能力具有显著影响。徐二明和陈茵（2009）对企业吸收能力内涵的描述也体现了先验知识对吸收能力的重要影响，认为吸收能力可以被概括为由原有知识存量影响的企业对新知识的学习模仿能力。其次，关于潜在技术能力对组织吸收能力的重要作用。Cohen 和 Levinthal（1990）的研究强调了 R&D 活动这种潜在技术能力对企业吸收能力的重要作用，认为 R&D 投资不但能够产生新知识，而且能够提高企业的吸收能力。Rosenber 等（1990，2005）、Cassiman 和 Veugelers（2002）则强调基础 R&D 活动对于提高企业吸收能力的重要作用。国内学者刘常勇和谢洪明（2003）、孙兆刚等（2005）也得出了同样的研究结论。

由于本书对技术能力与外向型知识吸收能力之间关系的研究针对的是复杂产品制造业集群中的核心企业，它们进行技术创新所需的知识和技术往往是相关行业领域前沿、高端的知识与技术，这些知识和技术大多分布于外部技术发达的国家和地区，具有跨行政区域、跨国界的知识联结特征。因此，相对于集群中的非核心企业和传统制造业集群企业而言，搜索识别、获取并整合应用外部先进知识的能力，也即外向型知识吸收能力对核心企业及其所在集群的持续创新发展尤为重要。但核心企业外向型知识吸收能力必须以其自身的技术能力为前提和基础，只有在企业具有丰富的先验知识积累并积极开展 R&D 活动尤其是基础研究活动的情况下，才可能更多地接近行业领域的前沿高端技术，也才能够搜索并识别到有价值的技术创新源，从而依靠自身坚实的技术能力实现对有价值技术创新源的获取、消化吸收和整合应用。否则，如果核心企业自身技术实力不强，与外部领先知识和技术的差距过大，它们将很难搜索识别到对自身技术创新有价值的知识源。即使是搜索识别并获取到了外部先进的知识和技术，也往往会因为自身技术能力的限制难以实现对外部知识有效的消化吸收及整合应用。因此可以认为，相对于一般企业而言，复杂产品制造业集群核心企业自身的技术能力对于其外向型知识吸收能力的提升更为重要。

（三）核心企业技术能力对复杂产品制造业集群创新绩效的作用机制

假设 H3 描述了核心企业技术能力与复杂产品制造集群创新绩效之间的关系。假设 H7 描述了核心企业的技术能力对其面向集群内部的知识扩散的影响作用。但本书实证检验结果显示，核心企业的技术能力对复杂产品制造业集群整体创新绩效和其面向集群内部的知识扩散均没有直接影响，即假设 H3 和假设 H7 均未获支持。需要说明的是，虽然核心企业技术能力对复杂产品制造业集群创新绩效没有直接且显著的影响，但它通过如下 3 条路径间接地对集群创新绩效发挥作用：（1）技术能力→外向型知识吸收能力→集群创新绩效；（2）技术能力→外向型知识吸收能力→知识扩散→集群创新绩效；（3）技术能力→知识差距→知识扩散→集群创新绩效。其中，技术能力与外向型知识吸收能力之间的标准化路径吸收为 0.893，外向型知识吸收能力与集群创新绩效之间的标准化路径系数为 0.431，外向型知识吸收能力与知识扩散之间的标准化路径系数为 1.000，知识扩散与集群创新绩效之间的标准化路径系数为 0.507，技术能力与知识差距之间的标准化路径系数为 -0.302，知识差距与知识扩散指间的标准化路径系数为 0.084。由上述验证结果可知，核心企业技术能力通过外向型知识吸收能力、知识差距和知识扩散，间接地影响复杂产品制造业集群的创新绩效。上述验证结果同样可以对核心企业的技术能力与其面向集群内部的知识扩散之间的关系做出解释。核心企业的技术能力虽然没有直接地影响其面向集群内部的知识扩散，但它通过外向型知识吸收能力和知识差距对知识扩散发挥间接的影响。另外，上述检验结果还可以解释知识差距与知识扩散之间以及技术能力与知识差距之间的作用关系。实证研究结果显示，核心企业在开展外向型技术学习活动时，与外部先进知识源之间的知识差距对其面向集群内部的知识扩散具有直接影响作用；核心企业自身的技术能力对其开展外向型技术学习时与外部先进知识源之间的知识差距具有负向影响作用。假设 H8、假设 H4 获得支持。

上述验证结果表明，作为外向型知识吸收能力的关键影响因素之一，核心企业技术能力虽然不会对集群整体创新绩效产生直接影响，但核心企业自身技术能力的提高，有助于增强其对外部先进知识和技术的搜索识别、获取以及整合应用的能力，从而通过外向型知识吸收能力间接地对集群创新绩效产生影响。另外，在复杂产品制造业这种高端装备制造领域，即使是我国装备制造业领域中的核心企业，他们与技术领先国家和地区的相关企业相比，仍然存在很大的知识差距。在此背景下，对于我国复杂产品制造业集群核心企业而言，自身技术能力的增强能够在一定程度上缩小他们与外部先进知识源之间的知识差距，从而能够降低他们对外部先进知识和技术搜索识别和获取的难度，并提升他们外向型技术学习的意愿和动力，最终通过有效的知识扩散活动，实现产业集群整体创新能力的提升。因此，应当通过加大 R&D 投入、引进高级人才、加强人员培训、扩大技术交流等方式提升核心企业知识和技术的积累，更好地推动复杂产品制造业集群的持续创新发展。

（四）知识差距对核心企业外向型知识吸收能力的作用机制

假设 H5 描述了复杂产品制造业集群核心企业与外部先进知识源之间的知识差距对其外向型知识吸收能力之间的作用关系。但该路径关系在最终结构模型中未能成立，也即假设 H5 未获支持。一般认为，一定范围内的知识差距可以增强企业对外部知识学习的积极性和动力，这将有助于企业对外部新知识的搜索识别、获取以及整合应用，从而提升核心企业的外向型知识吸收能力。但该作用路径并未在本实证研究中得到充分验证。这可能是因为：

首先，已有研究大多针对的是传统产业领域或者非保密领域企业间的知识转移问题，所涉及的一般是行业通用技术。因此，已有研究一般认为，在一定的知识差距范围内，随着知识差距的不断增大，企业对外部知识的吸收能力将会不断增强，企业间知识转移的效果也逐渐提高。因为，当与外部知识源处于可接受知识差距情况下，如果知识差距过小，往往会影响知识接受方技术学习的意愿和动机，从而影响其对外部知识的吸收和应用，而不太会影响知识接受方的知识吸收能力。随着双方知识差距的不断增大，对于知识接受方而言，可供学习和模仿的技术机会也就越多，从而知识接受方技术学习的意愿、动机增强，最终促使知识接受方通过不断增强外部知识吸收的能力以提升其获取、消化外部知识以及将外部知识与企业已有知识整合并应用于商业目的的效率和效果。而复杂产品制造业属于为国民经济发展和国防建设提供高端复杂技术装备的基础性、战略性产业，复杂产品的研制技术具有较强的专有性和较高的技术保密性要求。另外，由于复杂产品制造业属于高端技术装备制造产业，行业领先技术主要分布于发达国家和地区，我国复杂产品制造业集群核心企业外向型技术学习的对象主要是美国、俄罗斯、法国等技术发达国家的装备制造业相关企业和研究机构。上述两方面原因决定，相对于一般制造业企业而言，复杂产品制造业集群核心面向群外、区外、国外搜索识别并获取外部先进知识与技术的难度和复杂性程度较大，从而即使是在合理的知识差距范围内，复杂产品制造业集群核心企业单靠自身力量也难以顺利开展外向型技术学习活动。

其次，由于我国复杂产品制造业起步较晚，致使我国装备制造企业，即使是核心企业的科研实力与技术水平相对于发达国家或地区的装备制造业领先企业而言，仍然非常落后。我国复杂产品制造业集群核心企业与外部尤其是国外先进知识源之间的知识差距过大，并没有处在适合于知识接受方吸收知识的合理范围内。在这种情况下，知识差距与外向型知识吸收能力之间的正向作用关系就很难成立。

第二节　管理策略和建议

一　针对集群核心企业的策略建议

复杂产品制造领域许多关键组件技术都被国外企业垄断。从短期看，由于本地集群没有掌握这些关键组件技术，使得集群核心企业只能通过进口来完成这些关键组件的获取，其利润很大一部分都被这些关键组件所带走，极大地影响核心企业乃至本地产业集群的收益状况；从长期看，这些关键组件技术的缺失破坏了本地集群创新网络的完整性，制约了我国复杂产品制造业集群核心企业自身技术体系的构建和发展，也增加了其对国外关键组件供应商企业的依赖。因此，需要采取措施应对我国复杂产品制造业集群配套技术体系不完整，众多关键组件技术缺失的局面。

（一）加强与国外技术领先企业合作

我国复杂产品制造业集群目前大多面临的配套技术体系不完整，众多关键组件技术缺失的局面，为此，需要获取的关键组件技术种类繁多，而获取过程本身也需要消耗很长的时间，这意味着上述局面难以在短时期内得以扭转，因而有必要在今后相当长的一段时间里必须加强我国复杂产品制造业集群核心企业与国外技术领先企业的合作。具体的合作措施总体上大致有三种类型：（1）我国复杂产品制造业集群核心企业在进行全球化采购的同时，注重与国外供应商建立一种长期战略伙伴关系，从而使国外关键组件技术的成长方向逐步向我国市场靠拢；（2）将持有关键组件技术的国外企业直接引入本地产业集群，与我国复杂产品制造业集群核心企业共建配套技术创新体系；（3）我国复杂产品制造业集群核心企业从国外企业获取关键组件技术自己进行创新。不过，这三种合作类型各有其优势和不足，我国复杂产品制造业集群核心企业应该依据自身的情况合理选择合作方式。目前一些核心企业综合使用上述几种合作类型从而形成复合型合作方式，这样的合作方式非常值得现有的复杂产品制造业集群核心企业学习和借鉴，如徐工集团采取将其国外供应商引入本地集群合资建厂，在引入的同时逐步实现了关键组件技术获取的目的；中联重科在收购 CI-FA 之后，也在本地为其兴建专门的生产和研发基地，这样在获取关键组件技术的同时也享受到了技术发展本地化和集群化的各种优势，这些方式可以有效弥补单一合作方式的不足，发挥多种合作形式的互补优势。

（二）促进核心企业之间的强强联合，减少关键组件技术的重复引进

缺失相关关键组件技术的核心企业一般都希望自己独立获取以便在行业竞争中赢得优势，但最终结果往往是对同一种关键组件技术形成重复引入，最终造成极大的资源浪费。比较典型的例子是我国工程机械产业一些集群中的大多数核心企业都对液压件技术极为重视，为此投入了相当多的资源从国外引入此类技术，然而从整个产业来看，许多子技术的引入都是重复的，如果产业集群核心企业之间能够联合起来共同引入此类技术就可以有效避免重复引入，减少资源浪费，提升技术引入效率。

（三）促进核心企业在新兴技术和换代技术上实现突破

由于国外产业技术发展起步远远早于国内，对于国内缺失的关键组件技术选择从国外直接引入，可以极大地利用现存研究成果，较本土化自行研究更为经济快捷。而对于现阶段出现的某些新兴技术和换代技术，比如

绿色技术、低碳技术、激光技术和纳米技术等，它们出现的时间不长，国外企业已经在这些技术上取得了一定进展，并且保持领先地位。我国复杂产品制造业集群核心企业应该参与新兴技术和换代技术的研发，以避免造成差距过大。另外，为了尽快实现在新兴技术和换代技术方面的技术追赶，缩短技术差距，我国复杂产品制造业集群核心企业可以考虑吸引新兴技术和换代技术进入本地集群，具体可以由核心企业和集群所在地政府共同协作完成，其中，核心企业负责对新兴技术和换代技术进行甄别，以选取适于本地产业集群采用和发展的目标技术，而地方政府则负责为技术引入搭建渠道，并且提供各种必要的资金支持和服务支持。

（四）加大研发投入，多方面开展技术创新合作

创新的产生是以研发投入为前提的，研发投入强度不足是制约我国复杂产品制造业创新产出的重要因素，复杂产品制造业是典型的技术密集型行业，目前大量的关键零部件和核心动力系统仍然依靠国外进口，受制于国外的厂家。为此，我国复杂产品制造业集群要想实现突破性的创新发展，必须要有自己的核心技术，这就需要在积极开展集群企业之间合作创新的同时，加大对核心企业的研发投入，并加强核心企业与高等院校、专家型公司以及科研院所之间多种形式的技术创新合作。

（1）高度重视、培养具有专业技术，能担负重大项目的创新型人才，通过制定优惠政策，为他们提供更加有利的创新环境和就业条件；

（2）大胆选拔一批当地有能力的人员，派送他们到国外进行专业知识的学习与交流，努力提升集群内技术人员整体的教育等级水平和技术水平；

（3）以国内高等院校为网络，为集群内员工开展多层次的专业知识和技术培训，保证持续为集群创新发展提供所需的各类专业技术人才；

（4）为集群建立通畅的人才引进通道，通过各种优惠政策吸引国内外优秀人才；

（5）制定和规范科技人才兼职办法，引导和规范高等院校或科研机构的科技人才到企业兼职。

（五）重视人才建设

在推动核心企业技术创新的同时，应加大引进创新人才，构建人才信息库与人才信息网络，核心企业可以利用优厚的待遇和良好的发展空间，不断引进人才，建立专业人才培训基地，进一步提升人力资本水平，改善

人力资本结构，确保人力资源的弹性供给。

二 针对政府的策略建议

由于如下几方面原因的存在，使得政府在我国复杂产品制造业集群的成长与创新发展过程中发挥着异常重要的作用。

首先，相对于发达国家和地区，我国市场化程度和开放化程度较低。在那些市场经济比较成熟且开放化程度较高的国家和地区，先进成熟的基础设施、便捷的信息获取渠道、开放的创新环境氛围等，都为企业之间的合作创新奠定了良好的基础，在这种创新网络中，政府部门主要发挥服务和支持的作用。而在中国这种市场化和开放化程度相对较低的国家，虽然核心企业是产业集群创新发展的绝对主体，但核心企业作用的有效发挥离不开政府部门的引导和支持，甚至需要政府大量的直接投入。

其次，复杂产品制造业的产业特点及复杂产品的研制特征决定了政府部门对复杂产品制造业集群创新发展的高参与度。这又表现在如下几个方面：（1）复杂产品制造业是我国国民经济发展和国防建设的基础性和战略性产业，复杂产品的研制技术往往代表了一个国家或地区的最高技术水平，该领域往往存在一个国家或地区急需且重要的一些技术创新成果。（2）复杂产品具有研制周期长、资金投入大、创新风险高、技术保密性强等特点，这些特点在一定程度上限制了民间机构的参与度。（3）复杂产品制造业属于高端前沿技术领域，行业领先技术大多分布于发达国家和地区，相关技术的专有性和保密性很强，这就加大了我国复杂产品制造业集群核心企业依靠自身力量开展外向型技术学习的难度和复杂性。（4）复杂产品的研制涉及多种知识和技术的集成，具有跨技术和产业领域、跨行政区域甚至跨国界的知识联结特征，企业之间的跨组织知识联结往往存在由于政治因素、行政因素所导致的创新资源获取障碍。

基于上述分析，考虑复杂产品制造业集群及其创新的特点，对于地方政府而言，比较合理的策略应该是双管齐下，一方面帮助核心企业积极获取自身所缺失的关键组件技术，逐步完善集群创新网络的组件技术体系；另一方面鼓励核心企业适度地将关键组件技术向集群内部的中小企业分包和转移，以合理地内部消化过多的关键组件技术，从而避免核心企业自身发展过于臃肿，资源投入面过大的问题。总之，复杂产品制造业集群的创新发展所追求的并非是核心企业一枝独秀的局面，而是力求在核心企业的引领和带动下，在集群所在地政府的协助下，实现产业集群整体的协调发展。

基于此，从政府角度考虑，需要从如下几个方面促进复杂产品制造业集群的创新发展：

（一）加大对创新主体的投入和扶持力度，促进新技术和新企业的增长

1. 加大资金投入，加强对复杂产品制造业集群核心企业、科研机构和专家型公司建设

建立以财政支撑、信用担保、政府采购、会计处理、融资机制等为主要内容的一系列政策措施，加大资金投入和支持力度，为集群创新提供必要的物质保障，鼓励和引导核心企业、科研机构及专家型公司积极开展科学研究和技术开发。因为，技术采用成本是企业技术创新采用和传播的重要影响因素，技术采用成本本身存在着一种随时间下降的趋势，并且技术创新采用者的数量及会随着采用成本的降低而逐步提升。但是，这不意味着集群所在地政府可以放任技术创新的传播过程不管，无所作为只等待着采用成本逐步接近其最小值。事实上，许多技术创新自其出现到其技术采用成本接近稳定的最小值所消耗的时间都要经历几十年的时间，集群所在地政府完全有必要采取措施来缩短这一时间。一个比较有效的措施是将企业目标技术创新采用成本的一部分直接返还给企业或者用于抵扣企业的税金，这一措施实际上起到了降低技术采用成本的作用。例如，对购买境外创新技术专利的企业，政府通过退税政策和奖励政策等形式给予企业一系列的补偿，鼓励并帮助大型核心企业建立自己的研发中心、工程中心，对企业内拥有经有关部门认定为省级以上研发中心、工程中心的，给予企业一定的资金支持和税收优惠政策；建立风险投资机制，为核心企业提供风险资本，分担企业创新风险，鼓励核心企业自主创新。

2. 建立专利情报系统和预警系统

首先，政府有关部门应建立专利预警机制，为集群核心企业提供规避专利纠纷和开发自主知识产权提供参考。专利预警机制就是通过收集与分析本行业及相关技术领域的专利信息，把可能发生的专利纠纷、产生的危害及对策措施及时通告相关部门；同时，收集并发布知识产权被侵害的信息，并提出相应的对策建议。相关政府部门应成立专门机构针对国内外与本地复杂产品制造业集群有竞争关系的产业集群和企业进行信息收集、分析和深入研究，如可以根据企业的要求对某一产品的相关技术进行专业的知识产权分析，为企业技术创新指明方向。同时，建立专家分析系统，有

计划、有目的的收集、整理、分析知识产权风险，发布预警信息，提醒企业采取应对措施。

其次，地方政府应建立完整的专利情报系统，对相关领域的专利文献进行整理和发布。世界知识产权组织（WIPO）的研究表明，世界新的发明创造98%以上的信息都通过专利文献反映出来。在研究开发工作的各个环节中注意运用专利文献，不仅能提高研究开发的起点，而且能节约40%的科研开发经费和60%的研究开发时间。通过对专利文献的分析和利用，可避免企业的重复开发，提高研究工作的起点；同时也可以发现一些非常有价值的"过期专利"，由于专利具有时间性的特点，各个国家都是只在一定期限内对专利进行保护，所以许多"过期专利"并不是技术已经过时，只不过是过了专利保护期的专利。由于专利的保护期不能续展，所以许多技术还比较先进的专利在过了保护期后，就成了公众的"免费午餐"，企业可以无偿使用。对于我国复杂产品制造业核心企业而言，利用这些"过期专利"中的技术，既降低了研发成本，又可以迅速提高技术能力，增强产品竞争力。

3. 促进专利的组合化和标准化

长期以来，发达国家及其跨国公司长期垄断和控制世界先进技术及技术发展方向，是世界主要的技术发源地。发达国家基础研究总体水平高，从而确立了技术方面的领先地位，目前它们掌握着全世界86%的研发投入、90%以上的发明专利。跨国公司作为发达国家参与国际竞争的主体代表，更是掌握了世界80%以上的新技术和新工艺的专利权，控制着80%左右的尖端技术开发和30%的国际技术转移，垄断着国际技术贸易。对于我国复杂产品制造业集群而言，要想一下子从内部产生大量自有技术是不现实的，为此，应当紧紧依托国内和国外两个技术源头，通过购买和合作，从企业外部、区域外部甚至国外引入技术。为突破发达国家的封锁，我国复杂产品制造业集群应当坚持走原始创新、系统集成和引进消化吸收再创新相结合的道路，要抓住那些对经济、科技、国防、社会发展具有战略性、基础性、关键性作用的战略高技术领域，通过强化原始创新抢占前沿技术制高点。

4. 为集群内的中小企业、特别是创新型中小企业解决融资难问题

作为中小企业的担保人，鼓励银行向配套中小企业提供贷款、加大担保力度、增加风险信用担保比例等，确保配套中小企业创新发展的资金需

求；对创新型的配套中小企业，可以参照高新技术企业的标准，使它们优先享受国家、省、市高新技术企业的各项优惠政策，对它们实行优先申报科技项目的优惠措施，并给予项目资助和补贴。

（二）充分发挥地方政府"中间人"角色

上级政府作为产业集群创新发展政策的制定者，还应充分发挥地方政府"中间人"的角色，促进集群系统内部企业之间以及企业与其他机构（研究机构、行业协会、金融机构、地方政府等）之间的合作交流，加强集群内各创新主体之间的组织协调，实现产业集群整体的协同创新。

1. 采用财政支持和科技政策等手段

通过创新研发合作、市场开发合作、生产过程合作等方式鼓励科研机构、专家型公司参与集群内的产学研合作，建立产学研合作培育人才的新机制，为产业集群的创新发展提供专业知识、技术培训、技术人才等高级生产要素，实施产学研联合开发工程，鼓励产学研各方发挥综合优势，联合开发关键性技术，合作解决产业集群发展的重大技术瓶颈。规范集群内的技术市场，为企业提供学习和交流的机会，促进创新成果的产生。

2. 加大对信息交通网络资金投入

建立包括政策信息、技术信息、市场信息在内的信息网络平台，提高集群企业信息获取能力和信息开发能力。提高政府的信息整合能力，及时提醒、引导企业经济发展的趋势和问题，提高企业应对环境变化和挑战的能力。

3. 地方政府充当集群创新成果"购买者"角色

要使地方政府充当集群创新成果"购买者"的角色，促进地方政府与集群内其他主体之间进行互动合作。

4. 加强集群内行业协会建设

完善行业协会的中介职能，健全行业协会与中小企业之间的技术测试、技术咨询、技术转移、创新资源共享等方面的服务功能，充分发挥行业协会在集群创新合作网络中的联结作用，加强集群创新主体之间的联系，提高集群的创新效率，推动整个产业集群的创新发展。同时，依托集群内行业协会等中介机构，建立人才信息库，为集群创新主体推荐人才。

5. 建立健全产业集群的金融服务体系

引导金融机构积极参与破解集群企业的融资瓶颈，积极引导资金注入产业集群的创新活动，扩大集群内金融机构的融资平台，广泛开展与银信部门的联系，争取授信额度，为企业争取更多的资金。一要发挥政府对风险投资的引导作用，建立财政参控股的风险投资基金，并调动和引导社会风险投资者积极参与；二要倡导大企业、社会法人和科研机构联合组建股份制风险投资公司，并由政府给予一定优惠政策进行扶持；三要与地方企业信用担保中心合作，建立企业信贷担保机构，为集群创新主体提供融资担保；四要积极支持和配合开辟企业上市绿色通道，积极创造条件促成集群内企业到证券市场上融资。

6. 加强集群主体间和外部交流

由政府牵线搭台，促进集群内各创新主体之间以及与外部知识源的合作交流。通过教育和培训来提升集群企业员工的知识水平与技术能力，无疑会对集群企业的信息知识获取能力的提升产生正面影响，为此，可以考虑将技术推介机构和咨询公司引入集群内部，使它们协助集群企业来获取目标技术创新的知识与信息，也对提升集群企业的信息知识获取能力有所帮助；同时，为了增大信息知识获取渠道数量，政府应该为集群企业提供更多交流机会，特别是鼓励目标技术创新采用企业积极向潜在采用者传授经验和策略，本书始终将目标技术创新最重要的信息和知识源锁定为集群中已经采用该技术创新的企业而非其他类型的组织，原因在于强调信息和知识源与潜在采用者具备一定相似性和可比性，同是一个集群的企业，彼此或者是供应商与客户关系，或者是竞争者关系，这样的企业采用目标技术创新之后的收益状况对于潜在采用者估计自身采用后的收益更有意义。

7. 引导产业集群融入全球价值链

一是积极开展全球范围的区域营销，为产业集群的发展升级提供创新支持政策。

二是协同集群内企业、行业协会等相关主体共同了解产品质量标准、技术流程标准、国际社会责任标准等，积极应对国际贸易摩擦、反倾销制裁等。

（三）加强集群创新发展的软环境建设

产业集群创新发展软环境包括政策法律等制度环境（如知识产权保护）和社会文化环境（如创新氛围培育）。

（1）积极引导集群成员自我创新意识，鼓励他们的创新热情，让每个集群成员的技术知识能够成为整个集群"俱乐部知识"的一部分。

（2）加大对集群内企业技术专利和技术发明的奖补力度、鼓励企业争创品牌、积极申报各类科技计划项目和高新技术产业支持项目等。

（3）利用政府创新基金的杠杆作用，建立健全有效的集群创新激励机制，为集群创新发展创造有利的制度环境。

（4）政策制定要充分考虑本地区的文化特色，营造一个有利于集群创新的文化氛围。

（5）采取严格的知识产权保护制度，充分利用集群整体力量，加快对引进技术和新技术的消化、吸收和创新，避免模仿创新。

（6）通过在产业集群中不断的实践，对现有政策法规进行补充、修订，保证已出台的政策能够灵活应对市场中的各种问题，有效地刺激集群的创新和升级。

（7）在公共服务方面应简化审批流程，提高办事效率和工作的透明度。

本章小结与讨论

本章基于我国复杂产品制造业及其集群化创新发展的实践，以及对我国复杂产品制造业集群创新网络的思辨分析，对本书实证研究证实和证伪的结果展开了分析与讨论。研究发现：

（1）增强集群创新网络系统的开放性，正视集群主体在知识和能力等方面的异质性，充分发挥核心企业在产业集群技术创新过程中的知识引进者和创新扩散源的角色作用，在提升核心企业外向于集群的知识吸收能力的同时，鼓励核心企业通过积极主动地开展外向于集群的技术学习活动和内向于集群的知识扩散活动，有助于大型复杂产品制造业集群的持续创新发展。

（2）由于本书对技术能力与外向型知识吸收能力之间关系的研究针对的是复杂产品制造业集群中的核心企业，它们进行技术创新所需知识和技术往往是相关行业领域前沿、高端的知识与技术，这些知识和技术大多分布于外部技术发达的国家和地区，具有跨行政区域、跨国界的知识联结特征。因此，相对于集群中的非核心企业和传统制造业集群企业而言，搜索识别、获取并整合应用外部先进知识的能力，即外向型知识吸收能力对核心企业及其所在集群的持续创新发展尤为重要。同时，相对于集群中的一般企业而言，复杂产品制造业集群核心企业自身的技术能力对于其外向型知识吸收能力的提升更为重要。

（3）核心企业技术能力虽然不会对集群整体的创新绩效产生直接影响，但核心企业自身技术能力的提高有助于增强对外部先进知识和技术的搜索识别、获取以及整合应用能力，从而通过外向型知识吸收能力间接地对集群创新绩效产生影响。

（4）知识差距对核心企业外向型知识吸收能力作用机制的研究假设未获支持，可能的原因在于：

首先，复杂产品制造业属于为国民经济发展和国防建设提供高端复杂技术装备的基础性、战略性产业，复杂产品的研制技术具有较强的专有性和较高的技术保密性要求。另外，由于复杂产品制造业属于高端技术装备制造产业，行业领先技术主要分布于发达国家和地区。因此，对于复杂产品制造业集群核心企业而言，即使是在合理的知识差距范围内，单靠核心企业自身力量也难以顺利开展外向型技术学习活动。

其次，由于我国复杂产品制造业起步较晚，致使我国复杂产品制造业核心企业的科研实力与技术水平比发达国家或地区落后，导致核心企业与外部先进知识源的知识差距过大，没有处在适合于知识接受方吸收知识合理范围内。在这种情况下，知识差距与外向型知识吸收能力之间的正向作用关系就很难成立。

第十章 研究结论与展望

在前文研究的基础上，本章对本书的主要研究工作进行总结，并归纳提炼主要的研究结论和创新点。进而对研究中存在的局限与不足进行解释与说明，并提出未来进一步研究的可能方向。

第一节 本书主要工作及研究结论

一 主要工作

本书以产业集群、创新网络、组织学习和知识管理等多种理论成果为基础，以复杂产品制造业集群这种以大型核心企业为主导的产业集群为研究对象，从集群创新网络开放性和集群主体异质性的综合视角，以中观的集群整体为问题研究的层面，采取理论分析与实证研究相结合，并以实证研究为主的方法展开研究，以期从新的视角探寻集群创新的本质特征和决定因素。首先，通过实地访谈调研、问卷调查等方式获取实证研究所需数据资料。进而，综合运用因子分析、相关分析和结构方程模型（SEM）等统计学方法，借助 SPSS 19.0 和 AMOS 17.0，在单构面尺度检验、信度检验和效度检验的基础上，对核心企业外向型知识吸收能力及其关键影响因素与复杂产品制造业集群创新绩效之间关系的理论模型进行实际验证。研究成果能够为我国复杂产品制造业集群的创新发展提供理论指导和决策借鉴，同时能够在一定程度上扩展产业集群创新管理的理论与方法。

（一）对相关理论与文献进行梳理、归纳并评述

对产业集群理论的演进、不同视角下的集群创新系统研究、企业网络相关理论、核心企业的研究进展以及知识吸收能力已有理论及相关文献进行归纳、梳理并评价。在一定程度上厘清了已有研究的发展历程、研究路线的拓展、研究内容的扩充、研究热点的变迁以及已有研究存在的局限与

不足等。通过该阶段工作的开展，进一步明确了本书要解决的关键问题，并形成了以大型核心企业为主导，由核心企业外向型技术学习和内向型知识扩散为主要方式的复杂产品制造业集群创新研究的体系架构。

（二）构建了复杂产品制造业集群创新网络

通过文献分析、理论辨析和实地访谈调研，并结合复杂产品制造业的产业特点、在国民经济发展中的重要地位及其集群化的发展实践，构建了以知识为主要流动要素，以核心企业、科研机构和专家型公司、政府机构、科技创新服务机构为关键成员，具有"多核"、"多层"特征的立体化、开放化、异质性、交互式、动态化的复杂产品制造业集群创新网络，并分析了该集群创新网络的结构特征及运行机制。

（三）对关键概念进行界定，并进行了研究变量设计

首先，在已有集群研究的基础上，基于本书的研究主题，并结合实地调研结果，对复杂产品制造业集群、核心企业、外向型知识吸收能力、集群创新绩效等的概念内涵进行清晰界定与描述；进而，在归纳提炼核心企业外向型知识吸收能力关键影响因素的基础上，对本书所涉及的核心企业外向型知识吸收能力、核心企业技术能力、核心企业与外部先进知识源之间的知识差距、核心企业面向集群内部的知识扩散及集群创新绩效等研究变量的维度进行界定和设计，并确定了相关研究变量的测度量表。

（四）通过实地访谈调研和问卷调查获取有效样本数据

首先，面向政府相关部门负责人、装备制造业协会负责人、装备制造业领域部分企业负责人以及学术界专家等进行实地访谈调研，以确定问卷发放企业。

其次，以西安、汉中、沈阳、成都、哈尔滨、安顺和上海等地复杂产品制造业集群中的 27 家核心企业为调研企业，以从业三年以上的中高层管理人员及相关工程技术人员为问卷填答对象，共计发放问卷 293 份，回收问卷 248 份，其中有效问卷 206 份。

（五）构建了核心企业外向型知识吸收能力与复杂产品制造业集群创新绩效之间关系的理论模型，并进行了实证检验

在前述研究的基础上，构建了以技术能力和知识差距为前因变量、以知识扩散为中介变量、以集群创新绩效为后果变量的核心企业外向型知识吸收能力与复杂产品制造业集群创新绩效之间关系的理论模型，并提出了相应的研究假设。在此基础上，运用因子分析、相关分析和结构方程模型

（SEM）方法，借助 SPSS 19.0 和 AMOS 17.0 进行实证检验。通过该阶段工作，揭示了各研究变量之间的路径关系和内在作用机理，研究结果能够为我国复杂产品制造业集群创新能力的提升和竞争优势的构建提供理论指导和决策借鉴，同时能够扩展新形势下产业集群创新管理的理论与方法。

二　主要研究结论

基于集群创新研究日益呈现的关注集群外部网络联结和集群主体异质性对集群整体技术创新的重要作用以及核心企业在集群创新网络中的主导地位等发展趋势，结合我国装备制造业高端化、集成化和集群化的发展实践，综合运用产业集群、组织学习、创新网络和知识管理等多种理论成果，构建了以核心企业技术能力和知识差距为前因变量，以知识扩散为中介变量，以复杂产品制造业集群创新绩效为后果变量的核心企业外向型知识吸收能力与集群创新绩效之间关系的理论模型。在此基础上，运用因子分析、相关分析和结构方程模型（SEM）等统计学方法，借助 SPSS19.0 和 AMOS17.0，通过对 206 份有效样本数据的统计分析，对上述理论模型和相应研究假设进行了实证检验。全书通过理论分析和实证研究得出了如下结论。

（一）核心企业外向型知识吸收能力是复杂产品制造业集群技术创新的关键

通过理论分析发现，由于复杂产品的研制技术往往代表了一个国家和地区的技术最高层次，行业领先技术大多分布于技术比较发达的国家和地区，因此，相对于传统制造业集群而言，复杂产品制造业集群技术创新的实现更加依赖于对外部先进知识和技术的学习与利用状况。而核心企业由于拥有更强的寻找、获取以及整合应用外部先进知识的能力，自然成为复杂产品制造业集群创新网络的最关键成员，它们面向集群外部搜索识别、获取并整合应用异质性知识的能力，即外向型知识吸收能力成为复杂产品制造业集群技术创新的最关键要素。

通过实证研究发现，核心企业的外向型知识吸收能力，一方面对复杂产品制造业集群创新绩效产生直接且显著的正向影响，其标准化路径系数为 0.431；另一方面又通过知识扩散活动间接地作用于复杂产品制造业集群的创新绩效，其标准化路径系数为 0.507。

综上所述，可以认为，核心企业外向型知识吸收能力是复杂产品制造业集群技术创新的关键。因此，应当加强复杂产品制造业集群核心企业面向集群外部尤其是国际先进创新源的知识联结能力的培育。具体可以通过购买行业领先者的技术许可、与技术领先企业组建学习联盟或合资企业、与集群外部的大学和实验室建立产学研联合体、加入跨国公司的分包网络等正式机制，以及通过对行业领先者的产品进行分解研究、招募以留学归国人员为主体的高层次国际化人才或者参加技术研讨会、行业聚会及产品展销会等非正式机制实现。

（二）核心企业面向集群内部有效的知识扩散是复杂产品制造业集群创新发展的保障

通过理论分析发现，即使核心企业具有很强的外向型知识吸收能力，但如果不能有效地发挥产业集群的创新扩散源和知识传播者角色，主动地将从外部获取的先进知识与技术以及在此基础上形成的创新成果面向集群内部进行传播与扩散以实现集群成员间的知识共享，而是仅仅依靠他们被动的知识溢出。那么产业集群的集群化效应将难以体现，基于交互学习和知识共享的集群创新效能也将大打折扣。

通过实证研究发现，核心企业面向集群内部的知识扩散对复杂产品制造业集群创新绩效具有直接且显著的正向影响，其标准化路径系数为0.507；核心企业外向型知识吸收能力通过知识扩散的中介作用间接地对复杂产品制造业集群创新绩效产生显著影响，其中外向型知识吸收能力与知识扩散之间的标准化路径系数为1.000，知识扩散与集群创新绩效之间的标准化路径系数为0.507。由此可见，核心企业面向集群内部有效地知识扩散活动对复杂产品制造业集群整体层面的技术创新具有显著的影响作用，并且知识扩散在外向型知识吸收能力与集群创新绩效之间关系中的中介作用明显。

基于上述分析，可以认为，核心企业外向型知识吸收能力对复杂产品制造业集群创新绩效作用的充分发挥需要以其面向集群内部的知识扩散为中介，由此得出核心企业面向集群内部有效的知识扩散活动是复杂产品制造业集群创新发展保障的研究结论。这就需要在提升核心企业外向型知识吸收能力的同时，增强其知识扩散的能力，并激发他们进行知识扩散的战略动机，从而保障复杂产品制造业集群技术创新的实现。

（三）核心企业自身技术能力的提升有助于复杂产品制造业集群技术创新的实现

通过理论分析可知，核心企业自身的技术能力是其外向型知识吸收能力的关键影响因素之一，是核心企业外向型知识吸收能力与复杂产品制造业集群创新绩效之间关系的前因变量。

通过实证分析发现，核心企业技术能力对复杂产品制造业集群创新绩效没有直接影响作用，但通过"技术能力→外向型知识吸收能力→集群创新绩效"、"技术能力→外向型知识吸收能力→知识差距→集群创新绩效"和"技术能力→知识差距→知识扩散→集群创新绩效" 3 条路径间接地影响复杂产品制造业集群的创新绩效。

由此可以认为，复杂产品制造业集群核心企业通过自身技术能力的提升可以增强其对外部先进知识和技术的吸收能力，同时可以缩小它们与外部先进知识源之间的知识差距，从而间接地对集群整体的创新绩效发挥影响作用。因此，需要对核心企业的技术能力进行培育，具体可以通过吸引优秀人才、加强人才培养、促进人员交流、加大研发投入、培育创新氛围、激励创新产出等方式实现。

（四）作为集群创新网络的关键成员，政府对复杂产品制造业集群的技术创新具有重要推动作用

由于如下几方面原因，使得政府在我国复杂产品制造业集群的成长与发展过程中发挥着异常重要的作用：

首先，相对于发达国家和地区，我国市场化程度和开放化程度较低。在那些市场经济比较成熟且开放化程度较高的国家和地区，先进成熟的基础设施、便捷的信息获取渠道、开放的创新环境氛围等，都为企业之间的合作创新奠定了良好的基础，在这种创新网络中，政府部门主要发挥服务和支持作用。而在中国这种市场化和开放化程度相对较低的国家，虽然核心企业是产业集群创新发展的绝对主体，但核心企业作用的有效发挥离不开政府部门的引导和支持，甚至需要政府大量的直接投入。

其次，复杂产品制造业的产业特点及复杂产品的研制特征决定政府部门对复杂产品制造业集群创新发展的高参与度。这又表现在如下几个方面：

第一，复杂产品制造业是我国国民经济发展和国防建设的基础性和战略性产业，复杂产品的研制技术代表了一个国家或地区的最高技术水平，该领域往往存在一个国家或地区急需且重要的一些技术创新成果。

第二，复杂产品具有研制周期长、资金投入大、创新风险高、技术保密性强等特点，这些特点一定程度限制了民间机构的参与度。

第三，复杂产品制造业属于高端前沿技术领域，行业领先技术大多分布于发达国家和地区，并且相关技术的专有性和保密性很强。这就加大了我国复杂产品制造业集群核心企业依靠自身力量开展外向型技术学习的难度和复杂性。

第四，复杂产品的研制涉及多种知识和技术的集成，具有跨技术和产业领域、跨行政区域甚至跨国界的知识联结特征，企业之间的跨组织知识联结往往存在由于政治因素、行政因素所导致的创新资源获取障碍。

基于上述分析，我国复杂产品制造业集群技术创新的实现和持续的成长与发展，需要政府机构充当创新经纪人、引领者、牵线者以及动力激发者等角色，通过直接投入、筑巢引凤、内引外联、创新催化等方式发挥推动作用，以促进集群核心企业对外部先进知识的搜索识别和获取。

第二节　主要创新点及研究局限

一　主要创新点

与已有的相关研究相比，本书的创新主要表现在四个方面：

（一）界定了复杂产品制造业集群、集群核心企业和核心企业外向型知识吸收能力的概念和内涵

首先，在已有的关于产业集群概念内涵研究的基础上，基于复杂产品制造业的产业特点和集群化发展实践，将复杂产品制造业集群界定为："以需求为导向，以持续创新为目标，以产业关联为主线，以核心企业为主导，以科研机构和专家型公司为技术支持，以政府机构为关键支撑，以科技创新中介机构为外围服务，以交互式学习和知识共享为实现方式，具有'多核'、'多层'立体结构的动态开放的创新网络系统"。

其次，将集群核心企业界定为："具有较强的知识基础和技术能力，处于集群创新网络中心位置和结构洞地位，通过主动地外向型技术学习活动，将外部先进的知识和技术引入集群系统，并通过进一步的整合应用和传播扩散，推动产业集群持续创新发展的异质性企业。"

最后，在参考借鉴已有知识吸收能力相关研究的基础上，从过程观视角和企业层面，将核心企业外向型知识吸收能力界定为"核心企业面向集群外部知识源进行搜索识别、获取，并通过将外部所获取知识与企业已

有知识的整合应用，实现技术创新的能力"。

（二）建立了核心企业外向型知识吸收能力对复杂产品制造业集群技术创新影响机理的研究框架和理论模型

首先，基于复杂产品制造业集群创新知识源的分布状况及核心企业在集群创新网络中的关键地位与作用，构建了"外部知识源→核心企业外向型知识吸收能力→核心企业对外部知识有效地搜索识别、获取和整合应用→核心企业面向集群内部的知识传播与扩散→集群创新绩效"的整体研究架构。

其次，在归纳提炼核心企业外向型知识吸收能力两大关键影响因素的基础上，构建了以技术能力和知识差距为前因变量，以知识扩散为中介变量的核心企业外向型知识吸收能力与复杂产品制造业集群创新绩效之间关系的理论模型，并提出了相应研究假设。

（三）从新的视角构建了复杂产品制造业集群创新网络

从集群创新网络开放性和集群主体异质性的综合视角，研究构建了以核心企业为主导，包括核心企业、科研机构和专家型公司、政府机构、科技创新服务机构四大关键成员，具有"多核"、"多层"特征的立体化、开放化、异质性、交互式、动态化的复杂产品制造业集群创新网络，并描述了各关键成员在集群创新过程中承担的角色和发挥的作用。在此基础上，分析了以核心企业为创新起点，由创新形成到创新扩散，最终实现产业集群持续创新的复杂产品制造业集群创新网络的运行机制。相对于已有研究，本书突出强调了核心企业、专家型公司和政府机构对集群创新的重要作用以及开放化、异质性和动态化的网络结构特征对产业集群技术创新的重要影响。

（四）实证检验了核心企业外向型知识吸收能力及其影响因素对复杂产品制造业集群技术创新的作用路径和内在机理

本书综合运用因子分析、相关分析和结构方程模型（SEM）等统计学方法，借助 SPSS 19.0 和 AMOS 17.0，对通过调查问卷所获得的 206 份有效样本数据进行统计分析，实证检验了本书的理论模型和研究假设。研究结果显示，大部分研究假设得到了证实，其中核心企业外向型知识吸收能力既直接影响复杂产品制造业集群的创新绩效，同时又通过知识扩散的中介作用对复杂产品制造业集群的创新绩效发挥间接作用；核心企业技术能力对复杂产品制造业集群的创新绩效没有直接的显著影响，但通过外向型知识吸收能力、知识差距和知识扩散间接地影响复杂产品制造业集群的创新绩效。研究结果能够为我国复杂产品制造业集群创新能力的提升和竞争优势的构建提供理论指导和决策借鉴，同时能够扩展新形势下产业集群创新管理的理论与方法。

二 研究局限

本书作为一项探索性的管理学实证研究，尽管在研究设计和结果验证方面力求科学严谨，并达到了预期的研究目标，获得了具有一定理论价值和实践意义的研究结论。但由于受个人能力、研究时间以及研究资源等方面的限制，本书也存在一些不足。

（一）对调研企业和问卷填答者选择方面的局限性

由于本书主要从核心企业视角探讨复杂产品制造业集群技术创新的内在机理，同时本书主要根据文献分析和前期访谈来确定调研企业，而由于不同访谈对象对集群核心企业及复杂产品制造业集群理解上的差异，可能导致对调研企业的选择存在一定偏差，从而一定程度影响了实证检验的结果。另外，本书以集群整体层面的创新绩效为后果变量，理应以对相关集群的整体运作比较熟悉的人员，如政府主管部门负责人、装备制造业集群协会负责人及集群核心企业负责人等作为问卷填答对象，而且最好以独立的问卷形式展开调研。然而，由于问卷填答对象寻找方面的难度、结构方程模型方法对大样本的要求以及研究时间的限制，本书将集群创新绩效与其他研究变量设计在了同一张问卷上，且仅针对集群核心企业相关人员发放和回收问卷，这种处理可能会在一定程度上影响问卷的质量，从而影响最终的研究结果。

（二）样本数量与样本来源区域的局限性

由于本书以企业为调查对象，数据收集相对困难，为此，笔者花费了大量的时间和精力，尽可能通过多种途径和方式进行问卷的发放与回收，以保证有效问卷的数量和质量，减少未回复偏差，最终获得有效样本206份。尽管本研究的样本数量已经满足了实证研究的最低要求，并具有良好的信度和效度，但是，相对于国外相关研究中的大样本数据仍然具有一定的局限性。同时，由于受研究时间和笔者人脉的限制，仅选择了陕西西安和汉中以及沈阳、成都、安顺、哈尔滨和上海等7个城市进行问卷调查，因此，可能存在由于地域文化特征和企业固有特性的影响，而导致的研究结果普适性不足的问题。

（三）变量测度的局限性

本书在各变量的衡量上系采用李克特 5 分制量表，基于受试者的主观判断进行打分，而不是以公开的实际客观数据资料进行衡量，因此所收集的资料可能会发生某些偏差。

（四）时间跨度方面的局限

其实，产业集群尤其复杂产品制造业集群这种复杂高技术大企业集群，其成长与发展一般需要相对长期的过程。但笔者由于时间与精力所限，未能开展核心企业外向型知识吸收能力对复杂产品制造业集群技术创新影响的纵向研究。

三　未来研究展望

基于上述分析，结合本书已取得的创新性成果，本领域后续研究可以从以下几个方面展开：

（一）复杂产品制造业集群核心企业外向型技术学习的关键因素研究

由本书的理论分析和实证检验发现，核心企业作为集群创新的绝对主体，其面向集群外部主动的知识吸收与技术学习能够为集群系统引入创新所需的异质性知识，对集群系统的创新发展与持续成长至关重要。但核心企业外向型技术学习的效率与效果取决于其关键影响因素。而本书出于对模型简洁明晰以及研究主题具体明确的考虑，仅探讨了核心企业的外向型知识吸收能力与集群创新绩效之间的内在关系，尚未涉及核心企业外向型技术学习关键因素识别与提取方面的研究。这将是后续有待深入研究的关键问题之一。

（二）基于动态视角的集群成长与发展研究

对于复杂产品制造业集群这种大企业集群而言，其从形成到成长壮大往往需要很长的时间。并且在产业集群成长与发展的不同阶段，核心企业外向型技术学习的方式不同、外向型技术学习的能力也会存在差异，从而对集群创新的影响机理及作用效果也不一样。因此，后续研究可以进一步探讨不同的外向型技术学习方式在集群不同发展阶段的相对重要性，以及随着核心企业技术学习能力的变化对集群整体演化机理和演化路径的影响。

（三）政府因素对复杂产品制造业集群技术创新影响机理的实证研究

本书通过理论分析发现，与市场化和开放化程度较高国家与地区的产业集群及国内的传统制造业集群相比较而言，我国复杂产品制造业集群的成长与发展需要更高程度的政府参与。从而得出了政府是复杂产品制造业集群创新网络的关键成员，他们对集群整体技术创新的实现具有重要推动作用的研究结论。但在实证研究部分，出于研究主题明确和理论模型简化等方面的考虑，并没有对政府因素与复杂产品制造业集群创新绩效之间的内在路径关系进行实证检验。因此，在后续的研究中，可以针对政府参与对复杂产品制造业集群技术创新的影响机理展开进一步的实证研究。

附录1　访谈提纲

一　复杂产品制造业集群核心企业概念、内涵及特征访谈

1. 您就职企业处于产业链、价值链中的什么环节？

2. 您就职企业所提供的产品在研制周期、资金投入、技术跨度、产业跨度等方面的状况如何？

3. 与集群一般企业相比，您认为集群核心企业的显著特征表现在哪些方面？

4. 请列举您就职单位所在集群中的核心企业。

二　核心企业在集群创新网络中的地位、作用访谈

1. 您就职企业所拥有的相关技术是否是国内/区域的行业领先技术？

2. 请列举您就职企业开展技术创新活动所需先进知识和技术的主要来源。

3. 您就职企业在产业集群中的身份是以知识接受者为主还是以知识输出者为主？

三　核心企业外向型知识吸收能力情况的访谈

1. 您就职企业搜索识别外部知识的速度和质量如何？

2. 您就职企业能否方便快捷高效地获取外部先进的知识与技术？

3. 贵公司对外部所获取知识消化吸收、整合应用的状况如何？

附录 2　调查问卷

尊敬的先生/女士：

　　您好！非常感谢您在百忙之中抽出宝贵时间填写此问卷，这是我们正在开展的一项学术课题的调研活动，目的是从集群核心企业视角探讨影响产业集群技术创新的关键影响因素及其之间的关系，希望通过本研究产生一些前沿性的学术成果，以促进产业集群的持续创新，并为您所在的企业在集群技术创新活动中正确作用的发挥提供借鉴和参考。

　　本问卷并无标准答案，也无所谓对错，您只需要选择出反映您意见的答案即可。我们承诺，本问卷所涉及的一切信息仅限学术研究之用，对问卷信息严格保密，绝不对外公布被调研企业或被调研个体的相关信息，也不会做个别的处理或披露，因此不必担心填答问卷会对您个人或所在组织造成任何不利影响，请放心作答。您的真实回答对我们无比重要，您的协助将是本研究成败的关键，因此恳请您如实、认真、完整地回答每一个问题。如果您对本研究感兴趣，我们会在研究结束后，将研究结论提供给您。

一　基本信息

企业信息					
企业名称			企业所在城市		
所属行业	A. 金属制品业　　　　B. 通用设备制造业　　　　C. 专用设备制造业 D. 交通运输设备制造业　　　E. 电气机械及器材制造业 F. 通信设备、计算机及其他电子设备制造业 G. 仪器仪表及文化、办公用机械制造业				
企业性质	A. 国有企业	B. 民营企业	C. 合资企业	D. 其他	
成立年限	A. <5 年	B. 5—10 年	C. 11—20 年	D. 20—30 年	E. 30—50 年	F. >50 年
员工规模	A. <1 千人	B. 1 千—2 千人	C. 2 千—3 千人	D. 3 千—5 千人	E. 5 千—10 千人	F. >10 千人

续表

企业性质	A. 国有企业		B. 民营企业	C. 合资企业		D. 其他	
资金规模	A. <0.5 亿	B. 0.5 亿—1 亿	C. 1 亿—5 亿	D. 5 亿—10 亿	E. 10 亿—50 亿	F. >50 亿	

答卷者信息

从业年限　A. 3—5 年　B. 5—10 年　C. 10—20 年　D. 超过 20 年

受教育程度　A. 大专　B. 本科及相当学历　C. 硕士研究生及相当学历　D. 博士研究生及相当学历

工作类型　A. 高层领导　B. 中层领导　C. 项目经理　D. 研发负责人　E. 技术专家　F. 一般技术人员

二　填写说明

请根据个人认知，将您所了解的实际情况与下列陈述进行比较，并针对下列陈述与您所掌握情况的符合程度进行单一选择。数字 1、2、3、4、5 分别代表"极不同意"、"不同意"、"不确定"、"同意"、"非常同意"，请在您认为合适的选项上画"√"。

三　外向型知识吸收能力

【搜索识别能力】

[1] 您所在企业能够迅速把握本行业技术的最新进展	1	2	3	4	5
[2] 您所在企业能够快速辨别和收集来自集群外部（如其他集群、外部区域或国外）的新的知识和信息	1	2	3	4	5
[3] 您所在企业能够及时从集群外部（如其他集群、外部区域或国外）发现各种技术创新机会	1	2	3	4	5

【获取能力】

[4] 您所在企业与集群外部（如其他集群、外部区域或国外）技术领先的企业及科研机构等经常开展技术合作，以获取所需知识和技术。	1	2	3	4	5
[5] 您所在企业与集群外部（如其他集群、外部区域或国外）的企业或相关机构建立了专利授权关系，以获取所需知识和技术	1	2	3	4	5
[6] 您所在企业经常在集群外部（如其他集群、外部区域或国外）进行技术并购，以获取所需知识和技术	1	2	3	4	5

【整合应用能力】

[7] 您所在企业能够快速领会和掌握从集群外部（如其他集群、外部区域或国外）获取的知识和技术	1	2	3	4	5
[8] 您所在企业能够很好地将从集群外部（如其他集群、外部区域或国外）获取的知识与企业现有知识融合并转化为新的知识	1	2	3	4	5

续表

[9] 您所在企业善于改善知识和技术利用的方式或流程	1	2	3	4	5
[10] 您所在企业难以对已有知识资源开发新的用途（反向题项）	1	2	3	4	5
[11] 您所在企业能够率先开发出新产品来满足社会和市场需要	1	2	3	4	5

四　贵企业自身技术能力状况（核心企业技术能力）

【现有技术能力】					
[1] 与同行业其他企业相比，您所在企业拥有的专利技术、专有技术和其他技术的数量较多	1	2	3	4	5
[2] 与同行业其他企业相比，您所在企业拥有的生产设备、实验仪器的技术水平较高	1	2	3	4	5
[3] 与同行业其他企业相比，您所在企业的信息化水平较高	1	2	3	4	5
【潜在技术能力】					
[4] 与同行业其他企业相比，您所在企业的研发人员占企业员工总数的比例较高	1	2	3	4	5
[5] 与同行业其他企业相比，您所在企业的研发投入占销售收入的比重较高	1	2	3	4	5
[6] 与同行业其他企业相比，您所在企业的研发机构和部门数量较多	1	2	3	4	5
[7] 与同行业其他企业相比，您所在企业对技术创新更为重视	1	2	3	4	5

五　贵企业开展外向于集群的技术学习时与群外知识源的知识差距情况（知识差距）

【知识深度差距】					
[1] 您就职企业与国内外行业领先的相关企业和研究/设计/咨询/培训机构在技术水平上存在较大差距	1	2	3	4	5
[2] 您就职企业与国内外行业领先的相关企业和研究/设计/咨询/培训机构在科研实力上存在较大差距	1	2	3	4	5
[3] 您就职企业与国内外行业领先的相关企业和研究/设计/咨询/培训机构在技术发展历程上存在较大不同	1	2	3	4	5
【知识宽度差距】					
[4] 您就职企业与国内外行业领先的相关企业和研究/设计/咨询/培训机构相比，所涉及的技术领域狭窄	1	2	3	4	5

续表

[5] 您就职企业与国内外行业领先的相关企业和研究/设计/咨询/培训机构在知识构成多元化方面存在较大差距	1 2 3 4 5			
[6] 您就职企业与国内外行业领先的相关企业和研究/设计/咨询/培训机构在知识背景方面存在较大差距	1 2 3 4 5			

六　贵企业面向集群内部的知识扩散情况（知识扩散）

【扩散能力】

[1] 您所在企业善于将技术知识用简单明了的语言或以直观的文字、图表形式进行表达	1 2 3 4 5
[2] 您所在企业善于通过多种渠道向与之配套企业传授技术知识	1 2 3 4 5
[3] 您所在企业善于理解与之配套企业的知识需求	1 2 3 4 5
[4] 您所在企业善于根据与之配套企业的技术水平和知识结构选择不同的知识传递方式	1 2 3 4 5

【战略动机】

[5] 您所在企业为获取经济利益而进行知识输出	1 2 3 4 5
[6] 您所在企业为获取互补性知识而进行知识输出	1 2 3 4 5
[7] 您所在企业基于专业化分工而进行知识输出	1 2 3 4 5
[8] 您所在企业为降低配套成本而进行知识输出	1 2 3 4 5

七　贵企业所在集群技术创新情况（集群创新绩效）

【集群经济绩效】

[1] 您就职企业所在集群总产值较高	1 2 3 4 5
[2] 您就职企业所在集群产品国内市场销售额较高	1 2 3 4 5
[3] 您就职企业所在集群产品出口额较高	1 2 3 4 5

【集群成长性】

[4] 就职企业所在集群中的企业与科研机构联系密切	1 2 3 4 5
[5] 就职企业所在集群的专利申请数量较多	1 2 3 4 5
[6] 就职企业所在集群的自主创新产品数量较多	1 2 3 4 5
[7] 就职企业所在集群产学研合作项目落实数量较多	1 2 3 4 5

附录3　正态分布检验

样本数据的描述性统计和正态分布检验结果（N = 206）

研究变量	题项	均值	标准差	偏度	偏度的标准误	峰度	峰度的标准误
AC	1	3.42	1.017	− 0.518	0.169	− 0.282	0.337
	2	3.28	0.928	− 0.372	0.169	− 0.347	0.337
	3	3.18	1.000	− 0.319	0.169	− 0.504	0.337
	4	3.03	1.106	− 0.024	0.169	− 0.835	0.337
	5	3.17	0.960	− 0.147	0.169	− 0.280	0.337
	6	2.92	1.099	− 0.080	0.169	− 0.635	0.337
	7	3.19	0.941	− 0.281	0.169	− 0.397	0.337
	8	3.37	0.993	− 0.505	0.169	− 0.114	0.337
	9	3.48	0.946	− 0.663	0.169	0.089	0.337
	10	3.57	0.974	− 0.609	0.169	− 0.152	0.337
	11	3.34	1.082	− 0.501	0.169	− 0.520	0.337
TC	1	3.17	1.078	− 0.145	0.169	− 0.856	0.337
	2	3.61	1.093	− 0.674	0.169	− 0.299	0.337
	3	3.40	1.039	− 0.357	0.169	− 0.615	0.337
	4	3.21	1.162	− 0.274	0.169	− 0.935	0.337
	5	3.23	1.114	− 0.141	0.169	− 0.716	0.337
	6	3.38	1.123	− 0.404	0.169	− 0.753	0.337
	7	3.64	1.040	− 0.670	0.169	− 0.045	0.337
KG	1	3.46	1.048	− 0.487	0.169	− 0.572	0.337
	2	3.43	1.078	− 0.399	0.169	− 0.765	0.337
	3	3.41	0.957	− 0.304	0.169	− 0.209	0.337
	4	3.33	0.937	− 0.213	0.169	− 0.338	0.337
	5	3.32	0.954	− 0.091	0.169	− 0.679	0.337
	6	3.17	0.862	− 0.141	0.169	− 0.199	0.337

续表

研究变量	题项	均值	标准差	偏度	偏度的标准误	峰度	峰度的标准误
KD	1	3.28	0.957	−0.186	0.169	−0.559	0.337
	2	3.32	0.949	−0.393	0.169	−0.299	0.337
	3	3.37	0.905	−0.360	0.169	−0.328	0.337
	4	3.39	0.864	−0.246	0.169	−0.165	0.337
	5	3.08	0.954	0.149	0.169	−0.472	0.337
	6	3.17	0.938	0.094	0.169	−0.541	0.337
	7	3.32	1.009	−0.074	0.169	−0.668	0.337
	8	3.29	0.944	−0.085	0.169	−0.519	0.337
IP	1	3.55	0.990	−0.547	0.169	−0.297	0.337
	2	3.56	0.999	−0.457	0.169	−0.584	0.337
	3	3.13	1.067	0.125	0.169	−0.795	0.337
	4	3.72	0.899	−0.756	0.169	0.373	0.337
	5	3.29	0.983	−0.166	0.169	−0.673	0.337
	6	3.12	1.071	−0.187	0.169	−0.753	0.337
	7	3.37	1.007	−0.388	0.169	0.520	0.337

主要参考文献

[1] 艾尔·巴比：《社会研究方法》，邱泽奇译，华夏出版社 2006 年版。

[2] 安虎森：《区域经济学通论》，经济科学出版社 2004 年版。

[3] 曹洪军、王已伊：《国外产业集群发展模式及启示》，《理论参考》2006 年第 9 期。

[4] 曹丽莉：《产业集群网络结构的比较研究》，《中国工业经济》2008 年第 8 期。

[5] 曹兴、陈琦：《异质性、技术核心能力与高技术企业成长》，《科学学与科学技术管理》2009 年第 4 期。

[6] 陈浩然、李垣、谢恩：《不同技术差异条件下组织间学习过程的模型分析》，《系统工程》2007 年第 4 期。

[7] 陈劲、陈钰芬：《开放创新体系与企业技术创新资源配置》，《科研管理》2006 年第 3 期。

[8] 陈劲、高金玉：《复杂产品系统创新的模糊前端影响因素分析》，《管理学报》2005 年第 3 期。

[9] 陈劲、黄建樟、童亮：《复杂产品系统的技术开发模式》，《研究与发展管理》2004 年第 5 期。

[10] 陈劲、邱嘉铭、沈海华：《技术学习对企业创新绩效的影响因素分析》，《科学学研究》2007 年第 6 期。

[11] 崔志、于渤、崔昆：《企业知识吸收能力影响因素的实证研究》，《哈尔滨工业大学学报》（社会科学版）2008 年第 1 期。

[12] 党兴华、李雅丽、张巍：《资源异质性对企业核心性形成的影响研究——基于技术创新网络的分析》，《科学学研究》2010 年第 2 期。

[13] 杜静、魏江：《知识存量的增长机理分析》，《科学学与科学技术管理》2004 年第 1 期。

[14] 范群林、邵云飞、唐小我等：《结构嵌入性对集群企业创新绩效影

响的实证研究》,《科学学研究》2010 年第 12 期。

[15] 冯梅、杨建文:《经济全球化与创新集群的跨区域网络建立》,《学术月刊》2009 年第 4 期。

[16] 冯梅:《中国装备制造业竞争力提升——基于创新集群网络视角》,《社会科学》2009 年第 12 期。

[17] 傅家骥主编:《技术创新学》,清华大学出版社 1998 年版。

[18] 盖文启、张辉、吕文栋:《国际典型高技术产业集群的比较分析与经验启示》,《中国软科学》2004 年第 2 期。

[19] 关涛:《跨国公司内部知识转移过程与影响因素的实证研究》,复旦大学出版社 2006 年版。

[20] 侯杰泰、温忠麟、成子娟:《结构方程模型及其应用》,教育科学出版社 2004 年版。

[21] 胡恩华、刘洪:《基于协同创新的集群创新企业与群外环境关系研究》,《科学管理研究》2007 年第 3 期。

[22] 胡汉辉、潘安成:《组织知识转移与学习能力的系统研究》,《管理科学学报》2006 年第 6 期。

[23] 胡隆基、张毅:《吸收能力、技术差距对国际技术溢出的影响研究:基于中国电子信息产业的调查数据》,《科研管理》2010 年第 5 期。

[24] 黄芳铭:《结构方程模型:理论及应用》,中国税务出版社 2005 年版。

[25] 黄中伟:《产业集群的网络创新机制和绩效》,《经济地理》2007 年第 1 期。

[26] 贾卫峰、党兴华:《技术创新网络核心企业知识流耦合控制研究》,《科研管理》2010 年第 1 期。

[27] 蒋军锋、张玉韬、王修来:《知识演变视角下技术创新网络研究进展与未来方向》,《科研管理》2010 年第 3 期。

[28] 解学梅、曾赛星:《科技产业集群持续创新系统运作机理:一个协同创新观》,《科学学研究》2008 年第 4 期。

[29] 解学梅、曾赛星:《创新集群跨区域协同创新网络研究述评》,《研究与发展管理》2009 年第 1 期。

[30] 李长玲:《知识存量及其测度》,《情报杂志》2004 年第 7 期。

[31] 李浩、韩维贺:《企业技术创新中知识价值实现影响因素的实证研

究》，《南开管理评论》2005 年第 5 期。

[32] 李怀祖：《管理研究方法论》，西安交通大学出版社 2004 年版。

[33] 李建明：《我国中小高技术企业知识联盟中的知识转移影响因素研究》，上海财经大学出版社 2008 年版。

[34] 李凯、李世杰：《装备制造业集群网络结构研究与实证》，《管理世界》2004 年第 12 期。

[35] 李莉、党兴华、张首魁：《基于知识位势的技术创新合作中的知识扩散研究》，《科学学与科学技术管理》2007 年第 4 期。

[36] 李天柱、银路、程跃：《生物技术产业集群持续创新网络及其启示》，《研究与发展管理》2010 年第 3 期。

[37] 李维安、邱昭良：《网络组织的学习特性辨析》，《科研管理》2007 年第 6 期。

[38] 李正卫：《动态环境条件下的组织学习与企业绩效》，博士学位论文，浙江大学，2003 年。

[39] 林篙：《结构方程模型原理及 AMOS 应用》，华中师范大学出版社 2008 年版。

[40] 刘常勇、谢洪明：《企业知识吸收能力的主要影响因素》，《科学学研究》2003 年第 6 期。

[41] 刘刚：《企业的异质性假设——对企业本质和行为基础的演化论解释》，《中国社会科学》2002 年第 2 期。

[42] 刘友金、罗发友：《基于焦点企业成长的集群演进机理研究》，《管理世界》2005 年第 10 期。

[43] 龙宁：《试论集群演进过程中的焦点企业》，《经济研究导刊》2009 年第 5 期。

[44] 鲁茂：《供应链战略联盟信息共享研究及实现：核心企业与供应商的联盟》，博士学位论文，昆明理工大学，2004 年。

[45] 路易斯·普特曼、兰德尔·克罗茨纳：《企业的经济性质》，孙经纬译，上海财经大学出版社 2000 年版。

[46] 毛凯军、李纪珍、吴贵生：《我国产业集群"外向型"技术学习模式研究》，《中国软科学》2007 年第 7 期。

[47] 钱锡红、杨永福、徐万里：《企业网络位置、吸收能力与创新绩效》，《管理世界》2010 年第 5 期。

［48］邱皓政：《结构方程模式：LISREL 的理论、技术与应用》，（台北）双页书廊有限公司 2002 年版。.

［49］疏礼兵：《企业研发团队内部知识转移的过程机制与影响因素研究》，浙江大学出版社 2008 年版。

［50］孙兆刚、刘则渊、孟丽菊：《企业对知识溢出吸收能力的测度》，《科学技术与工程》2005 年第 5 期。

［51］陶洪、戴昌钧：《组织隐性知识共享的博弈分析》，《情报杂志》2006 年第 6 期。

［52］童亮：《基于跨组织合作联结的复杂产品系统创新知识管理机制研究》，博士学位论文，浙江大学，2006 年。

［53］汪克夷、陈占夺：《装备制造业复杂产品研发的关键因素分析》，《科学学与科学技术管理》2006 年第 10 期。

［54］王缉慈：《我国制造业集群分布现状及其发展特征》，《地域研究与开发》2003 年第 6 期。

［55］王缉慈、王敬甯：《中国产业集群研究中的概念性问题》，《世界地理研究》2007 年第 4 期。

［56］王缉慈等：《超越集群——中国产业集群的理论探索》，科学出版社2010 年版。

［57］王娟茹、赵嵩正、杨瑾：《企业集群知识转移影响因素实证研究》，《研究与发展管理》2009 年第 6 期。

［58］王鹏飞、张红霞、曹洪军：《基于 BP 神经网络的产业集群创新能力研究》，《科学学与科学技术管理》2005 年第 5 期。

［59］王为东、王文平：《基于企业学习策略的集群持续创新机制及实证研究》，《南开管理评论》2009 年第 6 期。

［60］韦影：《企业社会资本与技术创新：基于吸收能力的实证研究》，《中国工业经济》2007 年第 9 期。

［61］魏江、王铜安：《装备制造业与复杂产品系统（COPS）的关系研究》，《科学学研究》2007 年第 12 期。

［62］魏江、许庆瑞：《企业技术能力与技术创新能力之关系研究》，《科研管理》1996 年第 1 期。

［63］魏江、叶波：《产业集群技术能力增长机理研究》，《科学管理研究》2003 年第 1 期。

［64］ 魏江：《产业集群：创新系统与学习范式》，科学出版社 2002 年版。

［65］ 魏江：《创新系统演进和集群创新系统构建》，《自然辩证法通讯》
2004 年第 1 期。

［66］ 邬爱其、魏江：《集群企业成功创新的网络模式及其动态匹配：浙
江省的实证考察》，《中大管理研究》2007 年第 4 期。

［67］ 吴明隆：《SPSS 操作与应用——问卷统计分析实务》，（台北）五南
图书出版公司 2008 年版。

［68］ 吴松强、石岿然、郑垂勇：《产业集群核心能力培育——基于核心
企业技术联盟的视角》，《工业技术经济》2008 年第 10 期。

［69］ 吴先华、郭际、胡汉辉、梁琳：《知识吸收能力影响内生型产业集
群创新的实证研究》，《科学学研究》2010 年第 6 期。

［70］ 吴翔阳：《产业自组织集群化及集群经济研究》，中共中央党校出版
社 2006 年版。

［71］ 项后军、江飞涛：《核心企业视角的集群竞—合关系重新研究》，
《中国工业经济》2010 年第 6 期。

［72］ 项后军：《核心企业视角的产业集群与企业技术创新关系的重新研
究》，《科研管理》2010 年第 4 期。

［73］ 邢晓柳：《基于核心企业的产业集群知识网络形成机制研究》，《改
革与战略》2010 年第 1 期。

［74］ 徐传期：《技术学习与技术创新能力之研究——整合性理论观点》，
硕士学位论文，（台北）铭传大学，2004 年。

［75］ 徐二明、陈茵：《基于知识转移理论模型的企业知识吸收能力构成
维度研究》，《经济与管理研究》2009 年第 1 期。

［76］ 徐万里、钱锡红：《企业吸收能力研究进展》，《经济理论与经济管
理》2010 年第 8 期。

［77］ 许继琴：《产业集群与区域创新系统》，经济科学出版社 2006 年版。

［78］ 杨瑾：《供应链管理对于大型复杂产品制造业集群演进的影响机理
研究》，《中国管理科学》2009 年第 4 期。

［79］ 杨菊萍、贾生华：《知识扩散路径、吸收能力与区域中小企业创
新——基于浙江省 3 个传统制造业集群的实证分析》，《科研管理》
2009 年第 5 期。

［80］ 杨锐、李伟娜：《网络结构、关系互动对创新活动的影响——苏州

IT 产业集群实证分析》,《科学学研究》2010 年第 7 期。

［81］杨小凯、张永生:《新兴古典经济学和超边际分析》,中国人民大学出版 2000 年版。

［82］杨中华、涂静、庄芳丽:《基于核心企业的产业集群外部知识获取研究》,《情报杂志》2009 年第 5 期。

［83］易丹辉:《结构方程模型方法与应用》,中国人民大学出版社 2008 年版。

［84］余光胜:《企业竞争优势根源的理论演进》,《经济管理》2002 年第 20 期。

［85］詹姆斯·科尔曼:《社会理论的基础》,邓方译,社会科学文献出版社 1999 年版。

［86］张莉、和金生:《知识距离与组织内知识转移效率》,《现代管理科学》2009 年第 3 期。

［87］张玲、杨锐:《高科技产业集群与传统产业集群创新差异研究》,《经济管理》2009 年第 2 期。

［88］张米尔、田丹:《制度变迁背景下东北装备制造业集群的演进》,《公共管理学报》2007 年第 4 期。

［89］张天平、李向辉:《基于供应链环境的焦点企业创新思考》,《统计与决策》2009 年第 7 期。

［90］张危宁、朱秀梅、柳青、蔡莉:《高技术产业集群创新绩效评价指标体系设计》,《工业技术经济》2006 年第 11 期。

［91］张喜征、聂振:《企业间知识距离测度模型及其应用研究》,《科技进步与对策》2009 年第 22 期。

［92］张艳、吴中、席俊杰:《区域创新系统的内部机制研究》,《工业工程》2006 年第 8 期。

［93］张永安、王燕妮:《核心企业创新网络结构、类型解析》,《科学学与科学技术管理》2010 年第 12 期。

［94］张永胜:《产品创新战略导向、R&D/市场营销动态界面管理与创新绩效关系的实证研究》,博士学位论文,西安交通大学,2009 年。

［95］赵涛、牛旭东、艾宏图:《产业集群创新系统的分析与建立》,《中国地质大学学报》(社会科学版)2005 年第 3 期。

［96］赵增耀、王喜:《产业竞争力、企业技术能力与外资的溢出效

应——基于我国汽车产业吸收能力的实证分析》，《管理世界》2007
年第 12 期。

[97] 周泯非、魏江：《产业集群创新能力的概念、要素与构建研究》，
《外国经济与管理》2009 年第 9 期。

[98] 朱嘉红、邬爱其：《基于焦点企业成长的集群演进机理与模仿失
败》，《外国经济与管理》2004 年第 2 期。

[99] 朱秀梅：《高技术企业集群式创新机理实证研究》，《管理科学学
报》2009 年第 12 期。

[100] 祝数金、赖明勇、聂善炎：《基于元胞自动机的技术扩散和吸收能
力问题研究》，《系统工程理论与实践》2006 年第 8 期。

[101] Aghion, P., Bloomy, N., Blundelly, R., Grithy, R. and Howittz,
P., "Competition and Innovation: An Inverted Relationship", *Quarterly Journal of Economics*, Vol. 120, No. 2, 2005, pp. 701 – 728.

[102] Agrawal, A., I. M. Cockburn, "University Research, Industrial R&D
and the Anchor Tenant Hypothesis", NBER Working Paper, 2002.

[103] Ahokangas, P., Hyry, M., Rasanen, P., "Small Technology
Based Firms in Fast Growing Regional Cluster", *New England Journal
of Entrepreneurship*, Vol. 2, No. 1, 1999, pp. 19 – 26.

[104] Ahuja, G., "Collaboration Networks, Structural Holes, and Innovation: A Longitudinal Study", *Administrative Science Quarterly*,
Vol. 45, No. 3, 2000, pp. 425 – 455.

[105] Ahuja, G. and Lampert, C. M., "Entrepreneurship in the Large Corporation: A Longitudinal Study of How Established Firms Create Break
through Inventions", *Strategic Management Journal*, Vol. 22, 2001,
pp. 521 – 543.

[106] Albino, V., Carbonara, N., Giannoccaro, I., *Industrial Districts
as Complex Adaptive Systems: Agent Based Models of Emergent Phenomena (A)*. In Karlsson, C., Johansson, B., Stough, R. R. (eds.),
Industrial Clusters and Interfirm Networks, Cheltenham, UK: Edward
Elgar Publishing, 2005.

[107] Albino, V., Garavelli, A., Schiuma, G., "Knowledge Transfer and
Inter – firm Relations in Industrial Districts: The Role of the Leader

Firm", *Technovation.*, Vol. 19, 1999, pp. 53 – 63.

[108] Andersson, M., Karlsson, C., "Regional Innovation Systems in Small & Medium – Sized Regions, a Critical Review & Assessment", *Regional Studies*, No. 6, 2002, pp. 588 – 605.

[109] Andersson, T., Serger, S. S., Sorvic, J. et al., "The Cluster Policies White Book", *International Organization for Knowledge Economy and Enterprise Development*, 2004, p. 920.

[110] Andrea Prencipe, "Modular Design and Complex Product Systems: Facts Promises and Questions", Working Paper of Economic & Social Research Council, 1998, p. 5.

[111] Davies, A., Brady, T., "Organizational Capabilities and Learning in Complex Product Systems: Towards Repeatable Solutions", *Research Policy*, Vol. 29, 2000, pp. 931 – 953.

[112] Anker, "Absorptive Capacity and Innovative Performance: A Human Capital Approach", Paper contribution to the Druid Seminar, Aalborg, 2001.

[113] Ann Markusen, Sticky Places in Slippery Space, "a Typology of Industrial Districts Economic Geograph", Vol. 72, No. 3, 1996, pp. 293 – 313.

[114] Annen, K., "Inclusive and Exclusive Social Capital in the Small Firm Sector in Developing Countries", *Journal of Institutional and Theoretical Economics*, Vol. 157, No. 2, 2001, pp. 319 – 330.

[115] Anthony, G., Beamish, R. W., "The Effect of Alliance Network Diversity on Multinational Enterp rise Performance", *Strategic Management Journal*, Vol. 26, 2005, pp. 333 – 354.

[116] Argote, L., McEvily, B. and Reagans, R., "Managing Knowledge in Organizations: An Integrative Framework and Review of Emerging Themes", *Management Science*, Vol. 49, No. 4, 2003, pp. 571 – 582.

[117] Ari Jantunen, "Knowledge – Processing Capabilities and Innovative Performance: An Empirical Study", *European Journal of Innovation Management*, Vol. 8, No. 3, 2005, pp. 336 – 349.

[118] Asheim, B. T., Coenen, L., "Knowledge Bases and Regional Innovation Systems: Comparing Nordic Clusters", *Research Policy*, Vol. 34,

No. 8, 2005, pp. 1173 – 1190.

[119] Audretsch, D. B., Feldman, M. P., "R&D Knowledge Spillovers and the Geography of Innovation and Production", *American Economic Review*, Vol. 86, No. 3, 1996, pp. 630 – 640.

[120] Bagozzi, R. and Yi, Y., "On the Evaluation of Structural Equation Models", *Journal of the Academy of Marketing Science*, Vol. 16, No. 1, 1988, pp. 74 – 94.

[121] Balachandra, R., Friar, J. H., "Factors for Success in R & D Projects and New Product Innovation: A Context Framework", *IEEE Transaction on Engineering Management*, Vol. 44 No. 3, 1997, pp. 276 – 287.

[122] Baptista, R. and Swann, P., "Do Firms in Clusters Innovate More?", *Research Policy*, Vol. 27, 1998, pp. 525 – 540.

[123] Baptista, R., "Do Innovations Diffuse Faster Within Geographical Clusters?", *International Journal of Industrial Organization*, Vol. 18, No. 2, 2000, pp. 515 – 535.

[124] Baptista, R., "Geographical Clusters and Innovation Diffusion", *Technological Forecasting and Social Change*, Vol. 66, No. 1, 2001, pp. 31 – 46.

[125] Barkley, D. L., Henry, M. S., "Advantage and Disadvantages of Targeting Industry Clusters", *Clemson, SC: Regional Economic Development Research Laboratory, Clemson University*, 2001.

[126] Barney, J. B., "Firm Resources and Sustained Competitive Advantage", *Journal of Management*, Vol. 17, No. 1, 1991, pp. 99 – 120.

[127] Bathelt, H., Malmberg, A. and Maskell, P., "Clusters and Knowledge: Local Buzz, Global Pipelines and the Process of Knowledge Creation", *Progress in Human Geography*, Vol. 28, No. 1, 2004, pp. 31 – 56.

[128] Beckman, C. and Haunschild, P., "Network Learning: The Effects of Partners' Heterogeneity of Experience on Corporate Acquisitions", *Administrative Science Quarterly*, Vol. 47, No. 1, 2002, pp. 92 – 124.

[129] Bell, G. G., "Clusters, Networks, and Firm Innovativeness", *Strategic Management Journal*, Vol. 26, 2005, pp. 287 – 295.

[130] Bell, M., Albu, M., "Knowledge Systems and Technological Dyna-

mism in Industrial Clusters in Developing Countries", *World Development*, Vol. 27, No. 9, 1999, pp. 1715 – 1734.

[131] Bentler, P. M., Dudgeon, P., "Covariance Structure Analysis: Statistical Practice, Theory, and Direction", *Annual Review of Psychology*, Vol. 47, 1996, pp. 563 – 592.

[132] Bentler, P. M., "Comparative Fit Indexes in Structural Models", *Psychological Bulletin*, Vol. 107, 1990, pp. 238 – 246.

[133] Best, M. H., *The New Competitive Advantage: The Renewal of American Industry*, New York: Oxford University Press, 2001.

[134] Bischi, G. I., Dawid, H., Kopel, M., "Gaining the Competitive Edge Using Internal and External Spillovers: A Dynamicanalysis", *Journal of Economic Dynamics & Control*, Vol. 27, No. 11 – 12, 2003, pp. 2171 – 2193.

[135] Bischi, G. I., Dawid, H., Kopel, M., "Spillover Effects and the Evolution of Firm Clusters", *Journal of Economic Behavior & Organization*, Vol. 50, No. 1, 2003, pp. 47 – 75.

[136] Blyler Maureen, Coff, Russell W., "Dynamic Capabilities, Social Capital, and Rent Appropriation: Ties that Splitpies", *Strategic Management Journal*, Vol. 24, No. 7, 2003, pp. 677 – 686.

[137] Boari, C., Lipparini, A., "Networks within Industrial Districts: Organizing Knowledge Creation and Transfer by Means of Moderate Hierarchies", *Journal of Management and Governance*, No. 3, 1999, pp. 339 – 360.

[138] Boari, C., "Industrial Clusters, Focal Firms, and Economic Dynamism: A Perspective from Italy", Working Paper for World Bank Institute, 2001, pp. 1 – 24.

[139] Borgatti, S. P., Everett, M. G., "Models of Core/Periphery Structures", *Social Networks*, Vol. 21, 1999, pp. 375 – 395.

[140] Boschma, R., Lambooy, J., "Knowledge, Market Structure and Economic Coordination: The Dynamics of Italian Industrial Districts", *Growth and Change*, Vol. 33. No. 2, 2002, pp. 291 – 311.

[141] Brigitte, G., B. Dousset, "Innovation and Network Structural Dynam-

ics: Study of the Alliance Network of a Major Sector of the Biotechnology Industry", *Research Policy*, Vol. 34, 2005, pp. 1457 – 1475.

[142] Brown, J. S. and Duguid, P., 1991, "Organizational Learning and Communities of Practice: Toward a Unified View of Working, Learning, and Innovation", *Organization Science*, Vol. 2, pp. 40 – 57.

[143] Burt, R. S., *Structure Holes: The Social of Competition*, Cambridge: Harvard University Press, 1992.

[144] Camagni, R., "On the Concept of Territorial Competitiveness: Sound or Misleading?", *Urban Studies*, Vol. 39, No. 13, 2002, pp. 2395 – 2411.

[145] Cassiman, B., Veugelers, R., "R&D Cooperation and Spillovers: Some Empirical Evidence from Belgium", *American Economic Review*, Vol. 92, No. 4, 2002, pp. 1169 – 1184.

[146] Catherine Beaudry, Peter Swann, "Growth in Industrial Cluster: A Bird's Eye View of the United Kingdom", *SIEPIZD Discussion Paper*, 2001, pp. 00 – 38.

[147] Chen, C., "The effects of Knowledge Attribute, Alliance Characteristics, and Absorptive Capacity on Knowledge Transfer Performance", *R & D Management*, Vol. 34, No. 3, 2004, pp. 311 – 321.

[148] Chesbrough, H., *Open Innovation, the New Imperative for Creating and Profiting from Technology*, Boston: Harvard Business School Press, 2003.

[149] Cohen, W. M., Levinthal, D. A., "Innovation and Learning: the Two Faces of R&D", *Economic Journal*, Vol. 99, No. 5, 1989, pp. 569 – 596.

[150] Cohen, W., Levithal, D., "Absorptive Capacity: A New Perspective on Learning and Innovation", *Administrative Science Quarterly*, Vol. 35, No. 5, 1990, pp. 128 – 152.

[151] Cooke, P., "Regional Innovation Systems: General Findings and Some New Evidence From Biotechnology Clusters", *Journal of Technology Transfer*, Vol. 27, No. 1, 2002, pp. 133 – 145.

[152] Cooper, R. G., Kleinschmidt, E. J., "What Makes a New Product a Winner: Success Factors at the Project Level", *R&D Management*, ISI Journal Citation Reports, Vol. 17, No. 3, 1987, pp. 175 – 189.

[153] Cowan, R., Jonard, N., "Network Structure and the Diffusion of Knowledge", *Journal of Economic Dynamics & Control*, Vol. 28, No. 8, 2004, pp. 1557 – 1575.

[154] Dahl, M. S., Pedersen, C. R., "Knowledge Flows Through Informal Contacts in Industrial Clusters: Myths or Realities?", *Research Policy*, Vol. 33, No. 10, 2004, pp. 1673 – 1686.

[155] Darroch, J. and McNaughton, "Beyond Market Orientation", *European Journal of Marketing*, Vol. 37, No. 3 – 4, 2003, pp. 572 – 593.

[156] Das, T. K., and Teng, B. S., "Between Trust and Control: Developing Confidence in Partner Cooperation in Alliances", *Academy of Management Review*, Vol. 23, 1998, pp. 491 – 512.

[157] David Dreyfus, "Industry Cohesion & Knowledge Sharing: Network based Absorptive Capacity", Working paper series, 2005.

[158] De Langen, P. W., "Governance in Seaport Clusters", *Maritime Economics & Logistics*, No. 6, 2004, pp. 141 – 156.

[159] Defillippi, R. and Arthur, M., "The Boundary Less Career: A Competency – Based Perspective", *Journal of organizational Behavior*, Vol. 15, No. 4, 1994, pp. 307 – 324.

[160] Deng, X. D., Doll, W. J. and Cao, M., "Exploring the Absorptive Capacity to Innovation/ Productivity Link for Individual Engineers Engaged in IT Enabled Work", *Information & Management*, Vol. 45, No. 2, 2008.

[161] Desrochers, P., "Geographical Proximity and the Transmission of Tacit Knowledge", *The Review of Austrian Economics*, Vol. 14, No. 1, 2001, pp. 25 – 46.

[162] Dosi, G., "Opportunities, Incentives and the Collective Patterns of Technical Change", *The Economic Journal*, Vol. 107, 1997, pp. 1530 – 1547.

[163] Dyer, J. H., "Specialized Supplier Networks as a Source of Competitive Advantage: Evidence from the Auto Industry", *Strategic Management Journal*, Vol. 17, No. 4, 1996, pp. 271 – 91.

[164] Dyer, J. H. and Nobeoka, K., "Creating and Managing a High – per-

formance Knowledge – sharing Network: The Toyota case", *Strategic Management Journal*, Vol. 21, No. 3, 2000, pp. 345 – 367.

[165] Dyer, J. H. and Singh, H., "The Relational View: Cooperative Strategy and Sources of Interorganizational Competitive Advantage", *Academy of Management Review*, Vol. 23, No. 4, 1998, pp. 660 – 679.

[166] Giuliani, E., "Cluster Absorptive Capability: An Evolutionary Approach for Industrial Clusters in Developing Countries" (10/29/2008). http://www. druid. dk/ uploads/ tx2picturedb/ ds2002 – 610.

[167] Eriksson, K. and Chetty, S., "The Effect of Experience and Absorptive Capacity on Foreign Market Knowledge", *International Business Review*, No. 12, 2003, pp. 673 – 695.

[168] Escribano, A., Fosfuri, A. and Tribó, J. A., "Managing External Knowledge Flows: The Moderating Role of Absorptive Capacity", *Research Policy*, Vol. 38, 2009, pp. 96 – 105.

[169] Fabrizio, K., "Absorptive Capacity and Innovation: Evidence from Pharmaceutical and Biotechnology Firms", Annual Atlanta Competitive Advantage Conference, 2005.

[170] Foray, D. and Freeman, C., *Technology and the Wealth of Nations*, California: Stanford University Press, 1993.

[171] Gerbing, D. W. and Anderson, J. C., "An Updated Paradigm for Scale Development Incorporating Unidimensionality and its Assessment", *Journal of Marketing Research*, No. 25, 1988, pp. 186 – 192.

[172] Giuliani, E. and Bell, M., "The Micro – Determinants of Micro – Level Learning and Innovation: Evidence from a Chilean Wine Cluster", *Research Policy*, Vol. 34, 2005, pp. 47 – 68.

[173] Glaeser, E L., "Are cities dying?", *Journal of Economic Perspectives*, Vol. 12, No. 2, 1998, pp. 129 – 136.

[174] Gnyawal, Devir, Madhavan, Ravindranath, "Cooperative Networks and Competitive Dynamics: A Structural Embeddedness Perspective", *Academy of Management Review*, Vol. 26, No. 3, 2001, pp. 431 – 445.

[175] Granovetter, M., "The Strength of Weak Ties", *American Journal of Sociology*, Vol. 78, No. 6, 1973, pp. 1360 – 1369.

[176] Granovetter, M. , "Economic Action and Social Structure: The Problem of Embeddedness", *American Journal of Sociology*, Vol. 91, No. 3, 1985, pp. 481 – 510.

[177] Grant, R. M. , "Prospering in Dynamically – Competitive Environments: Organization Capability as Knowledge Integration", *Organization Science*, Vol. 7, No. 4, 1996, pp. 375 – 387.

[178] Gulati, R. and Westphal, J. D. , "Cooperative or Controlling? The Effects of CEO – board Relations and the Content of Interlocks on the Formation of Joint Ventures", *Administrative Science Quarterly*, Vol. 44, No. 3, 1999, pp. 473 – 506.

[179] Gulati, R. , "Network Location and Learning: The Influence of Network Resources and Firm Capabilities on Alliance Formation", *Strategic Management Journal*, Vol. 20, No. 5, 1999, pp. 397 – 420.

[180] Hamel, G. , *Leading the Revolution: How to Thrive in Turbulent Times by Making Innovation a Way of Life*, Massachusetts: Harvard Business School Press, 2002.

[181] Hansen, M. T. , "Knowledge Networks: Explaining Effective Knowledge Sharing in Multiunit Companies", *Organization Science*, Vol. 13; No. 3, 2002, pp. 232 – 248.

[182] Harabin, "Channels of R&D Spillovers: An Empirical Investigation", *Technovation*, Vol. 17, No. 11, 1997, pp. 627 – 635.

[183] Harrison, B. , "Industrial Districts: Old Wine in New Bottles?", *Regional Studies*, Vol. 26, No. 5, 1992, pp. 469 – 483.

[184] Hassink, "The learning region: A policy concept to unlock regional economies from path dependency, in the conference Regionalization of Innovation Policy – Options and Experiences", 2004: Berlin.

[185] Hatcher, L. , *A Step – by – Step Approach to Using the SAS (r) System for Factor Analysis and Structural Equation Modeling*, Cary, NC, USA: SAS Institute Inc. , 1994.

[186] Hobday, M. , "Product Complexity, Innovation and Industrial Organization", *Research Policy*, Vol. 26, No. 6, 1998, pp. 689 – 710.

[187] Hsu, Y. H. and Fang, W. , "Intellectual Capital and New Product De-

velopment Performance: The Mediating Role of Organizational Learning Capability", *Technological Forecasting and Social Change*, Vol. 76, No. 5, 2009, pp. 664 – 677.

[188] Iammarino, S., McCann, P., "The Structure and Evolution of Industrial Clusters: Transactions, Technology and Knowledge Spillovers", *Research Policy*, No. 35, 2006, pp. 1018 – 1036.

[189] Isabel Bortagarray, "Innovation Clusters in Latin America", Presented at 4th International Conference on Technology Policy and Innovation Curitiba, Brazil, Aug 28 – 31, 2000.

[190] Jansen, J. J. P., Van den Bosch, F. A. J. and Volberda, H. W., "Managing Potential and Realized Absorptive Capacity: How Do Organizational Antecedents Matter?", *Academy of Management Journal*, Vol. 48, No. 6, 2005, pp. 999 – 1015.

[191] Jantunen, A., "Knowledge – Processing Capabilities and Performance: An Empirical Study", *European Journal of Innovation Management*, Vol. 8, No. 3, 2005, pp. 336 – 349.

[192] Ja – Shen Chen, Russell, K. H., Monica Lam, "A Proposed Model of Organizational Absorptive Capacity And CRM Innovation Success", sponsored by Decision Sciences Institute 2002 Annual Meeting Proceedings, pp. 741 – 746, 2002.

[193] Jones, O., Steve, C., Fred, S., *Social Interaction and Organizational Change: Aston Perspectives on Innovation Networks*, London: Imperial College Press, 2001.

[194] Keeble, D. and Wilkinson, F., "Collective Learning and Knowledge Development in the Evolution of Regional Clusters of High Technology SMEs in Europe", *Regional Studies*, Vol. 33, No. 4, 1999, pp. 295 – 303.

[195] Kim, L., "The Dynamics of Samsung's Technological Learning in Semiconductors", *California Management Review*, Vol. 39, No. 3, 1997, pp. 86 – 100.

[196] Kim, L., "Crisis Construction and Organizational Learning: Capability Building in Catching – up at Hyundai Motor", *Organization Science*, Vol. 9, No. 4, 1998, pp. 506 – 521.

[197] Klerkx, L., Hall, A., Leeuwis, L., Strengthening agricultural innovation capacity: Are innovation brokers the answer? Ph. D. United Nations University, 2009.

[198] Koen et al., Understanding the Front End: "A Common Language and Structured Picture", Working Paper, 2004.

[199] Kogut, B., "The Network as Knowledge: Generative Rules and the Emergence of Structure", *Strategic Management Journal*, Vol. 21, No. 1, 2000, pp. 405 – 425.

[200] Kongrae Lee, "Promoting Innovative Clusters Through the Regional Research Centre (RRC) Policy Program in Korea", *European planning studies*, Vol. 11, No. 1, 2003.

[201] Kraaijenbrink, J., Wijnhoven, F. et al., "Towards a Kernel Theory of External Knowledge Integration for High – tech Firms: Exploring a Failed Theory Test", *Technological Forecasting and Social Change*, Vol. 74, No. 8, 2007, pp. 1215 – 1233.

[202] Kraatz, M., "Learning by Association? Inter – organizational Networks and Adaptation to Environmental Change", *The Academy of Management Journal*, Vol. 41, No. 6, 1998, pp. 621 – 643.

[203] Lai, M., Wang, H. and Zhu, S., "Double – edged Effects of the Technology Gap and Technology Spillovers: Evidence from the Chinese Industrial Sector", *China Economic Review*, Vol. 20, No. 3, 2009, pp. 414 – 424.

[204] Lane, P. J., Koka, B. R., Pathak, S., "The Reification of Absorptive Capacity: A Critical Review and Rejuvenation of the Construct", *Academy of Management Review*, Vol. 31, No. 4, 2006, pp. 856.

[205] Lane, P. J. and Lubatkin, M., "Relative Absorptive Capacity and Interorganizational Learning", *Strategic Management Journal*, No. 19, 1998, pp. 461 – 477.

[206] Larsson, R., "The Hand Shake between Invisible and Visible Hands", *International Studies of Management & Organization*, Vol. 23, No. 1, 1993, pp. 87 – 106.

[207] Lavie, D., "The Competitive Advantage of Interconnected Firms: an

Extension of the Resource – Based View", *Academy of Management Review*, *Vol. 31*, *No. 3*, *2006*, *pp. 638 – 658.*

[208] Lavie, D., "Network Resources: Toward a New Social Network Perspective", *Academy of Management Review*, Vol. 33, No. 2, 2008, pp. 546 – 550.

[209] Lazerson, M., Lorenzoni, G., "The Firms that Feed Industrial Districts: A Return to the Italian Source", *Industrial and Corperate Change*, Vol. 8, No. 2, 1999, pp. 235 – 266.

[210] Levin, D. and Cross, R., "The Strength of Weak Ties You Can Trust: The Mediating Role of Trust in Effective Knowledge Transfer", *Management Science*, Vol. 50, No. 11, 2004, pp. 1477 – 1490.

[211] Liao, J., Welsch, H. and Stoica, M., "Organizational Absorptive Capacity and Responsiveness: An Empirical Investigation of Growth – Oriented SMEs", *Entrepreneurship: Theory and Practice*, Vol. 28, No. 1, 2003, pp. 63 – 86.

[212] Lim, K., Basic Research, Applied Research and Innovation in the Semiconductor and Pharmaceutical Industries, Ph. D. dissertation MIT, 2000.

[213] Lorenzoni, G., C. Baden – Fuller, "Creating a Strategic Center to Manage a Web of Partners", *California Management Review*, Vol. 37, No. 3, 1995, pp. 146 – 63.

[214] Love, J. H., Roper, S., "Location and Network Effects on Innovation Success: Evidence for U K, German and Irish Manufacturing Plants", *Research Policy*, Vol. 30, No. 1, 2001, pp. 641 – 647.

[215] Malipiero, A., Munari, F., Sobrero, M., "Focal Firms as Technological Gatekeepers within Industrial Districts: Knowledge Creation and Dissemination in the Italian Packaging Machinery Industry", *Danish Research Unit for Industrial Dynamics (DRU ID) Winter Conference*, 2005, pp. 1 – 31.

[216] Mangematin, V., Nesta, L., "What Kind of Knowledge Can a Firm Absorb?", *International Journal of Technology Management*, Vol. 18, No. 3 – 4, 1999, pp. 149 – 172.

[217] McEvily, B. and Zaheer, A., 1999, "Bridging Ties: A Source of

Firm Heterogeneity in Competitive Capabilities", *Strategic Management Journal*, Vol. 20, No12, pp. 1133 – 1156.

[218] Mitchell, W. and Singh, K., "Survival of Businesses Using Collaborative Relationships to Commercialize Complex Goods", *Strategic Management Journal*, Vol. 17, 1996, pp. 169 – 195.

[219] Moodysson, J., Coenen, L., Asheim, B., "Explaining Spatial Patterns of Innovation: Analytical and Synthetic Modes of Knowledge Creation in the Medicon Valley Life Science Cluster", *Environment and Planning A*, Vol. 40, No. 5, 2008, pp. 1040 – 1056.

[220] Morrison, A., "Gatekeepers of Knowledge within Industrial Districts: Who they are, how they interact", Working Paper, 2004.

[221] Morrison, A., "Do Leading Firms Feed Industrial Districts? Evidence from an Italian Furniture District", DRU ID 2004 Ph. D, Aalborg, 2004.

[222] Mowery, D. C., Oxley, J. E., "Inward Technology Transfer and Competitiveness: The Role of National Innovation System", *Cambridge Journal of Economics*, No. 19, 1995, pp. 67 – 93.

[223] Nadvi, K. and Halder, G., "Local Clusters in Global Value Chains: Exploring Dynamic Linkages between Germany and Pakistan", *Entrepreneurship and Regional Development*, Vol. 17, No. 5, 2005, pp. 339 – 363.

[224] Nelson, R. R. and S. G., *An Evolutionary Theory of Economic Change*, Cambridge: Belknap of Harvard University Press, 1982.

[225] Newman, M. E. J., "Scientific Collaboration Networks II: Shortest Paths, Weighted Networks, and Centrality", *Physical Review E*, Vol. 64, 2001, pp. 1 – 7.

[226] Nijdam, M. H., Langen, P. W., "Leader Firms in the Dutch Maritime Cluster", Paper presented at the ERSA 2003 Congress, sponsored by the European Regional Science Association, Finland, August 27 – 30, 2003.

[227] Nohria, N. and Eccles, R. G., *Networks and Organizations: Structure, Form, and Action*, Cambridge: Harvard University Press, 1992, pp. 216 – 239.

[228] Nonaka, I. and Takeuchi, H., *The Knowledge – Creating Company*:

How Japanese Companies Create the Dynamics of Innovation, London: Oxford University Press, 1995, pp. 160 – 197.

[229] Nunzia Carbonara, "Innovation Processes Within Geographical Clusters: A Cognitive Approach", *Technovation*, Vol. 24, No. 1, 2004.

[230] OECD, *Innovative Clusters: Drivers of National Innovation System*, OECD Proceedings, 2001.

[231] Oliver, C., "Sustainable Competitive Advantage: Combining Institutional and Resource – Based Views", *Strategic Management Journal*, No. 18, 1997, pp. 697 – 714.

[232] Ottaviano, G., Tabuchi, T. P., Thisse, J. F., "Agglomeration and Trade Revisited", *International Economic Review*, Vol. 43, No. 2, 2002, pp. 409 – 435.

[233] Ottaviano, G., Thisse, J. F., "Integration, Agglomeration and the Political Economics of Factor Mobility", *Journal of Public Economics*, Vol. 83, No. 3, 2002, pp. 428 – 456.

[234] Owen, Smith J., Powell, W., "Knowledge Networks as Channels and Conduits: The Effects of Spillovers in the Boston Biotechnology Community", *Organization Science*, Vol. 15, No. 1, 2004, pp. 2 – 21.

[235] Padmore, T., Gibson, H., "Modeling Systems of Innovation: A Framework for Industrial Cluster Analysis in Regions", *Research Policy*, Vol. 26, No. 6, 1998, pp. 625 – 646.

[236] Palivos, T., Wang, P., "Spatial Agglomeration and Endogenous Growth", *Regional Science and Urban Economics*, Vol. 26, No. 6, 1996, pp. 645 – 669.

[237] Pennings, J. M. and Harianto, F., "Technological Innovation in the Commercial Banking Industry", *Strategic Management Journal*, No. 13, 1992, pp. 29 – 46.

[238] Peter, J. L., Balajikore, Seemantini Pathak, A Thematic Analysis and Critical Assessment of Absorptive Capacity Research, Academy of Management Proceedings, 2002, pp. 1 – 7.

[239] Pietrobelli, C. R., "*Rabellott, Upgrading in Clusters and Value Chains in Latin America – The role of Policies*", Inter – American Development

Bank Sustainable Development Department Best Practices Series, Washington D. C. , 2004.

[240] Piore, M. , Sabel, C. , *The Second Industrial Divide: Possibilities for prosperity*, New York: Basic Books, 1984.

[241] Pittaway, L. , R. Maxine, "Networking and Innovation: A Systematic Review of the Evidence", Lancaster University Management School, Working Paper, 2004.

[242] Porter, M. E. , "Clusters and the New Economics of Competition", *Harvard Business Review*, November – December, Vol. 76, No. 6, 1998, pp. 77 – 79.

[243] Portes, A. , "Social Capital: Its Origins and Applications in Modern Sociology", *Annual Review of Sociology*, Vol. 24, No. 1, 1998, pp. 1 – 25.

[244] Powell, W. W. , Koput, K. W. and Smith – Doerr, L. , "Interorganizational Collaboration and the Locus of Innovation: Networks of Learning in Biotechnology", *Administrative Science Quarterly*, Vol. 41, 1996, pp. 116 – 145.

[245] Prahalad, C. K. , Hamel, G. , "The Core Competence of the Corporation", *Harvard Business Review*, Vol. 68, No. 3, 1990, pp. 79 – 92.

[246] Rajesh S. Upadhyayula, "Social Capital as an Antecedent of Absorptive of Firms", Paper presented at the DRUID Summer Conference 2004 on Industrial Dynamics, Innovation and Development, Elsinore, Denmark, June 14 – 16, 2004.

[247] Reagans, R. , McEvily, B. , "Network Structural and Knowledge Transfer: The Effects of Cohesion and Range", *Administrative Sci. Quarterly*, Vol. 48, No. 2, 2003, pp. 240 – 267.

[248] Rogers, E. M. , *Diffusion of Innovations*, New York: Free Press, 2005.

[249] Rosenberg, N. , "Why do Firms do Basic Research (with their own money)?", *Research Policy*, No. 19, 1990, pp. 165 – 174.

[250] Salman, N. and Saives, A. , "Indirect Networks: an Intangible Resource for Biotechnology Innovation", *R & D Management*, Vol. 35, No. 2, 2005, pp. 203 – 215.

[251] Saxenian, A. , *Regional Advantage: Culture and Competition in Silicon*

Valley and Route 128, Cambridge, MA: Harvard University Press, 1996, pp. 1 – 5.

[252] Schilling, M. A. , "The Global Technology Collaboration Network: Structure, Trends, and Implications", Dissertation Paper, New York University, 2008.

[253] Schmitz, H. , "From Ascribed to Earned Trust in Exporting Clusters", *Journal of International Economics*, Vol. 48, No. 1, 48 (1), 1999, pp. 139 – 150.

[254] Schmitz, H. , "Collective Efficiency: Growth Path for Small Scale Industry", *Journal of Development Studies*, Vol. 34, No. 4, 1995, pp. 529 – 566.

[255] Scott, A. J. , "Industrial Organization and Location: Division of Labor, the Firm and Spatial Process", *Economic Geography*, Vol. 62, No. 3, 1986, pp. 215 – 231.

[256] Shih, H. Y. , Chang, P. L. , "Industrial Innovation Networks in Taiwan and China: A Comparative Analysis", *Technology in Society*, No. 31, 2009, pp. 176 – 186.

[257] Simonin, B. , "Ambiguity and the Process of Knowledge Transfer in Strategic Alliances", *Strategic Management Journal*, Vol. 20, No. 7, 1999, pp. 595 – 623.

[258] Spencer, J. W. , "Firm's Knowledge – Sharing Strategies in the Global Innovation System: Empirical Evidence from the Flat Panel Display Industry", *Strategic Management Journal*, Vol. 24, No. 2, 2003, pp. 217 – 233.

[259] Steinle, C. , Schiel, H. , "When do Industries Clusters? A Proposal on how to Assess an Industry Propensity to Concentration at a Single Region or Nation", *Research Policy*, Vol. 31, No. 6, 2002, pp. 849 – 858.

[260] Sternberg, R. and Arndt, O. , "The Firm or the Region: What Determines the Innovation Behavior of European Firms?", *Economic Geography*, Vol. 77, No. 4, 2001, pp. 364 – 382.

[261] Stock, G. , Greis, N. and Fiseher, W. , "Absorptive Capacity and New Product Development", *Journal of High Technology Management*

Research, Vol. 12, No. 1, 2001, pp. 77 –91.

[262] Storper, M. , Venables A. J. Buzz, "The Economic Force of the City", *Journal of Economic Geography*, No. 4, 2004, pp. 351 –370.

[263] Storper, M. , "The Resurgence of Regional Economies, Ten Years Later: The Region as a Nexus of Untraded Interdependencies", *European Urban and Regional Studies*, Vol. 2, No. 3, 1995, pp. 191 –221.

[264] Szulanski, G. , "Exploring Internal Stickiness: Impediments to the Transfer of Best Practice within the Firm", *Strategic Management Journal*, No. 17, 1996, pp. 27 –43.

[265] Tallman, S. , Jenkins, M. , Henry, N. et al. , "Knowledge Clusters and Competitive Advantage", *Academy of Management Review*, Vol. 29, No. 2, 2004, pp. 258 –271.

[266] Tim Rees, Lew Hardy, Lynne, "Construct Validity of the Social Support Survey in Sport", *Psychology of Sport and Exercise*, Vol. 8, 2007, pp. 355 –368.

[267] Todorova, G. and Duris, B. , "Absorptive Capacity: Valuing a Reconceptualization", *Academy of Management Review*, Vol. 32, No. 3, 2007, pp. 774 –786.

[268] Tsai Wenpin, Ghoshal Sumantra, "Social Capital and Value Creation: The Role of Intrafirm Networks", *Academy of Management Journal*, Vol. 41, No. 4, 1998, pp. 464 –476.

[269] Tsai, W. , "Knowledge Transfer in Intraorganizational Networks: Effects of Network Position and Absorptive Capacity on Business Unit Innovation and Performance", *Academy of Management Journal*, Vol. 44, No. 5, 2001, pp. 996 –1004.

[270] Uzzi, B. , "Social Structure and Competition in Interfirm Networks: The Paradox of Embeddedness", *Administrative Science Quarterly*, Vol. 42, 1997, pp. 35 –67.

[271] Vinding, A. , "Absorptive Capacity and Innovative Performance: A Human Capital Approach", *Economics of Innovation and New Technology*, Vol. 15, No. 4, 2006, pp. 507 –517.

[272] Visser, E. J. and Boschma, R. , "Learning in Districts: Novelty and

Lock – in in a Regional Context", *European Planning Studies*, Vol. 12, No. 6, 2004, pp. 793 – 808.

[273] Vlachopoulou, M., V. Manthou, "Partnership Alliances in Virtual Markets", *International Journal of Physical Distribution & Logistics Management*, Vol. 33, No. 3, 2003, pp. 254 – 267.

[274] Volberda, H. W., Foss, N. J. and Lyles, M. A. et al., "Absorbing the Concept of Absorptive Capacity: How to Realize Its Potential in the Organization Field", SMG, Working Paper, No. 10, 2009.

[275] Walker, G., Kogut, B. and Shan, W., "Social Capital, Structure Holes and the Formation of an Industry Network", *Organization Science*, Vol. 8, No. 2, 1997, pp. 109 – 125.

[276] Wang, Q., Von Tunzelmann, N., "Complexity and the Functions of the Firm: Breadth and Depth", *Research Policy*, No. 29, 2000, pp. 805 – 818.

[277] Wasserman, S. and Faust, K., *Social Network Analysis: Methods and Applications*, Cambridge University Press, 1994.

[278] Yeung, H. W. C., Liu, W. D., Dicken, P., "Transnational Corporations and Network Effects of a Local Manufacturing Cluster in Mobile Telecommunications Equipment in China", *World Development*, Vol. 34, No. 3, 2006, pp. 520 – 540.

[279] Zaheer, A. and Bell, G. G., "Benefiting from Network Position: Firm Capabilities, Structural Holes, and Performance", *Strategic Management Journal*, Vol. 26, No. 9, 2005, pp. 809 – 825.

[280] Zahra, S. A. and George, G., "Absorptive Capacity: A Review, Reconceptualization and Extension", *Academy of Management Review*, Vol. 27, No. 2, 2002, pp. 185 – 203.

[281] Zhang, W., Igel, B., "Managing the Product Development of China's SPC Switch Industry as an Example of CoPS", *Technovation*, Vol. 21, No. 6, 2001, pp. 361 – 368.

后　记

　　本书研究的内容仅仅是从特定的研究视角、围绕特定类型的产业集群，在当前发展阶段所面临的问题展开的。因此，研究结论可能不一定适用于所有产业集群以及产业集群的全寿命周期。

　　另外，书籍的面世在一定程度上可以类比于自己的孩子，同样经历了孕育、阵痛和蒂落的过程。这当然离不开自己的意志和坚持以及领导、家人和同事的关心、支持与帮助。

　　再次感谢我的博士生导师，其严谨的作风和前瞻性的研究视角既助力我养成了良好的学术思维和习惯，也使我有意像他一样以敏锐、创新的洞察力探索管理学新领地。还要感谢西北工业大学人文与经法学院在研究平台及研究经费方面的大力支持。

　　希望读者能够从此书得到启发，若能有所受益，笔者将不胜荣幸。

李　慧

2014 年 7 月于西北工业大学